Baubetriebswirtschaftslehre und Infrastrukturmanagement

Reihe herausgegeben von

Dieter Jacob, Fakultät für Wirtschaftswissenschaften, TU Bergakad. Freiberg, Freiberg, Deutschland

Für internationales Zusammenwachsen und Wohlstand spielt gutes Infrastrukturmanagement eine zentrale Rolle. Erkenntnisse der baubetriebswirtschaftlichen Forschung können hierzu wichtige Beiträge leisten, die diese Schriftenreihe einem breiteren Publikum zugänglich machen will.

Ricarda Anja Mézes

Der Einfluss Künstlicher Intelligenz auf die deutsche Bauwirtschaft

Analyse technologischer Entwicklungen und wirtschaftlicher Implikationen

Springer Gabler

Ricarda Anja Mézes
Wirtschaftswissenschaften
Technische Universität Bergakademie
Freiberg (TUBAF)
Freiberg, Deutschland

ISSN 2627-4175 ISSN 2627-4183 (electronic)
Baubetriebswirtschaftslehre und Infrastrukturmanagement
ISBN 978-3-658-51220-0 ISBN 978-3-658-51221-7 (eBook)
https://doi.org/10.1007/978-3-658-51221-7

Die Deutsche Nationalbibliothek verzeichnet diese Publikation in der Deutschen Nationalbibliografie; detaillierte bibliografische Daten sind im Internet über https://portal.dnb.de abrufbar.

Planung/Lektorat: Karina Kowatsch
Springer Gabler ist ein Imprint der eingetragenen Gesellschaft Springer Fachmedien Wiesbaden GmbH und ist ein Teil von Springer Nature.
Die Anschrift der Gesellschaft ist: Abraham-Lincoln-Str. 46, 65189 Wiesbaden, Germany

Den Mutigen gehört die Welt.

Geleitwort

Die vorliegende Arbeit von Ricarda Mézes befasst sich mit einem Aspekt der Implementierung der Künstlichen Intelligenz (KI) in einer Schlüsselbranche der deutschen Volkswirtschaft, der Bauwirtschaft, die sich durch eine Reihe von spezifischen Charakteristika von den anderen Wirtschaftszweigen unterscheidet. Möglicherweise auch aus diesem Grund werden ökonomische Analysen der Bauwirtschaft in der Wissenschaft kaum beachtet, obwohl gerade die Bauwirtschaft ein bedeutender Wirtschaftszweig für die Volkswirtschaft in allen Ländern darstellt. Frau Mézes hat es sich zur Aufgabe gemacht diese Lücke zu füllen, indem sie speziell einige mikro- und makroökonomische Auswirkungen der Anwendung von KI in der Bauwirtschaft analysiert. Ausgehend von den gegenwärtigen Einsatzmöglichkeiten der KI in der Bauwirtschaft analysiert sie die potenziellen Folgen für die Produktivitätsentwicklung, das Wachstum dieser Branche, die Kostenentwicklung, den Wettbewerb und die strukturellen Veränderungen in der Bauwirtschaft. Sie stellt die gegenwärtigen Hemmnisse für den umfassenden Einsatz von KI in der Bauwirtschaft dar. Da man gegenwärtig nicht auf empirische Untersuchungen zurückgreifen kann, führt sie eine Plausibilitätsanalyse durch. Dies ist umso mehr gerechtfertigt, als man möglichst frühzeitig die potenziellen Auswirkungen des Einsatzes von KI erkennen sollte, um präventiv wirtschaftspolitische Maßnahmen zu ergreifen, sodass das volle Potenzial der Möglichkeiten eines erfolgreichen Einsatzes von KI gehoben werden kann, ohne dass sich starke negative volkswirtschaftliche Begleiterscheinungen eines einsetzenden strukturellen Wandels in der Bauwirtschaft erst entwickeln.

Die vorliegende Arbeit stellt also einen ersten Schritt dar, Denkanstöße zu geben für die Wirtschaftspolitik, um gut vorbereitet eine durch KI beeinflusste

Wirtschaftsentwicklung zu begleiten, sodass die positiven Auswirkungen des Einsatzes von KI realisiert werden können für die Beschäftigten und Unternehmen in dieser Branche. Gleichzeitig eröffnet diese Arbeit auch das Spektrum für umfangreiche, notwendige weitere wissenschaftliche Untersuchungen zu den Folgen des Einsatzes von KI in der Bauwirtschaft. Die vorliegende Arbeit sollte den Start geben für weitere, detailliertere und empirisch fundierte Analysen bezüglich der Auswirkungen des Einsatzes der KI in der Bauwirtschaft.

Freiberg
den 20. 01. 2026

Prof. Dr. Horst Brezinski

Danksagung An dieser Stelle möchte ich meinen besonderen Dank Herrn Prof. Dr. Horst Brezinski aussprechen, der diese Arbeit betreut und mich während des gesamten Entstehungsprozesses mit fachlicher Expertise, wertvollen Anregungen und konstruktiver Kritik begleitet hat.

Herrn Prof. Dr. Dieter Jacob danke ich herzlich für die Möglichkeit, diese Arbeit zu veröffentlichen. Darüber hinaus gilt mein Dank meiner Familie und meinen Freund*innen, die durch sorgfältiges Korrekturlesen zum Gelingen dieser Arbeit beigetragen haben. Schließlich danke ich all jenen, die mich während der Arbeit motiviert, unterstützt und bestärkt haben.

Interessenkonflikt Der/die Autor*in hat keine relevanten Interessenskonflikte im Zusammenhang mit dieser Publikation.

Abstract

The construction industry is one of Germany's key economic sectors and, like many other industries, is facing a profound transformation in light of the rapid advances in artificial intelligence (AI). This paper analyses the technological developments and economic implications of AI use in the German construction industry and provides a qualitative forecast of the structural transformation of the industry and its macroeconomic impact. The focus is on the following research questions: How does AI influence the industry structure of the construction industry? What are the consequences for competitive dynamics and productivity? To what extent does AI change the operational cost structure, and how does this affect companies of different sizes? The study aims to systematically analyse the potential and challenges of AI implementation in the construction industry against the backdrop of existing (industry-specific) challenges—such as a shortage of skilled workers, a low level of digitization, traditional industry culture, and complex market dynamics—and to derive qualitatively sound economic forecasts from this analysis.

Within the framework of a comprehensive theoretical and historical contextualization, technical characteristics, macroeconomic potential, and current and future fields of application for AI are examined in detail. This is followed by a differentiated industry analysis of the construction industry, which focuses not only on industry structure and economic performance, but also on innovation capacity, existing barriers to innovation, and the role of small and medium-sized enterprises (SMEs). A comparative analysis in the context of the phases of the industrial revolution serves to evaluate the construction industry's ability to adapt to disruptive innovations in comparison to other sectors of the secondary economic sector. Since construction processes are highly physical and location-bound, robotics is also considered a complementary key technology to AI, the integration of which—for example, in the context of "Construction Site 4.0"—enables far-reaching automation of repetitive tasks and intensification of human-machine interaction.

The results show that AI-supported systems can generate substantial efficiency gains, particularly in the areas of planning, process optimization, and quality assurance. At the same time, a lack of data availability, insufficient expertise, and high investment costs represent significant obstacles to widespread implementation. SMEs in particular are structurally disadvantaged due to limited capital resources, which favours increased market polarization, the displacement of innovation-weak companies, and a reduction in value creation based on the division of labor within the industry. The so-called *first mover advantage* is proving to be a decisive competitive factor: companies that invest in AI technologies at an early stage can gain sustainable competitive advantages, in particular through the acquisition of exclusive data sets, process innovations, and the consolidation of market positions. At the same time, as AI penetration increases, the capital intensity of the industry is rising, which primarily benefits capital-rich companies.

The analysis confirms that AI has the potential to bring about significant productivity gains in the German construction industry in the long term—provided that existing barriers to innovation are specifically addressed and the necessary organizational structural and process adjustments are made. In addition, there are signs of a structural shift from one-off construction services to hybrid service bundles combining construction, digital services, and data-based value-added offerings, which is fundamentally changing the competitive logic of the industry.

The study concludes with a summary assessment of the key findings and derives concrete recommendations for the future development of the German construction industry. The focus is on the need to specifically address existing barriers to innovation and to consistently drive forward organizational and procedural adjustments to fully realize the potential of AI. Particular attention is paid to strengthening SMEs, for example through targeted support instruments and easily accessible AI applications that break down barriers and facilitate access to innovative technologies. The active involvement of employees is highlighted as a key factor for successful transformation. Overall, the work makes it clear that the use of AI can trigger a sustainable change in competitive structures and improve productivity and value creation in the German construction industry, if companies and industry players initiate the necessary adaptation processes at an early stage and actively shape them.

Inhaltsverzeichnis

Abkürzungsverzeichnis

AGs	Auftraggeber*innen
AI	Artificial Intelligence
AR	Augmented Reality
BGB	Bürgerliches Gesetzbuch
BIM	Building Information Modeling
BIP	Bruttoinlandsprodukt
Bitkom	Bundesverband Informationswirtschaft, Telekommunikation und neue Medien e. V.
BW	Bauwirtschaft
CAD	Computer Aided Design
CAM	Computer Aided Manufacturing
CV	Computer Vision
DIHK	Deutsche Industrie- und Handelskammer
DIN	Normenausschuss der Deutschen Industrie
DIW	Deutsches Institut für Wirtschaftsforschung
DSGVO	Datenschutzgrundverordnung
EEWärmeG	Gesetz zur Förderung Erneuerbarer Energien im Wärmebereich
EnEV	Energieeinsparverordnung
EU	Europäische Union
EUR	Euro
FM	Facility Management
FuE	Forschung und Entwicklung
GWB	Gesetz gegen Wettbewerbsbeschränkungen
IAB	Institut für Arbeitsmarkt- und Berufsforschung

IKT	Informations- und Kommunikationstechnologie
IoT	Internet of Things
IPA	Integrierte Projektabwicklung
IT	Internettechnologie
IW	Institut der deutschen Wirtschaft
Jh.	Jahrhundert
Kap.	Kapitel
KI	Künstliche Intelligenz
KMUs	Kleine und mittelständische Unternehmen
LLM	Large Language Modell
Mio.	Millionen
ML	Maschinelles Lernen
MMI	Mensch-Maschine-Interaktion
Mrd.	Milliarden
NLP	Natural Language Processing
NU	Nachunternehmer*innen
PwC	PricewaterhouseCoopers
TFP	Totale Faktorproduktivität
TGA	Technische Gebäudeausrüstung
VgV	Vergabeverordnung
VOB	Vergabe- und Vertragsordnung für Bauleistungen
VR	Virtual Reality
WEF	World Economics Forum
WSK	Wertschöpfungskette
WZ	Wirtschaftszweig
ZEW	Zentrum für Europäische Wirtschaftsforschung

Abbildungsverzeichnis

Einleitung

1

1.1 Problemstellung

Der fortschreitende technologische Wandel hat in den vergangenen Jahrzehnten die Künstliche Intelligenz (KI)[1] weltweit in den Fokus politischer, gesellschaftlicher und wirtschaftlicher Diskurse gerückt. KI als Basistechnologie[2], vergleichbar in ihrer (potenziellen) Wirkmacht mit dem Verbrennungsmotor oder der Elektrifizierung, wird eine transformative und disruptive Wirkung auf gesamte Volkswirtschaften zugeschrieben. Ihre produktiven Effekte entfaltet KI dabei insbesondere durch die Reorganisation bestehender Produktions- und Entscheidungsprozesse, indem sie bislang nicht genutzte Effizienz- und Produktivitätspotenziale erschließt.[3] Branchen, darunter die klassische Industrieproduktion, der Finanzsektor und die Medien- bzw. Unterhaltungsbranche profitieren bereits von der KI-Technologie – nicht zuletzt aufgrund gezielter Investitionen in digitale Infrastrukturen sowie in die Weiterentwicklung datenunterstützter Wertschöpfungsprozesse und analytischer Entscheidungsstrukturen.[4]

Die Bauwirtschaft (BW), als eine der Schlüsselbranchen der deutschen Wirtschaft, leistet einen wesentlichen Beitrag zur gesamtwirtschaftlichen Wertschöpfung und übt einen signifikanten Einfluss auf deren Entwicklung aus. Laut

[1] Die zentralen Begriffe werden zu Beginn der jeweiligen Kapitel (Kap.) im Hauptteil definiert. Zudem werden in der Einleitung aufgestellte Thesen im Hauptteil erneut behandelt und durch relevante Quellen untermauert.

[2] Vertieft in Kapitel 4.

[3] Vgl. OECD (2020), S. 3 ff.; Calvino et al. (2025), S. 10 ff.

[4] Anwendungsbeispiele in Abschn. 2.4.

R. A. Mézes, *Der Einfluss Künstlicher Intelligenz auf die deutsche Bauwirtschaft*, Baubetriebswirtschaftslehre und Infrastrukturmanagement, https://doi.org/10.1007/978-3-658-51221-7_1

dem Institut der deutschen Wirtschaft (IW) generieren Bauinvestitionen eine zusätzliche gesamtwirtschaftliche Wertschöpfung im Verhältnis 1:2,3, weswegen sie ein wichtiges Werkzeug der staatlichen Konjunkturpolitik darstellen.[5] Die BW ist integraler Bestandteil der Wertschöpfungskette der Immobilienwirtschaft und wirkt über die Entwicklung der Baupreise unmittelbar auf die Mietpreisentwicklung.[6] Sie formt Wohn- und Lebensräume sowie die Infrastruktur eines Landes und hat damit maßgeblichen Einfluss auf den Wohlstand einer Gesellschaft. So sind z. B. 36 % der Konsumausgaben privater Haushalte in Deutschland im Jahr 2022 mit Ausgaben für Wohnen belegt.[7] Gleichzeitig haben fundamentale Entwicklungstendenzen, wie der demographische Wandel in Verbindung mit dem Fachkräftemangel auf der einen Seite und die Ressourcenknappheit mit dem Klimawandel auf der anderen Seite, einen Einfluss auf die Nachfrage und die Anforderungen, die bereits heute und in Zukunft an die deutsche BW gestellt werden.

Trotz ihrer makroökonomischen Relevanz wird die BW in Analysen zur Implementation sowie zu den ökonomischen Auswirkungen von KI vernachlässigt.[8] Ein zentrales Defizit der bisherigen Forschung besteht in der bislang unzureichenden Betrachtung potenzieller, makroökonomischer Effekte.

Die teils divergierenden wirtschaftlichen und gesellschaftlichen Diskurse verdeutlichen, dass bereits in der gegenwärtig noch frühen Phase der KI-Implementation die Weichen für eine sozial verträgliche und nachhaltige Zukunft mit KI gestellt werden. Zugleich herrscht eine allgemeine Unsicherheit hinsichtlich der langfristigen ökonomischen und strukturellen Implikationen, was die Notwendigkeit fundierter, gesamtwirtschaftlicher Analysen unterstreicht (siehe Abschn. 2.3).[9]

Ein möglicher Grund für die Vernachlässigung der BW in der einschlägigen Forschung liegt in der gängigen Wahrnehmung als „Low- Tech"-Branche bzw. als technologischer Nachzügler, der teils mit einem zweifelhaften Ruf assoziiert wird.[10] Dabei sieht sich die BW bereits seit Jahrzehnten mit strukturellen Herausforderungen konfrontiert – darunter Fachkräftemangel, stagnierende bzw. negative Produktivitätsentwicklungen, komplexe rechtliche Rahmen- und Wettbewerbsbedingungen sowie eine stark traditionelle Prägung.

---

[5] Vgl. Grömling et al. (2024), S. 30.

[6] Vgl. Dangel et al. (2015), S. 7. Näheres in Abschn. 3.1.

[7] Vgl. Statistisches Bundesamt (2023).

[8] Beispielhaft ersichtlich in PTA GmbH (2025) und Belitz et al. (2017).

[9] Vgl. Calvino et al (2025), S. 8.

[10] Vgl. Butzin/Rehfeld (2008), S. 2; Streck (2010); Nordhause-Janz et al. (2011), S. 1 f.

Meier (2023) beschreibt das Vorhandensein ungenutzter Produktivitätsreserven innerhalb der bestehenden Branchenstruktur der BW, für deren Erschließung ein tiefgreifender Wandel der gegenwärtigen Rahmenbedingungen erforderlich ist. KI kann dabei als Katalysator dieses disruptiven Transformationsprozesses fungieren.[11] Aus diesem Grund befinden sich die ersten KI-gestützten Systeme, insbesondere in den Bereichen Planung, Bauprozessoptimierung und Qualitätssicherung, in der Entwicklung (siehe Abschn. 5.1). Der Forschungsfokus in der BW liegt überwiegend auf mikroökonomischen sowie anwendungsspezifischen Einzelbetrachtungen, wodurch aggregierte ökonomische Effekte bislang kaum systematisch untersucht wurden. Makroökonomische Analysen, wie sie etwa bei Alfen et al. (2013) vorgenommen werden, zeigen, dass die BW signifikante strukturelle Unterschiede zu klassischen Produktmärkten des produzierenden Gewerbes (sekundärer Sektor) aufweist, insbesondere hinsichtlich ihrer Marktdynamik, Branchenstruktur und Nachfragespezifika. Daraus lässt sich ableiten, dass sich die BW in ihrer Reaktion auf die Einführung von KI-Technologien voraussichtlich von anderen Branchen unterscheiden wird.

Vor diesem Hintergrund widmet sich die vorliegende Arbeit der Untersuchung der wirtschaftlichen Implikationen der KI-Technologie auf die deutsche BW. Ziel der Analyse ist es, die besondere Stellung der BW im Vergleich zu anderen Branchen in makro- und mikroökonomischen Analysen herauszuarbeiten, die zugrunde liegenden branchenspezifischen strukturellen und institutionellen Rahmenbedingungen zu identifizieren und deren Einfluss auf die Implementation von KI-Technologien zu untersuchen. Darauf aufbauend wird evaluiert, welche Potenziale der Einsatz von KI in der BW bietet, welche technologischen Entwicklungen bereits existieren und wie der potenzielle Einsatz ausgestaltet sein kann.

Ein besonderes Augenmerk liegt auf der Frage, ob und in welchem Maße KI dazu beitragen kann, bestehende Herausforderungen in der BW, wie den Fachkräftemangel, das Produktivitätsproblem und die ungünstigen Wettbewerbsbedingungen, zu bewältigen.

Zur Ableitung einer fundierten Prognose über die wirtschaftlichen Implikationen von KI wird analysiert, wie die BW in der Vergangenheit auf disruptive technologische Veränderungen reagiert hat. Dabei werden historische Meilensteine und Transformationsprozesse innerhalb der Branche betrachtet, um Rückschlüsse für den zukünftigen Umgang mit der KI-Technologie abzuleiten.

Ziel dieser Arbeit ist es, wissenschaftlich fundierte Prädiktionen über den Einfluss von KI auf die BW sowie die damit verbundenen makroökonomischen

[11] Vgl. Meier (2023), S. 6 f.

Konsequenzen in Bezug auf Produktivität, Branchenstruktur und Wettbewerbsdynamik zu treffen.

Die gewonnenen Erkenntnisse sollen einen Beitrag zur wissenschaftlichen Debatte über die digitale Transformation der BW leisten und Implikationen für Politik, Unternehmen und Wissenschaft aufzeigen.

Folgende Hypothesen werden in dieser Arbeit vertieft:

I. „Der zunehmende Einsatz von KI in der deutschen BW führt zu einer signifikanten Steigerung der Produktivität und trägt langfristig positiv zum Branchen- bzw. Wirtschaftswachstum bei."
II. „Der verstärkte Einsatz von KI in der deutschen BW erhöht die Kapitalintensität der Branche, wodurch Unternehmen mit geringerer Kapitalausstattung und Kapitalbeschaffungsproblemen langfristig an Wettbewerbsfähigkeit verlieren."
III. „Der zunehmende Einsatz von KI wird zu einer stärkeren Polarisierung der Unternehmensgrößenstruktur in der deutschen BW führen und damit die Arbeitsteilung zwischen den Marktbeteiligten intensivieren."

1.2 Gang der Untersuchung

Diese Arbeit folgt einer deduktiven Methodik, bei der auf Basis allgemeiner Konzepte spezifische Annahmen bzw. qualitative Aussagen zu den Auswirkungen von KI in der BW abgeleitet sowie vergleichend überprüft und diskutiert werden. Dabei wird die Untersuchung von der Beantwortung der zuvor formulierten Forschungsfragen geleitet.

Da Begrifflichkeiten und Konzepte rund um das Thema KI zunehmend Eingang in den Sprachgebrauch von Wirtschaft, Gesellschaft und Medien gefunden haben, werden zunächst die theoretischen Grundlagen der KI-Technologie erläutert, um eine fundierte Ausgangsbasis und ein einheitliches Verständnis zu schaffen[12]. Dabei wird die wissenschaftliche Debatte zur Definition und Terminologie von KI differenziert beleuchtet.

Anschließend erfolgt eine historische Einordnung, in der zentrale Meilensteine der KI-Forschung systematisch dargelegt werden. Darüber hinaus wird

[12] An dieser Stelle sei erwähnt, dass die technologischen Entwicklungen und der Erkenntnisgewinn auf dem Forschungsgebiet rund um KI sehr dynamisch und schnelllebig sind. Diese Arbeit bildet den publizierten Stand der Forschung zum Zeitpunkt der Erstellung ab.

die Funktionsweise von KI analysiert, insbesondere im Hinblick auf deren Wahrnehmung und Interaktion mit der Umwelt. Zudem werden verschiedene Ansätze und Methoden des KI-Trainings strukturiert erläutert. Abschn. 2.3 befasst sich mit den Potenzialen und Herausforderungen, die mit KI einhergehen und regelmäßig Gegenstand wissenschaftlicher sowie gesellschaftlicher Diskussionen sind. Da eine umfassende Implementation von KI in der deutschen Wirtschaft bislang aussteht, sind weiterhin erhebliche Unsicherheiten hinsichtlich ihrer Auswirkungen auf bestehende Strukturen und Prozesse vorhanden. Vor diesem Hintergrund wird in diesem Abschnitt ein Ausschnitt des Stimmungsbildes der vorherrschenden Debatte präsentiert. Zum Abschluss des zweiten Kap. werden exemplarisch bereits etablierte KI-Anwendungen aus verschiedenen Bereichen der Wirtschaft vorgestellt. Es soll ersichtlich werden, wie vielfältig die Anwendungsmöglichkeiten von KI sind.

Wie bereits im vorangegangenen Abschnitt (Abschn.) skizziert, sind signifikante strukturelle Unterschiede der BW im Vergleich zu anderen Branchen des produzierenden Gewerbes empirisch belegt.[13] Vor diesem Hintergrund widmet sich das dritte Kap. der systematischen Analyse der branchenspezifischen ökonomischen Strukturen und institutionellen Determinanten, die die BW als eigenständigen Wirtschaftszweig (WZ) charakterisieren und prägen. Im Fokus stehen dabei zentrale Aspekte wie Produktivität, Fachkräftemangel, Wettbewerbsdynamiken und regulatorische Anforderungen.

Aufgrund der engen Verflechtungen zwischen der BW und den baunahen Dienstleistungen werden letztere in dieser Arbeit gezielt, aber nicht vollumfänglich mitbetrachtet.

Aus den bestehenden Branchenparametern werden die Schlüsselfaktoren für innovationsgetriebene Entwicklungen sowie die generelle Innovationsfähigkeit der BW abgeleitet, die wiederum maßgeblichen Einfluss auf die Einführung und Umsetzung von KI-Technologien haben. Aufbauend auf diesen Grundlagen wird im weiteren Verlauf der Arbeit untersucht, wie sich die BW im Kontext des technologischen Wandels – in den Phasen der industriellen Revolution – seit dem 19. Jahrhundert entwickelt hat. In diesem Zusammenhang werden die gesamtwirtschaftlichen Rahmenbedingungen und deren Implikationen auf die BW analysiert sowie die intrasektorale Entwicklung betrachtet. Die in Abschn. 3.2 dargelegte theoretische Grundlage zur Innovationsfähigkeit wird in diesem Abschnitt der Arbeit anhand historischer Entwicklungen und beobachteter Anpassungsmechanismen analysiert. Ziel ist es, fundierte Rückschlüsse auf

[13] Vgl. Alfen et al. (2013).

die möglichen makroökonomischen Implikationen der KI-Implementation in der BW abzuleiten.

Im Anschluss erfolgt eine Untersuchung der möglichen Anwendungsbereiche von KI in der BW sowie eine Analyse des aktuellen Implementationsstandes. Dabei werden bestehende Herausforderungen identifiziert, die im Abgleich mit den in Abschn. 3.1 erarbeiteten branchenspezifischen Rahmenbedingungen als potenzielle Hemmnisse identifiziert werden.

Da die BW ihre Wertschöpfung primär über physische Produktionsprozesse und unmittelbare Interaktionen vor Ort erzielt und Bauprodukte als materielle, standortgebundene Sachgüter entstehen, wird die Robotik-Technologie als notwendige komplementäre Komponente zur KI gezielt mitbetrachtet.

Der Ansatz dieser Arbeit folgt der in der einschlägigen KI-Literatur vorherrschenden Annahme, wonach eine vollständige Automatisierung durch KI und Robotik – verstanden als umfassender Ersatz menschlicher Arbeitskraft mit damit verbundenen, signifikanten und langfristigen Beschäftigungsverlusten – nicht das anzustrebende Ziel darstellt.[14] Im Zentrum steht stattdessen das Konzept der Mensch-Maschine-Interaktion (MMI)[15] als kollaborative Arbeitsform.

Die gesammelten Erkenntnisse fließen in die Prognose zur Transformation der BW durch den Einsatz von KI ein. Dabei liegt der Fokus auf einer möglichen Veränderung der Branchenstruktur und der Wettbewerbsdynamiken. Zusätzlich werden potenzielle Implikationen in Bezug auf die Kostenstruktur und Produktivität untersucht.

Im Schlussteil dieser Arbeit werden die zentralen Ergebnisse zusammengefasst und in Bezug auf die eingangs formulierten Arbeitshypothesen eingeordnet. Dabei erfolgt eine abschließende Bewertung, ob die Hypothesen bestätigt oder verworfen werden müssen. Darüber hinaus werden offene Fragestellungen benannt, die im Rahmen dieser Untersuchung nicht abschließend geklärt werden konnten. Ein Ausblick auf mögliche zukünftige Forschungsansätze und weiterführende Entwicklungen rundet die Arbeit ab.

---

[14] Vgl. Arntz et al. (2018); Acemoglu/Restrepo (2019); Brynjolfsson (2022). Ein Szenario einer vollständigen Automatisierung wirft erhebliche sozioökonomische und ethische Fragestellungen auf, deren Bewertung im Rahmen philosophischer und gesellschaftswissenschaftlicher Forschung erfolgen muss und keinen Teil dieser Arbeit darstellt.

[15] Vertieft in Abschn. 2.3 und 4.4.

Künstliche Intelligenz im Überblick 2

2.1 Begriffsdefinition und Entwicklungshistorie

Die Deutsche Akademie der Technikwissenschaften definiert den Begriff der KI als eine Vielzahl von lernenden Systemen, die „*Maschinen, Roboter und Softwaresysteme* [...] *befähigen, abstrakt beschriebene Aufgaben und Probleme eigenständig zu bearbeiten und zu lösen, ohne dass jeder Schritt vom Menschen programmiert wird*"[1]. In verschiedenen Definitionsversuchen wie bspw. von einer unabhängigen Expertengruppe der EU-Kommission, wird der Begriff *Intelligenz* bewusst vermieden und stattdessen die Fähigkeit zum rationalen Handel als grundlegendes Merkmal von KI hervorgehoben.[2]

Hintergrund dieser Zurückhaltung ist die Kritik an einem einheitlichen Intelligenzbegriff, den Christodoulou et al. (2011) im Rahmen der *Theorie der Multiplen Intelligenzen* formulieren und darüber Spearmans[3] Konzept einer allgemeinen Intelligenz infrage stellen.[4]

Winston/Horn (1987) hingegen legt den Fokus auf die Formulierung von Zielen für den Einsatz von KI. Eines davon ist Computer nützlicher zu machen.[5]

---

[1] S. Deutsche Akademie der Technikwissenschaften e. V. (2024).

[2] Vgl. European Commission (2019).

[3] Charles Spearman (1863–1945) war ein britischer Psychologe und einer der einflussreichsten Begründer der modernen Psychometrie. Er ist vor allem bekannt für seine Arbeit auf dem Gebiet der Intelligenzforschung.

[4] Vgl. Christodoulou et al. (2011).

[5] Vgl. Winston/Horn (1987), S. 21 f.

R. A. Mézes, *Der Einfluss Künstlicher Intelligenz auf die deutsche Bauwirtschaft*, Baubetriebswirtschaftslehre und Infrastrukturmanagement,
https://doi.org/10.1007/978-3-658-51221-7_2

Bereits seit den Anfängen ist der Begriff *artificial intelligence* (AI) umstritten. Alternative Bezeichnungen wie *computational rationality*, übersetzt als maschinelle Vernunft, wurden diskutiert.[6] Obwohl sich der AI- bzw. KI-Begriff sowohl international als auch in Deutschland etabliert hat, begründeten Schnupp/Thuy (1989) die Zurückhaltung der europäischen Wissenschaft in den 80er-Jahren in der KI-Forschung unter anderem mit der als verunsichernd empfundenen Terminologie.[7]

Abbildung 2.1 gibt eine Übersicht über die wichtigsten Meilensteine der Entwicklung. Als Geburtsstunde der KI gilt die 1956 von John McCarthy (Erfinder der Programmiersprache LISP) einberufene Konferenz, das *Summer Research Project on AI*, in Dartmouth USA. Diskutiert wurde die Möglichkeit der Schaffung von Intelligenz außerhalb des menschlichen Organismus. Alan Turing mit seinem gleichnamigen Test definierte bereits 1950 einen noch heute relevanten Qualitätsfaktor von KI: In der Interaktion darf für den Nutzenden nicht erkennbar sein, dass es sich bei seinem Gegenüber um eine KI und keinen echten Menschen handelt.[8] In den folgenden Jahren wurden die ersten, künstlichen neuronalen Netze[9] (z. B. Perceptron, ELIZA) als Vorläufer der Chat-Roboter (Chatbots) entwickelt.[10]

Darauf folgten die Entwicklung der Expertensystemen Dendral und Mycin[11], die in den 70er-Jahren bei der Analyse unbekannter chemischer Stoffe und bei der Diagnose und Therapie von bakteriellen Infektionskrankheiten beratend unterstützten.[12] Mit der Einführung von PROLOG als Programmiersprache war der Aufbau komplexerer KI-Systeme möglich.

Im Teilbereich der Robotik begeisterte in den 90ern der RoboCup die Öffentlichkeit. Intelligente Roboter, entwickelt von Studierenden und Forschenden der Wissenschaft, spielten im internationalen Wettbewerb gegeneinander Fußball. Ein

---

[6] Vgl. Norvig/Russell (2010), S. 17.

[7] Vgl. Schnupp/Thuy (1989), S. 21; Teich (2020), S. 277.

[8] Vgl. Buxmann/Schmidt (2021a), S. 4.

[9] Für die Definition siehe Abschn. 2.2.

[10] Vgl. Teich (2020), S. 277.

[11] *„Prinzip basiert im Wesentlichen auf einer Definition von Regeln und dem Aufbau einer Wissensbasis für eine thematisch klar abgegrenzte Problemstellung.“* S. Buxmann/Schmidt (2021a), S. 6.

[12] Vgl. Coles (1977).

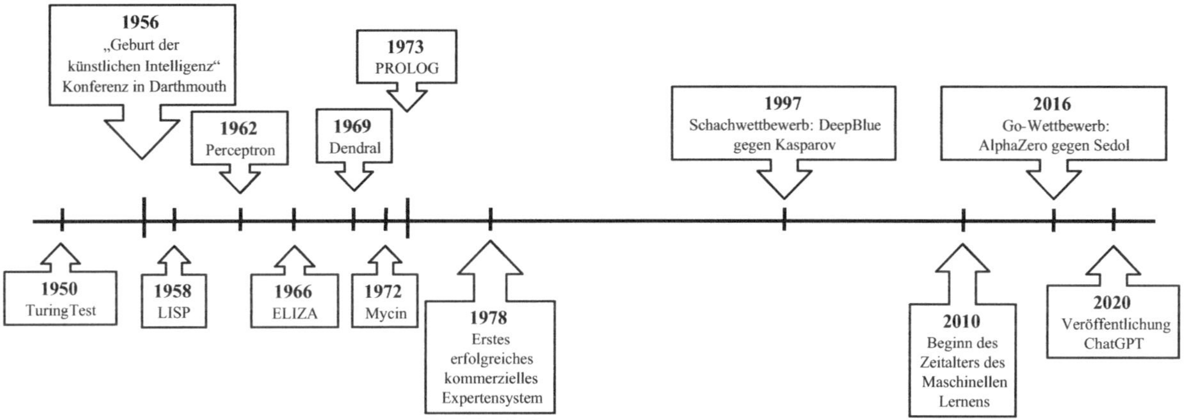

Abbildung 2.1 Wichtige Meilensteine der KI-Forschung[13]

[13] Eigene Darstellung in Anlehnung an Buxmann/Schmidt (2021a), S. 7.

weiteres, öffentlichkeitswirksames Projekt war der Schachwettbewerb 1997 zwischen dem IBM-Computer DeepBlue und dem damaligen Schachweltmeister Garri Kasparov, den DeepBlue für sich entscheiden konnte.[14]

Der Beginn des Zeitalters des Maschinellen Lernens (ML)[15], die aktuell dominierende KI-Methode, wird trotz der vermeintlich langen Vorgeschichte erst auf 2010 datiert. Ab diesem Zeitpunkt ist eine *„Kommerzialisierung von KI in Anwendungen, die breit im Alltag eingesetzt werden“*[16] erkennbar. Zuletzt schlug der Sieg der KI AlphaGo bzw. AlphaZero über den Weltmeister Lee Sedol in dem Brettspiel Go Wellen. Der Grund für die mediale Aufmerksamkeit ist die Anforderung an strategisches und intuitives Denken, da dieses Spiel zu einem der komplexesten Spieltypen zählt und bisher von keiner KI gemeistert werden konnte. Mit diesem Durchbruch richtete sich der Fokus in der KI-Entwicklung mehr und mehr auch auf das Lösen kreativer bzw. intuitiver Aufgaben.[17]

2.2 Funktionsweise und Ausprägungsformen

Die wesentliche Eigenschaft von KI-Systemen liegt in ihrer Fähigkeit, Aufgaben eigenständig zu bewältigen, daraus Erkenntnisse abzuleiten und diese für die Lösung zukünftiger, ähnlicher Problemstellungen anzuwenden. In ihrer Publikation analysieren Bloch/Sacks (2018) den grundlegenden Unterschied zwischen KI-gestützten Verfahren und klassischen regelbasierten Algorithmen (*rule-based algorithms*)[18]. Während regelbasierte Systeme auf explizit vorab definierten Regeln beruhen und daher bei komplexen oder unstrukturierten Problemstellungen schnell an ihre Grenzen stoßen, nutzen KI-Systeme stochastische Ansätze. Außerdem können sie ihr Systemwissen kontinuierlich erweitern, Selbstkorrekturen vornehmen und sich dadurch flexibel an neue Aufgaben und unbekannte Daten anpassen.

[14] Vgl. Buxmann/Schmidt (2021a), S. 5 f.

[15] *„Spezielle Algorithmen lernen aus den vorliegenden Beispieldaten [...], die dann auch auf neue, zuvor noch nicht gesehene Daten angewendet werden können.“* S. Deutsche Akademie der Technikwissenschaften e. V. (2024). – vgl. Abschn. 2.2.

[16] S. Teich (2020), S. 278.

[17] Vgl. Google Deep Mind (2016).

[18] *„Ein Algorithmus ist eine eindeutige Handlungsvorschrift bzw. eine programmierte Anweisung, um Daten zur Lösung eines bestimmten Problems in einer spezifischen Art und Weise zu verarbeiten.“* S. Kreutzer (2023), S. 12.

Diese Lern- und Anpassungsfähigkeit bildet die zentrale Innovation der KI-Technologie.[19] Zum verbesserten Verständnis ist in Abbildung 2.2 die Funktionsweise von KI veranschaulicht. Zur Wahrnehmung der Umwelt benötigt KI eine Schnittstelle „nach außen“ in Form von Sensorik. Dabei kann es sich um Hardware-Sensorik handeln wie Kamera, Mikrofone oder Sensoren zur Messung von Temperatur, Druck, Bewegung etc., aber auch Webseiten oder Datenbanken können als Input dienen. Dieser Input in Form von Daten wird durch die KI mittels mathematischer Operationen in verwertbare Informationen transformiert.

Auf dieser Basis ist die KI in der Lage eine Entscheidung zu treffen bzw. Entscheidungsvorschläge zu geben, also Output „nach außen“ zu generieren. Bei der Integration physikalischer Bauteile kann dieser Output mittels Robotik umgesetzt werden.[20]

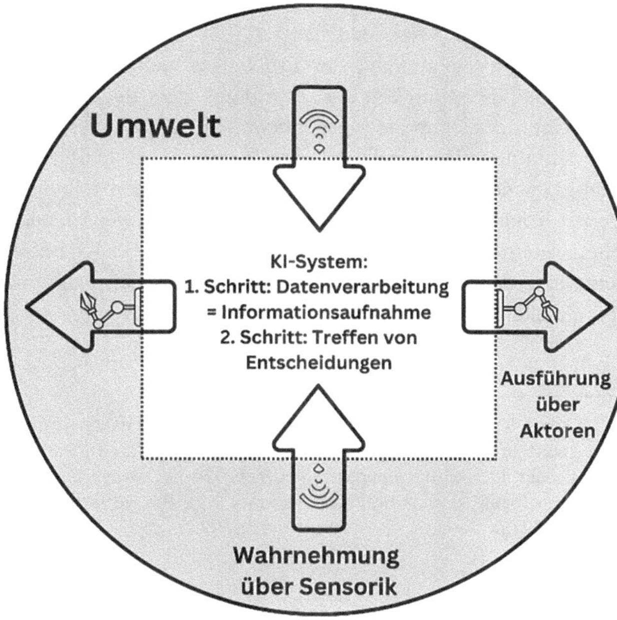

Abbildung 2.2 Schematische Darstellung der Funktionsweise von KI[21]

[19] Vgl. Bloch/Sacks (2018), S. 266 ff.; Kreutzer (2023), S. 10 ff.

[20] Vgl. European Commission (2019).

[21] Eigene Darstellung in Anlehnung an European Commission (2019), S. 2.

KI lässt sich grundsätzlich in zwei Kategorien einteilen: eine starke und eine schwache Form[22]. Die im vorangegangenen Abschnitt beschriebene Entwicklung und damit auch der aktuelle Stand beruht auf dem Konzept der schwachen KI. Ein Teilbereich der schwachen KI ist das zuvor erwähnte ML. Wie der Name impliziert, lernt der ML-Algorithmus über (Trainings-)Daten unbekannten Input zu verarbeiten, auf Muster oder Abhängigkeiten zu analysieren bzw. kategorisieren und daraus Vorhersagen oder konkrete Entscheidungsvorschläge zu generieren.[23]

Aufgrund der Neuartigkeit dieser Verfahrensweise bezeichnen Brynjolfsson/McAfee (2017) von der Universität Stanford das ML als die wichtigste Basistechnologie (siehe auch Kap. 4) der Neuzeit.[24] Einen großen Entwicklungssprung hat das ML mit Hilfe des Modellkonzepts der künstlichen neuronalen Netze[25] erfahren.

Noch leistungsfähiger wird die KI-Anwendung über *Deep-Learning*-Algorithmen, die in ihrer Modellierung tiefer und breiter als die zuvor genannten künstlichen neuronalen ML-Netze sind.[26]

Im Hinblick auf die Genauigkeit der Ergebnisse stellt die Komplexität der KI-Algorithmen eine Notwendigkeit dar. Allerdings steht dieser Genauigkeit die Nachvollziehbarkeit der Ergebnisse gegenüber. Die Frage, auf Basis welcher Parameter und deren Gewichtung die KI eine Entscheidung trifft, kann aufgrund der Vielschichtigkeit der Algorithmen durch den Menschen teilweise gar nicht oder nur begrenzt beantwortet werden. Solche KI-Systeme werden auch als *Black Box* bezeichnet. Aus dem Erfordernis der Erklärbarkeit von KI-Entscheidungen für einen rechtssicheren Umgang und Einsatz erschließt sich nach und nach ein neues Forschungsfeld, die *Explainable AI*.[27]

---

[22] Eine starke KI wird häufig mit einer Superintelligenz gleichgesetzt (Singularität), die übermenschliche Intelligenz in allen Bereichen (generalistische Intelligenz) aufweist (vgl. Deutsche Akademie der Technikwissenschaften e. V. (2024)). Etwaige Forschungsprojekte zur erfolgreichen Umsetzung sind aktuell nicht bekannt (vgl. Brynjolfsson/McAfee (2017); Buxmann/Schmidt (2021a), S. 7).

[23] Vgl. Kreutzer (2023), S. 12.

[24] Vgl. Brynjolfsson/McAfee (2017).

[25] Diese Algorithmen basieren auf dem Aufbau neuronaler Verknüpfungen im menschlichen Gehirn, d. h. zwischen Input in Form von Daten bzw. Informationen und Output in Form von bspw. Vorhersagen oder Entscheidungen ist ein vielschichtiges System geschaltet. Aufgrund diesen zahlenmäßig bis zu fünfstelligen Systemebenen (*Layer*) kann eine hohe Menge an Daten (*Big Data*) verarbeitet werden (vgl. Buxmann/Schmidt (2021a), S. 15).

[26] Vgl. Kreutzer (2023), S. 10 ff.

[27] Vgl. Koppe et al. (2021), S. 71 f.

Das ML existiert aktuell in Form von drei Verfahrensweisen. Die Erste und zum aktuellen Zeitpunkt meist genutzte ist *supervised learning*, das überwachte Lernen. Die Grundlage bilden beschriftete Trainingsdaten (*labeling*), d. h. der Dateninput ist mit den maßgeblichen Parametern gekennzeichnet und darüber klar abgegrenzt. Außerdem ist der mögliche Output definiert.

Die KI wird so lange mit diesen „gelabelten" Daten trainiert bis eine entsprechend niedrige Fehlerquote zwischen Input und Output erreicht worden ist. Erst dann werden dem KI-System bis dato unbekannte Daten zugeführt, die abhängig von der antrainierten Aufgabenstellung dem Output kategorisch zugeordnet werden können (Bsp.: Fehlererkennung im Qualitätsmanagement einer Produktion).[28]

Eine zweite Form des ML ist das *unsupervised learning*, das nicht überwachte Lernen. Im Gegensatz zum *supervised learning* sind die Inputdaten nicht beschriftet bzw. *unlabeled*.

Diese Methode trainiert das KI-System auch dem Menschen nicht ersichtliche Abhängigkeiten oder Muster innerhalb von Datenmengen zu identifizieren und daraus entsprechende Erkenntnisse abzuleiten (Bsp.: Anomalie-Erkennung bei Zahlungsflüssen zur Geldwäschebekämpfung).[29] Die dritte Form wird als verstärktes Lernen, das *reinforcement learning*, bezeichnet. Nach dem Prinzip *trial and error* nähert sich die KI iterativ an einen eigenständig entwickelten Lösungsweg an.

Dieser iterative Prozess funktioniert über ein Belohnungs- bzw. Bestrafungssystem, auf dessen Grundlage die Eigenkorrektur des KI-Systems möglich wird. Diese Methode eignet sich besonders dann, wenn das Ziel zwar bekannt, der Weg dahin allerdings auch dem Menschen noch unklar ist (Bsp.: Analyse und Beeinflussung von Kundenverhalten).[30]

Tabelle 2.1 soll eine Übersicht über die Nutzungsgrade von KI-Systemen geben sowie deren Aufgabendefinition und Ausführungsmethodik.

Aktuell stehen Services wie die Schrift- und Sprachverarbeitung (*Natural Language Processing* – NLP) sowie die optische Objekterkennung (*Computer Vision* – CV) im Vordergrund der Nutzung (Nutzungsgrad 1).[31]

An diesem Punkt wird meist von generativer KI gesprochen, die selbstständig Texte, Bilder, Programmiercodes etc. erzeugen kann.[32] Auf dieser Technologie

---

[28] Vgl. Kreutzer (2023), S. 14 ff.

[29] Vgl. Brynjolfsson/McAfee (2017).

[30] Vgl. Kreutzer (2023), S. 14 ff.

[31] Vgl. Hildesheim/Michelsen (2021), S. 184 f.

[32] Vgl. Deutsche Akademie der Technikwissenschaften e. V. (2024).

basieren auch *Large Language Modells* (LLM – zu Deutsch: Sprachmodelle) wie ChatGPT[33].

Tabelle 2.1 Definition der Nutzungsgrade von KI-Systemen[34]

Nutzungsgrad des KI-Systems	Aufgabendefinition	Ausführungsmethodik
1. Interpretation von unstrukturierten Daten	Generierung neuer wertvoller Informationen aus unstrukturierten Daten	Generativ mittels Objekterkennung (CV) und Interaktion bzw. Kommunikation mit der Umwelt (NLP)
2. Strukturierte Datenerweiterung	Verstehen von Mustern und Trends, um sie in neue Informationen umzuwandeln	Generativ mittels Benchmarkings und Klassifizierung
3. Unterstützte Entscheidungsfindung	Unterstützung komplexer Entscheidungen durch Bewertung von Regeln und Vorhersagen z. B. heuristische und probabilistische Schätzungen	Prädiktiv mittels heuristischer und probabilistischer Schätzungen
4. Prozess automatisierung	Lernen, Aufgaben nach Mustern und im Kontext d. h. situationsabhängig zu wiederholen	Physisch mittels Robotik und sensorgesteuerte Automatisierung in der Industrie 4.0 bzw. Baustelle 4.0 (siehe Abschn. 4.4)

33 Selbstdefinition von ChatGPT zum Stand 02.07.2024: „*Ich bin ChatGPT, ein KI-basierter Sprachassistent, entwickelt von OpenAI auf der GPT-4-Architektur. Meine Hauptaufgabe ist es, menschenähnliche Texte zu generieren, Fragen zu beantworten, bei Aufgaben zu helfen und Gespräche zu führen. Ich habe umfangreiches Wissen aus einer Vielzahl von Quellen, bin jedoch auf Informationen bis zu meinem letzten Training im Jahr 2023 beschränkt. Ich kann keine Echtzeitinformationen abrufen oder auf persönliche Daten zugreifen. Mein Ziel ist es, Benutzern bei ihren Anfragen zu unterstützen und nützliche, präzise Informationen zu liefern.*“ S. ChatGPT – OpenAI (2024).

34 Eigene Darstellung nach Cisterna/Haghsheno (2024), S. 70.

2.3 Potenziale und Herausforderungen

Gemäß einer Studie von PricewaterhouseCoopers (PwC) zu den Auswirkungen von KI auf die deutsche Wirtschaft besteht die Möglichkeit eines Wirtschaftswachstums bis 2030 von 11,30 %, gemessen am Bruttoinlandsprodukt (BIP) der gesamten deutschen Wirtschaft.

In absoluten Zahlen wird ein Zuwachs von 430 Milliarden (Mrd.) Euro (EUR) erwartet.[35] Accenture begründet die wirtschaftliche Wachstumsrate mit einer prognostizierten Steigerung der Produktivität der deutschen Volkswirtschaft bis 2030 um ca. 30 %.[36]

Experten gehen außerdem davon aus, dass mit der KI-Integration auch eine Verbesserung und Ausweitung bestehender Geschäftsmodelle um neue, digitalisierte und individualisierte Produkte bzw. Services einhergeht (siehe Abschn. 2.4[37]).

Auf der Nachfrageseite werden als Resultat weitere Wachstumseffekte bzgl. des privaten Konsums bei gleichzeitig sinkenden Preisen und ein erhöhter Freizeitanteil erwartet.[38] Diese Erwartungen knüpfen maßgeblich an eine potenzielle Verschiebung der Faktorproportionen zwischen Arbeit und Kapital zugunsten des Kapitals an. Während Arbeit traditionell vor allem für schwer bis (noch) nicht automatisierbare Tätigkeiten eingesetzt wird und Kapital primär automatisierte Prozesse unterstützt, führt die zunehmende Übernahme von Aufgaben durch KI-basierte Systeme zu einer steigenden Kapitalintensität[39] der Produktion. In welchem Umfang sich daraus Konsum-, Preis- und Arbeitszeiteffekte ergeben, ist jedoch wesentlich von institutionellen, arbeitsmarktlichen und verteilungspolitischen Rahmenbedingungen abhängig.

---

[35] Vgl. PricewaterhouseCoopers LLP (PwC) (2018b), S. 12 f.

[36] Vgl. Accenture (2016); Die prognostizierten Wachstumsraten unterscheiden sich in der Literatur erheblich, was an der Wahl des jeweiligen Zukunftsszenarios liegt. Acemoglu (2025) geht von einem Gesamtwachstum weniger als 1 % in den nächsten zehn Jahren aus, berücksichtigt allerdings lediglich die Automatisierungseffekte von KI (vgl. Acemoglu (2025)). Das Gegenszenario ist die künstliche Superintelligenz (starke KI), die Wachstumsraten in bis zu dreistelliger Form möglich machen könnte (vgl. Korinek/Suh (2024)). Die hier gewählten 1,5 % an Wachstumsrate pro Jahr erscheinen moderat und decken sich mit den Erwartungshaltungen der Unternehmen am deutschen Markt (vgl. Kerkhof et al. (2024), S. 42).

[37] Für eine tiefergehende Auseinandersetzung mit KI-gestützten Geschäftsmodellen kann die Publikation der Digitalagentur Sachsen (2025a) empfohlen werden.

[38] Vgl. PricewaterhouseCoopers LLP (PwC) (2018b), S. 12 f.

[39] Kapitalintensität ist das Verhältnis zwischen dem Produktionsfaktor Kapital und Arbeit.

In diesem Zusammenhang gewinnen Daten zunehmend an wirtschaftlicher Relevanz und treten als neuer Produktionsfaktor in Erscheinung.[40] Van't Spijker (2014) zieht in seiner Publikation *„The New Oil: Using Innovative Business Models to turn Data Into Profit"* eine Parallele zur Rolle von Rohöl: So wie Öl in der industriellen Ära als zentraler Treiber von Wachstum und Wertschöpfung galt, könnten Daten in der digitalen Wirtschaft eine vergleichbare Schlüsselposition einnehmen.[41] Ihre Bedeutung liegt nicht im bloßen Vorhandensein, sondern in ihrer gezielten Erfassung, Verarbeitung und wirtschaftlichen Nutzung.

Die Datenqualität spielt in diesem Kontext eine entscheidende Rolle, da die KI-Modelle für sich nur so präzise sein können wie die Daten, die für das Training zugeführt werden.

Das heißt im Kern: Jede Verzerrung (*bias*) innerhalb der Datenstruktur wird sich in den Ergebnissen des KI-Systems niederschlagen. Nachfolgend soll ein reales Beispiel die Problematik veranschaulichen: Eine Recruiting-KI bei dem Onlineversandhandel Amazon, die zur Aufgabe hatte, die passenden Personen aus einer Vielzahl an Bewerbungen für Stellen in der Softwareentwicklung herauszufiltern, ist 2018 aus der Nutzung genommen worden, weil vor allem männliche Kandidaten als Bestbesetzung ausgewählt worden waren. Die KI-Vorschläge basierten nicht auf der Identifikation der optimaleren Fähigkeiten der Männer für die offenen Stellen, sondern in den Verzerrungen der historischen Trainingsdaten. Da bis dato prozentual deutlich mehr Männer in der IT-Branche angestellt waren, folgt die KI dem bekannten Muster und gibt daraufhin unbrauchbare Ergebnisse aus.[42] Solche Ereignisse bestärken die Notwendigkeit der Erklärbarkeit von KI-Entscheidungen (siehe Abschn. 2.2: *Explainable AI*).

An dieser Stelle soll nochmals erwähnt sein, dass die Ergebnisse oder Entscheidungen, die eine KI generiert, nicht deterministischer, sondern probabilistischer Natur sind, d. h. lediglich auf Wahrscheinlichkeiten basieren und damit immer mit Unsicherheit bzw. Ungenauigkeiten behaftet sind.[43]

Einen wichtigen Beitrag zu den vorgenannten Wachstumsmöglichkeiten leistet die Entwicklung bzw. der Verkauf von vortrainierten KI-Systemen[44]. Allein der deutsche Markt für KI-Modelle umfasste 2024 schätzungsweise ca. 38 Mrd.

---

[40] Vgl. Aghion et al. (2017).

[41] Vgl. Van't Spijker (2014).

[42] Vgl. Iriondo (2018).

[43] Vgl. Halopé et al. (2023), S. 3.

[44] Mit der Begrifflichkeit „vortrainiert" ist ein KI-System gemeint, dass käuflich zu erwerben ist und über Datenbanken des Entwicklers bzw. Herstellers trainiert wurde. Auf dessen Basis ist es in der Lage Ergebnisse zu liefern.

EUR. Mit einer prognostizierten, durchschnittlichen, jährlichen Wachstumsrate von 20,46 % lässt sich für 2034 ein Marktvolumen von ca. 240 Mrd. EUR berechnen, was einer Versechsfachung innerhalb von 10 Jahren gleichkommt.[45] Aufgrund der hohen Wettbewerbsdynamik, die sich auf dem KI-Markt bereits jetzt abzeichnet und sich in der Zukunft möglicherweise weiter verstärken wird, ist in diesem Segment mit fallenden Preisen zu rechnen.[46] Einhergehend mit dem Trend zu *OpenSource*[47]-Lösungen (bspw. GemmaAI von Google oder Llama von Meta) und *Software as a Service*[48], sowie offener Datenbanken für Trainingsdaten (bspw. TensorFlow oder Sckit-learn) wird auch von einer „Demokratisierung von KI" gesprochen. Anbietende dieser *OpenSource*-Systeme bieten gleichzeitig anwenderfreundliche Programmiertools (bspw. VertexAI von Google) an, die auch fachfremden bzw. unerfahrenen Nutzungsgruppen den Zugang zu KI erleichtern, da keine (umfassenden) Programmierfähigkeiten vorausgesetzt werden (*Low-Coding* oder *No-Coding*).[49]

Damit das vorgenannte wirtschaftliche Wachstum auch eintreten kann, bedarf es entsprechenden Fachpersonals. Dazu gehören unter anderem Personen mit Expertise in KI-Technologien, digitaler Transformation und/oder Datenverarbeitung. In einer Deloitte-Studie aus 2020, die KI-Expert*innen aus deutschen Unternehmen mit mindestens 500 Angestellten befragte, werden fehlende Kompetenzen als eine der wesentlichen Herausforderungen für die Umsetzung von KI-Projekten in Deutschland benannt. Bereits 2019 identifizierte das Bundesministerium für Wirtschaft und Energie diese Lücke, da fast jede zweite, offene Stelle in Deutschland im Bereich der KI nicht besetzt werden konnte.[50]

Nach Prognosen des Bundesverbands Informationswirtschaft, Telekommunikation und neue Medien e. V. (Bitkom) wird die Digitalisierung auch in Zukunft

[45] Vgl. Precedence Research Pvt. Ltd. (2025).

[46] Vgl. Brynjolfsson/McAfee (2017).

[47] Bei *OpenSource*-Systemen handelt es sich um Software-Lösungen, deren Quellcode öffentlich und kostenlos zugänglich ist, sodass die Nutzer*innen die Möglichkeit hat diese Software zu verwenden, aber auch zu modifizieren (vgl. Fitzgerald (2006)).

[48] *Software-as-A-Service* bezeichnet eine Form der Softwarebereitstellung über das Internet durch einen Dienstleistenden. Unternehmen müssen die Software (hier das KI-System) nicht lokal (in-house) installieren, betreiben oder warten, da diese Aufgaben durch den Dienstleistenden übernommen werden. Damit gehen vor allem finanzielle Vorteile in Bezug auf die Investitions- bzw. Entwicklungskosten für die Nachfrageseite einher (vgl. Chan/Cho (2015)).

[49] Vgl. Britz (2021), S. 208.

[50] Vgl. Deloitte (2020), S. 14 f.; Bundesministerium für Wirtschaft und Energie (BMWi) (2020), S. 28.

als größter Job-Motor in Deutschland für neue Beschäftigungsstellen sorgen.[51] Die Nachfrage nach KI-Fachkräften bleibt dementsprechend weiterhin hoch, weswegen deutliche Lohnsteigerungen zu erwarten sind. Aufgrund dieser Knappheit an Know-how und den allgemein gestiegenen Digitalisierungsanforderungen in mehr oder weniger allen Berufsgruppen, besteht die Notwendigkeit der Anpassung der Lerninhalte im deutschen Bildungssystem (Grundlagen- sowie Fort- und Weiterbildung), um möglichst früh den vorgenannten *Skill-Gap* zu schließen.[52]

Die oben genannte Deloitte-Studie wurde auch im Jahr 2025 fortgeführt und verdeutlicht eine strategische Anpassung der Unternehmen an den anhaltenden Fachkräftemangel. Dabei zeigt sich eine deutliche Verschiebung des organisationalen Schwerpunkts von der externen Rekrutierung qualifizierter Fachkräfte hin zur systematischen *Re-* und *Upskilling*-Strategie bestehender Mitarbeiter*innen.[53]

An anderer Stelle auf dem Arbeitsmarkt stellen KI-Systeme ein mögliches Beschäftigungsrisiko dar, da kognitive und manuelle Routine-Tätigkeiten[54] zukünftig vollständig durch die Maschine übernommen werden können. Bspw. liefert die KI bei der Objekterkennung seit 2015 korrektere Ergebnisse als der Mensch.[55] Aufgrund der aktuellen Entwicklungen der KI-Algorithmen ist allerdings zu erwarten, dass auch vermehrt Nicht-Routine-Tätigkeiten[56] in der Zukunft durch KI-Systeme ausführbar sind. Mit diesem Ausblick rücken Weiterbildung oder Umschulungen für die Bestandsbelegschaft in den Vordergrund, da sich Berufs- bzw. Anforderungsprofile absehbar verändern werden.[57] In dieser Entwicklung steckt auch das Potenzial zur Entstehung neuer Berufsbilder, was wiederum neue Arbeitsplätze schaffen wird. Zusätzlich besteht mit der Übernahme gewisser Tätigkeiten durch die KI für den Menschen die Chance

---

[51] Vgl. Bitkom 26.06.2024.

[52] Vgl. Büchel et al. (2023).

[53] Vgl. Deloitte (2025), S. 14.

[54] Aufgaben, die aus klar definierten, regelbasierten Verfahren bestehen, wodurch diese vorhersehbar und repetitiv und damit leicht zu automatisieren sind. Beispiele sind einfache Montagearbeiten in der Produktion oder buchhalterische und einfache administrative Aufgaben (vgl. Autor et al. (2003)).

[55] Vgl. Brynjolfsson/McAfee (2017).

[56] Aufgaben, die komplexe Problemlösungsfähigkeiten, Kreativität, soziale Interaktionen und flexibles Denken erfordern, wodurch eine Automatisierung deutlich schwerer zu vollziehen ist als bei einer Routine-Tätigkeit. Beispiele sind kreative Berufe, Managementaufgaben, sowie Berufe, die ein hohes Maß an emotionaler Intelligenz und Empathie erfordern, wie bspw. soziale Berufe (vgl. Autor et al. (2003)).

[57] Im IAB-Job-Futuromat (https://job-futuromat.iab.de/) besteht die Möglichkeit das Automatisierungspotenzial diverser Berufsbezeichnungen zu recherchieren. Etwaige Weiterbildungsmöglichkeiten über die Bundesagentur für Arbeit sind außerdem verlinkt.

zur verstärkten Konzentration auf intuitive und kreative Aufgaben.[58] Calvino et al. (2025) argumentieren in einem OECD-Arbeitspapier zur generativen KI, dass Produktivitätsgewinne im Rahmen von MMI nur dann langfristig und nachhaltig realisiert werden können, wenn diese von einem systematischen Aufbau menschlicher Kompetenzen begleitet werden. Ohne entsprechende Qualifizierungsmaßnahmen blieben die beobachteten Produktivitätseffekte demnach überwiegend kurzfristig und auf einzelne Aufgaben beschränkt.

Zudem weisen die Autor*innen darauf hin, dass eine unkritische Übernahme KI-generierter Ergebnisse bei fehlender Qualifizierung negative Auswirkungen auf Lern-, Urteils- und Entscheidungsfähigkeiten sowie die Ergebnisqualität haben kann.[59]

In diesem Zusammenhang kommt den sogenannten Halluzinationen von KI-Systemen eine besondere Bedeutung zu. Darunter ist zu verstehen, dass KI-Systeme in Situationen unzureichender oder fehlender Informationsgrundlagen plausible, jedoch faktisch unzutreffende Antworten generieren, ohne ihr Nicht-Wissen explizit offenzulegen.[60]

Im Zuge der angestrebten Produktivitätssteigerung ist eine Reduzierung der Produktionskosten wahrscheinlich, die eine Rückkehr von ins Ausland verlagerter Produktion nach Deutschland begünstigten kann. Der komparative Kostenvorteil der Niedriglohnländer wird durch die effizientere und effektivere Produktion aufgehoben, was wiederum Arbeitsplätze schafft.[61]

Aus dieser Entwicklung zeichnet sich ein Verstärkungseffekt der Polarisierung des Arbeitsmarkts in Niedrig- und Hochlohnberufe ab, wobei eine Studie des Instituts für Arbeitsmarkt- und Berufsforschung (IAB) aus dem Jahr 2024 keinen Beruf als vollständig substituierbar identifiziert. Überraschend scheint allerdings die Erkenntnis, dass das Substituierbarkeitspotenzial über die letzten Jahre auch in den Berufen mit einem hohen Anforderungsniveau an einen akademischen Abschluss und Analyse- und Entscheidungsfähigkeit gestiegen ist.[62]

Die KI-Implementation bietet hinsichtlich des Fachkräftemangels und des demografischen Wandels in Deutschland potenzielle Chancen, deren Wirkung jedoch differenziert bewertet werden muss. In einer Studie des Fraunhofer-Instituts zu den Auswirkungen von KI auf Dienstleistungen und Produktion von

[58] Vgl. Dukino et al. (2019), S. 13 ff.; Ackerman et al. (2019).

[59] Vgl. Calvino et al. (2025), S. 15 ff.

[60] Vgl. Kreutzer (2023), S. 248 ff.

[61] Vgl. Arntz et al. (2018), S. 1; Gopinath (2023), S. 71.

[62] Vgl. Grienberger et al. (2024).

2019 werden unter anderem die Kosten zur Einführung, sowie die Anforderungen an den Datenschutz und Datensicherheit als relevante Hindernisse für eine flächendeckende Implementation genannt.[63] Diese Unsicherheiten werden auch in einer Erhebung vom Statistischen Bundesamt aus dem Jahr 2024 bestätigt, wobei sich diese für gering kapitalisierte, kleine bzw. mittelständische Unternehmen[64] (KMUs) problematischer darstellen, weswegen der Anteil großer Unternehmen, die KI im Einsatz haben, mit 48 % zu 28 % der mittleren Unternehmen und 17 % der kleinen Unternehmen höher ist.[65]

Die Kostenkomponente für die Entwicklung von KI-Systemen ist aufgrund der Vielfalt und der Dynamik innerhalb der Technologie nicht konkret bezifferbar.

Der AI-Index der Universität Stanford zieht nach der Gegenüberstellung der Entwicklungskosten bekannter KI-Modelle – wie ChatGPT von OpenAI oder PaLM von Google – das Fazit, dass über die Jahre 2019 bis 2022 die KI-Systeme deutlich größer und damit leistungsfähiger, aber eben auch kostenintensiver in der Entwicklung wurden.[66] Die Kostenstruktur definiert sich maßgeblich über Hardware-, Energie- und Personalkosten für die Entwicklung, den Betrieb und zur Aufrechterhaltung der Aktualität des Systems.[67] Allein die Betriebskosten der 2024 lancierten ChatGPT-Version (4.0) werden mit ca. 650.000 EUR pro Tag geschätzt.[68] Um Investitionskosten und laufende Kosten reduzieren zu können, liegt der Trend in Deutschland auf dem Einkauf vortrainierter KI-Lösungen und nicht auf den Eigenentwicklungen. Besonders für die weniger finanzkräftigen KMUs bieten sich die *Software-as-a-Service*-Systeme an.[69]

Der Datenschutz wird in Deutschland maßgeblich über die im Jahr 2018 in Kraft getretene Datenschutzgrundverordnung (DSGVO) geregelt. Das Ziel

---

[63] Vgl. Dukino et al. (2019), S. 60.

[64] Definition der Unternehmenseinteilung: „*Kleinstunternehmen sind Unternehmen, die weniger als 10 Mitarbeitende und einen Jahresumsatz oder eine Jahresbilanzsumme von höchstens 2 Mio. EUR haben. Kleine Unternehmen sind Unternehmen, die weniger als 50 Mitarbeitende und einen Jahresumsatz oder eine Jahresbilanzsumme von höchstens 10 Mio. EUR haben. Mittlere Unternehmen sind Unternehmen, die weniger als 250 Mitarbeitende und einen Jahresumsatz von höchstens 50 Mio. EUR oder eine Jahresbilanzsumme von höchstens 43 Mio. EUR haben.*“ S. EU-Kommission 20.05.2003. Zur leichteren Lesbarkeit wird die Abkürzung im folgenden Text in der Mehrzahl (KMUs) geführt.

[65] Vgl. Statistisches Bundesamt 25.11.2024.

[66] Vgl. Brynjolfsson et al. (2023), S. 62.

[67] Vgl. Cottier (2023).

[68] Vgl. Brynjolfsson/Unger (2023), S. 24.

[69] Vgl. Deloitte (2020), S. 10.

dieser Verordnung ist der „*Schutz natürlicher Personen bei der Verarbeitung personenbezogener Daten*“[70].

Die Einführung scheint die allgemeine Verunsicherung verstärkt zu haben, anstatt, wie erhofft, einen einheitlichen und sicheren Rahmen zur Datenverarbeitung in Deutschland zu schaffen.

In einer für die Gesamtwirtschaft repräsentativen Bitkom-Studie aus dem Jahr 2023 berichten sechs von zehn Unternehmen, dass datengetriebene Innovationsprojekte aufgrund von Unsicherheiten zu den rechtlichen Vorgaben abgebrochen worden seien. Insbesondere die KMUs formulieren die Notwendigkeit einer Hilfestellung von außen im Umgang mit dem Rechtsrahmen.[71] Wie sich der *EU AI Act*[72] bewährt, der als erstes KI-Gesetz weltweit am 01.08.2024 in der Europäischen Union (EU) in Kraft trat, kann nur mit zeitlichem Abstand sinnvoll bewertet werden. Auch wenn sich der Inhalt der Vorschrift maßgeblich nach den KI-Anwendungsfällen und deren Risikopotenzial richtet und weniger auf die Technologie dahinter, besteht das Risiko, dass in Kombination mit der DSGVO und Gesetzen rund um das Urheberrecht die Innovationskraft deutscher bzw. europäischer Unternehmen eingebremst wird, wenn es um neue, datengetriebene Geschäftsmodelle und den Einsatz von KI geht.[73]

Andererseits kann der gesetzliche Anspruch an den Datenschutz möglichweise die notwendige Datenqualität für die KI-Modelle unterstützen.

Diesen Weg verfolgt auch die deutsche Politik mit der seit 2018 veröffentlichten KI-Strategie, in welcher *AI made in Germany* als Produktmerkmal für vertrauenswürdige KI-Systeme und damit als Wettbewerbsvorteil ausgebaut werden soll.[74]

Nicht unerwähnt in diesem Kontext soll eine im Mai 2023 veröffentlichte Erklärung des *Center of AI Safty* bleiben, eine gemeinnützige Organisation zum Thema KI-Sicherheit in den USA. KI-Expert*innen und Entwicklergrößen auf diesem Gebiet wie Sam Altman, der Gründer von OpenAI oder Dennis Hassabis, Hauptgeschäftsführer von Google Deep Mind, unterzeichneten mit über 300 weiteren Personen ein Dokument, indem die disruptive Wirkung von KI mit dem

[70] S. Europäische Union (EU) 2021a.

[71] Vgl. Bitkom 21.05.2023.

[72] Da es sich bei dem dazugehörigen Gesetztext um ein umfangreiches Dokument handelt können Interessierte mittels einer vorkonfigurierten *ChatGPT*-Applikation detaillierte Einblicke in das Regularium erhalten: https://chatgpt.com/g/g-LCU7rkps5-eu-ai-act-insight.

[73] Vgl. Bitkom 16.06.2023.

[74] Vgl. OECD (2024), S. 112.

Risiko der Auslöschung der Gesellschaft über einen nuklearen Krieg oder einer Pandemie wie Covid-19 gleichgesetzt wird.[75]

Wie sich die Zukunft mit und durch KI tatsächlich gestalten wird, lässt sich gegenwärtig nur begrenzt prognostizieren und wird sich erst im Zeitverlauf empirisch herausbilden, nicht zuletzt da die bisherigen Vorhersagen zur Entwicklung einer KI-geprägten Zukunft mit erheblicher Unsicherheit und voreiligen Annahmen behaftet waren. Bereits 1970 stellt Marvin Minsky (Teilnehmer am *Summer Research Project on AI* – siehe Abschn. 2.1) die These auf, dass spätestens 1980 eine KI mit der durchschnittlichen Intelligenz eines Menschen entwickelt sein wird. Dieses Szenario steht bekanntermaßen bis heute aus.[76] Auf der anderen Seite stellt die Entwicklung von KI bekannte mathematische Gesetze wie das Moore'sche Gesetz in Frage. Dieses besagt, dass sich die Rechenleistung von Technologien etwa alle zwei Jahre verdoppelt. Anstelle dieser prognostizierten Verdopplung hat sich die Rechenleistung zum Training der ML-Modelle in den letzten zehn Jahren pro Jahr verzehnfacht.[77]

2018 prognostizierte das World Economics Forum (WEF), dass der Anteil durch Menschen ausgeführte Aufgaben von 71 % im Jahr 2018 auf 58 % im Jahr 2022 sinken wird, während der Anteil der von Maschinen und Algorithmen ausgeführten Aufgaben von 29 % auf 42 % steigen wird.[78] In etwa die gleiche Entwicklung wird in dem fortgeführten Report des WEF aus 2023 für 2027 projiziert.[79] Auch der Report aus 2025 verschiebt die signifikante Aufgabenverlagerung hin zur Maschinenarbeit weiter in das Jahr 2030.[80] An dieser Stelle scheint die Entwicklung langsamer voranzuschreiten als angenommen. Auch ethische und moralische Fragestellungen sind in dieser Diskussion zu beachten. Nur weil die Substitution von menschlicher Arbeit durch eine Maschine technisch möglich wäre, muss diese nicht zwingend umgesetzt werden, da möglicherweise die gesellschaftliche Akzeptanz nicht vorhanden ist.[81]

Vor diesem Hintergrund lässt sich die MMI als kollaborative Arbeitsweise als ein gesellschaftlich eher akzeptiertes und langfristig tragfähiges Modell für die zukünftige Arbeitswelt in der deutschen Wirtschaft einordnen.

[75] Vgl. Roose (2023).

[76] Vgl. Buxmann/Schmidt (2021a), S. 6.

[77] Vgl. Bremmer/Suleyman (2023), S. 11.

[78] Vgl. World Economic Forum (2018), S. 8.

[79] Vgl. World Economic Forum (2023), S. 6.

[80] Vgl. World Economic Forum (2025), S. 26 f.

[81] Vgl. Grienberger et al. (2024), S. 2.

In diesem Abschnitt sollte erkennbar werden, wie stark die Zukunftsszenarien mit KI als fester Bestandteil der Gesellschaft differieren und dass eben diese Szenarien multifaktoriell sind. Der staatliche Regulierungsrahmen, die menschliche Akzeptanz und Anpassungsfähigkeit, das Entwicklungsbestreben und die dahinterstehenden Ziele sowie die wirtschaftlichen Auswirkungen stehen in gegenseitiger Beeinflussung, aber auch Bedingung zueinander. Wie Erik Brynjolfsson und Gabriel Unger im Leitartikel des Magazins *Finance & Developement* aus Dezember 2023 zu KI konstatieren: „*Der schlechte Ausgang (die negative Zukunft) ergibt sich oft aus dem einfachsten, bequemsten oder widerstandslosesten Weg.*“[82]

2.4 Anwendungsbeispiele in der deutschen Wirtschaft und Gesellschaft

Deutschland steht laut dem AI-Index der Universität Stanford im Jahr 2024 auf Platz 7 im weltweiten Ländervergleich der privaten KI-Investitionen.[83] Nach einer Konjunkturumfrage des ifo-Instituts für Wirtschaftsforschung von Mai 2025 sind die Branchen der Informations- und Kommunikationstechnologie (IKT) sowie der unternehmensnahen Dienstleistungen, des Fahrzeugbaus und der Chemischen Industrie bzw. des Maschinenbaus besonders investitionsstark.[84]

KI hat bereits Einzug in die Wirtschaft und Gesellschaft sowie das tägliche Leben erhalten. Im Folgenden soll ein Ausschnitt aktueller *Use-Cases* beleuchtet werden.

Die von Winston/Horn (1987) formulierte Zielsetzung (siehe Abschn. 2.1), Computer mithilfe von KI nützlicher zu machen, wird bspw. von Microsoft mit der hauseigenen KI Copilot aufgegriffen. Als Marktführer in Deutschland mit Programmen wie Word, Excel, PowerPoint, Outlook und Teams bietet Microsoft seit den 90ern ein breites Spektrum an Office-Anwendungen zur Erstellung von E-Mails, Protokollen, Tabellen und Präsentationen an.[85] Die Integration von Copilot in diese Anwendungen verspricht eine produktivere und effizientere Nutzung, indem generative KI-Funktionalitäten, intelligente Textverarbeitung sowie verbessertes Informationsmanagement bereitgestellt werden. Als Ergebnisse einer

---

[82] S. Brynjolfsson/Unger (2023), S. 22. Übersetzung aus dem Englischen durch die Autorin. Im Original: „*In each case, the bad future is the path of least resistance.*“

[83] Vgl. Stanford University (2025), S. 252.

[84] Vgl. ifo-Institut für Wirtschaftsforschung (2025).

[85] Vgl. empower GmbH/Nielsen Company (2020), S. 8.

Umfrage von Avanade berichten Mitarbeitende von täglichen Zeiteinsparungen von bis zu zwei bis drei Stunden bei administrativen Aufgaben, wie dem Verfassen von E-Mails oder Berichten und Protokollen. Zudem gaben 52 % an, dass sich die Qualität ihrer Arbeit verbesserte, 70 % erlebten eine gesteigerte Kreativität und 31 % eine Reduzierung der kognitiven Ermüdung.[86]

Spotify als Musik-Streaminganbieter, sowie Netflix als Streaminganbieter von Filmen und Serien verarbeiten die vorhandenen Nutzerdaten, um mittels KI individualisierte Empfehlungen passender Inhalte zu geben. Ziel ist eine Verstärkung der Kundenbindung über die Erhöhung der Kundenzufriedenheit. Die registrierten Resonanzen auf die Empfehlungen dienen dann als zusätzliche Trainingsdaten für die KI um zukünftige Produktvorschläge weiter zu verbessern (hier: *reinforcement learning*).[87]

Intelligente *Chatbots* (siehe Abschn. 2.2: LLM) unterstützen diverse Anbieter beim Kundenservice. Die KI tritt in direkte Interaktion mit den Kund*innen (telefonisch oder in Form einer Chatfunktion) und kann Anliegen direkt bearbeiten und beantworten. Bei tiefergehender Problemstellung erfragt der *Chatbot* die notwendigen Parameter für die Weiterbearbeitung des Anliegens. Dadurch wird jede Anfrage automatisch kategorisiert und entsprechend ihrer Kategorie durch den *Chatbot* oder einen Menschen weiterverarbeitet. Dabei wurde nachweislich eine gesteigerte Zufriedenheit der Beschäftigten und Kundschaft festgestellt, da Anfragen schneller und präziser beantwortet werden können bei gleichzeitiger Kostenreduktion für das Unternehmen, dass die KI einsetzt.[88]

In der Industrie bietet sich der Einsatz von CV bspw. im Bereich des Qualitätsmanagements und der visuellen Inspektion an. Das KI-System erkennt Schäden an fehlerhaften Teilen zuverlässiger als das menschliche Pendant und klassifiziert diese entweder als nachbearbeitbar oder sortiert automatisch aus.[89]

Der Finanzsektor ist seit jeher eine datengetriebene Branche, da bereits für die Kreditvergabe diverse Informationen des Debitors notwendig sind. Neu ist der Begriff *Robo-Advisory*, ein KI-gestütztes System, das als virtuelle Finanzberatung (mit integriertem *Chatbot*) eigenständig agieren kann. Auf Basis der vorhandenen Kundendaten wird ein Persönlichkeitsprofil erstellt, welches Informationen zu Investitionspräferenzen, finanziellen Zielen sowie der Risikoaversion enthält und die Grundlage für das KI-generierte Investitionsportfolio darstellt. Bei

[86] Vgl. Rotar/Wilson (2024).

[87] Vgl. Kreutzer (2023), S. 318.

[88] Vgl. Forrester Consulting (2020).

[89] Vgl. Heraeus (2024).

Marktveränderung gibt der Robo-Advisory Vorschläge für Portfolioanpassungen und führt diese bei Bestätigung durch den Kunden aus.[90]

Der öffentlichkeitswirksame Skandal um Cambridge Analytica zeigt, welche gesellschaftlichen Risiken mit der Datenverarbeitung durch *Deep-Learning-*Algorithmen einhergehen können.

Mittels Facebook-Daten von rund 80 Millionen (Mio.) Accounts wurde im Wahlkampf von Donald Trump bei der US-Präsidentschaftswahl 2016 gezieltes *Targeting*[91] zur Beeinflussung von Wählenden eingesetzt.[92]

Die vorgenannten Anwendungsbeispiele spiegeln den Entwicklungsstand der „Insellösungen" wider (siehe Tabelle 2.1 – Nutzungsgrad 1 + 2), die den Fokus auf gezielte Effizienzsteigerungen und Prozessverbesserung legen.[93] Umfassende KI-Implementationen entlang ganzer Unternehmensprozessketten als *end-to-end-*Lösung benötigen zusätzliche Entwicklungsschritte, sowie finanzielle und personelle Aufwendungen.[94] Für ein Unternehmen sind in dem Zuge auch organisatorische Anpassungsprozesse notwendig, um KI in die bisherigen Arbeitsabläufe zu integrieren und die Mitarbeitenden bei dieser Transformation aktiv einzubinden. Dazu gehört auch die Neudefinition von Rollen, Verantwortlichkeiten sowie Schnittstellen. In der Literatur wird in diesem Kontext von *Change Management* gesprochen, verbunden mit einer konkreten KI-Strategie der Unternehmensführung.[95] Diese Umorganisation erfordert allerdings zusätzliche Investitionen in Organisationskapital und – in Abhängigkeit vom Umfang und der Tiefe der Eingriffe – ggfs. auch einen kulturellen Wandel innerhalb der Unternehmen.[96]

Vor diesem Hintergrund kann der KI-Einsatz in Deutschland derzeit nicht als Stand der Technik bzw. Praxis eingeordnet werden. In einer repräsentativen

---

90 Nach Artikel 22 Abs. 2 DSGVO kann die Kundenbestätigung zur Ausführung einer Aktion wegfallen, wenn die betroffene Person dem automatisierten Vorgehen des Robo-Advisory im Vorhinein zugestimmt hat.

(vgl. Europäische Union (EU) 2021b). Die BaFin verweist in einer Studie zum Thema KI und Finanztechnologie auf die Notwendigkeit der Dokumentation, Kontrolle und Nachvollziehbarkeit KI-basierter Entscheidungen, da die Verantwortlichkeit für etwaige Konsequenzen bei der Unternehmensleitung des Finanzdienstleister verbleibt.

(vgl. Bundesanstalt für Finanzdienstleistungsaufsicht (BaFin) (2018)).

91 *Targeting* bezeichnet die genaue Zielgruppenansprache im Onlinemarketing. Auf Basis personenbezogener Daten werden persönliche Präferenzen zur Beeinflussung von Verhalten identifiziert.

92 Vgl. Fuchs 30.04.2018.

93 Vgl. PTA GmbH (2025), S. 7.

94 Vgl. Dukino et al. (2019), S. 29.

95 Vgl. Dukino et al. (2023).

96 Vgl. Belitz et al. (2018).

Bitkom-Studie aus 2023 sehen 68 % von 605 deutschen Unternehmen KI als Zukunftstechnologie.[97]

Dennoch ist der Anteil der Unternehmen, die KI bereits im Einsatz haben, mit ca. 20 % im Jahr 2024 und 36 % im Jahr 2025 vergleichsweise gering, aber zunehmend.[98] Insbesondere im breiten deutschen Mittelstand wirken begrenzte finanzielle Spielräume, fehlende Ressourcen für technisches und juristisches Know-how sowie ein geringes Risikopuffervermögen als zentrale Adoptionsbarrieren (siehe auch Abschn. 5.2).[99]

Ein weiterer Aspekt betrifft die Begriffs- bzw. Messproblematik: In vielen Erhebungen wird nur unzureichend präzisiert, welche Art von KI-Nutzung tatsächlich erfasst wird. Damit bleibt offen, ob unter „KI-Einsatz“ lediglich die Nutzung generischer Assistenztools (z. B. für Recherche- oder Textaufgaben) fällt oder ob bereits integrierte, prozesswirksame KI-Anwendungen gemeint sind, die nachweislich Produktivitäts- oder Qualitätsgewinne erzeugen.

Im erstgenannten Verständnis würde bereits die Nutzung von ChatGPT für Recherchezwecke anstelle einer klassischen Google-Suche als KI-Einsatz gelten. Eine Befragung der Digitalagentur Sachsen aus dem Jahr 2025 zur KI-Anwendung in sächsischen KMUs liefert hierzu einen konkreten Hinweis: Sie bestätigt den dominierenden Einsatz allgemein verfügbarer, generischer KI-Tools wie Copilot oder ChatGPT als unterstützende Ergänzung bestehender Tätigkeiten. Spezifische, auf unternehmens- oder branchenspezifische Anforderungen zugeschnittene KI-Anwendungen treten demgegenüber bislang deutlich in den Hintergrund.[100] Insgesamt stützt dies die Schlussfolgerung, dass die gegenwärtige Praxis eher durch niedrigschwellige Tool-Nutzung und begrenzte Integrationstiefe als durch strategisch verankerte, *end-to-end* implementierte KI-Lösungen geprägt ist.

Robotik-Anwendungen im Zusammenhang mit KI spielen bis dato vor allem im klassischen Produktionskontext eine Rolle und werden deswegen im Zusammenhang mit Industrie 4.0 (siehe Abschn. 4.4) vertieft.

---

[97] Vgl. Bitkom (14.09.2023). Es ist zu beachten, dass die Studie nur Unternehmen mit mind. 20 Beschäftigten erfasst.

[98] Vgl. Bitkom (15.09.2025). Es ist zu beachten, dass die Studie nur Unternehmen mit mind. 20 Beschäftigten erfasst.

[99] Vgl. Kerkhof et al. (2024), S. 40.

[100] Vgl. Digitalagentur Sachsen (2025b), S. 19.

Die deutsche Bauwirtschaft 3

Für diese Arbeit orientiert sich die Begriffsbestimmung der BW am abgrenzbaren Begriff des WZs. Die BW umfasst nach der Definition der WZ 2008[1] unter Abschnitt F das Bauhaupt-, sowie Ausbaugewerbe und die Bauträger (WZ 41–43).[2]

Die im folgenden Abschnitt dargestellte Branchenanalyse beginnt mit der Betrachtung der Angebotsseite anhand des Produktionsansatzes und wendet sich anschließend der Nachfrageseite in Form des Verwendungsansatzes zu. Darauf folgt eine Analyse der branchenspezifischen Eigenschaften und strukturellen Besonderheiten der BW.

[1] Aufgrund des Zeithorizonts der Erstellung dieser Arbeit ist nicht die WZ-Systematik aus 2025 zugrunde gelegt worden.

[2] Da die Datenlage für das Bauhauptgewerbe umfangreicher ist, wird sich bei fehlender Datenverfügbarkeit zum Ausbaugewerbe auf das Hauptgewerbe fokussiert. Die Bauträger bleiben in dieser Arbeit unberücksichtigt, da sie primär als Nachfrager der Leistungen des Bauhaupt– und Ausbaugewerbes auftreten. Fertigteilbauten werden dem Bauhauptgewerbe zugeordnet. Die baunahen Dienstleistungen als Teil der unternehmensnahen Dienstleistungen (Abschnitt M WZ71: „Erbringung von freiberuflichen, wissenschaftlichen und technischen Dienstleistungen" wie Architektur- und Ingenieurbüros, die Vermessungs-, Planungs-, Überwachungs-, sowie Steuerungsleistungen erbringen) werden bei entsprechender Datenlage gezielt mitbetrachtet, da sie nicht nur eng mit dem Bauhaupt- und Ausbaugewerbe verflochten sind, sondern aktiv an der Durchführung von Bauprojekten beteiligt sind. Je nach Vertragskonstellation und Leistungsumfang erbringen auch ausführende Bauunternehmen Planungsleistungen.

R. A. Mézes, *Der Einfluss Künstlicher Intelligenz auf die deutsche Bauwirtschaft*, Baubetriebswirtschaftslehre und Infrastrukturmanagement,
https://doi.org/10.1007/978-3-658-51221-7_3

3.1 Branchenanalyse und Status quo

Die BW gehört zum sekundären Sektor der deutschen Wirtschaft und damit zum produzierenden Gewerbe für den Bau von Infrastruktur, Wohn- und Gewerbeimmobilien. Produktionsseitig hält die BW im Jahr 2024 einen Anteil von etwa 4,9 % (ca. 193 Mrd. EUR) an der gesamten Bruttowertschöpfung und beschäftigt ca. 2,6 Mio. Erwerbstätige (5,7 % aller Erwerbstätigen in Deutschland).

Damit stellt sie einen beachtenswerten Anteil der deutschen Wirtschaft dar.[3] Hinzukommen die baunahen Dienstleistungen, die dem Leistungsbereich des tertiären Sektors der deutschen Wirtschaft zuzuordnen sind und im Jahr 2021 ca. 660.000 Beschäftigte und knapp 114.000 Unternehmen umfassten.[4]

Um die Bedeutung der BW für die gesamte deutsche Volkswirtschaft hervorzuheben, ist der Vorleistungsverbund[5] mit zusätzlich ca. 2 % in den letzten 10 Jahren an der Wertschöpfung nicht zu vernachlässigen. Die Vorleistungsquote von über 66 % (preisbereinigt) im Jahr 2019[6] aus den Bereichen der baunahen Dienstleistungen WZ71 (ca. 40 %) und der Industrie (ca. 30 % bspw. Baustoffe, Maschinenbau, Energie), spiegelt die über die letzten Jahrzehnte zunehmende Arbeitsteilung in der BW wider und zeigt gleichzeitig die intensive Verknüpfung mit anderen Teilbereichen der deutschen Wirtschaft. Aus dieser Vorleistungsverflechtung entstehen die in der Einleitung (siehe Abschn 1.1) angeführten Multiplikatoreneffekte der Bauinvestitionen auf die gesamtwirtschaftliche Wertschöpfung im Verhältnis 1:2,3 (2019).[7]

Verwendungsseitig flossen ca. 10,4 % des BIPs (ca. 450 Mrd. EUR) und damit der gesamtwirtschaftlichen Nachfrage im Jahr 2024 in Bauinvestitionen.[8] Im Jahr 2024 wurden zum größten Teil Projekte im Wohnungsbau (ca. 61 %) und Wirtschaftshochbauten (ca. 20 %) umgesetzt. Die restlichen 19 % teilen sich auf den Wirtschaftstiefbau, sowie den öffentlichen Hoch- und Tiefbau auf. Der Baunachfrage von privatwirtschaftlichen Unternehmen, sowie privaten Einzelpersonen kommt dementsprechend ein wichtiger Marktanteil zu.[9]

---

[3] Vgl. BWI Bau (2025).

[4] Vgl. Statistisches Bundesamt (2025b). Aktuelle Zahlen liegen nicht vor.

[5] Vorleistungsbezüge minus Vorleistungslieferungen.

[6] Aktuellere Zahlen sind nicht bekannt, vgl. BWI Bau (2025).

[7] Vgl. Grömling et al. (2024), S. 22 ff. Ein ausführlicher Bericht zu den Multiplikator- und Beschäftigungseffekten von Bauinvestitionen ist durch das Bundesministerium für Verkehr, Bau und Stadtentwicklung (BMVBS) veröffentlicht worden (vgl. Barabas et al. (2011)).

[8] Vgl. BWI Bau (2025).

[9] Vgl. Hauptverband der Deutschen Bauindustrie e. V. (2025a).

Die BW ist Teil der Investitionsgüterindustrie, d. h. Bauwerke sind langfristige Anlagen mit hoher Wertstabilität und langer Lebensdauer. Diese Rahmenbedingungen führen zu einer hohen Zinselastizität der Baukosten. Gleichwohl steigen Baupreise langfristig gesehen stärker als das allgemeine Preisniveau.[10] Die Gruppe der privaten Auftraggeber*innen (AGs[11]) treffen Zinserhöhung und Baupreissteigerungen in höherem Maße als öffentliche AGs. Dementsprechend reagiert der Wohnungsbau empfindlicher als der Nicht-Wohnungsbau auf konjunkturelle Schwankungen.[12] Die Covid-19-Pandemie in Verbindung mit dem Ukraine-Krieg in den Jahren 2020 bis 2022 zeigt die Sensibilität der BW gegenüber steigenden Zinssätzen und Preissteigerungen, die in diesem Fall durch materielle und personelle Engpässe hervorgerufen wurden.

Der Angebotsverknappung folgten Preissteigerungen zwischen 70–100 % bei maßgeblichen Baumaterialien wie Stahl sowie Rohstoffen für die Energieerzeugung.[13]

Branchenspezifisch für die deutsche BW ist eine Struktur, die durch eine Vielzahl von KMUs geprägt und dominiert wird. Das Bauhauptgewerbe gliedert sich nach einer Erhebung aus 2024 in 96,7 % Kleinbetriebe (bis 49 Beschäftigte; davon 88,3 % bis 19 Beschäftigte), die 51,9 % des Umsatzes mit 62,7 % der Beschäftigten (ca. 1,6 Mio.) erwirtschaften. Die restlichen 3,3 % der Betriebe sind mittlere bis große Unternehmen, die mehr als 50 Beschäftigte führen (davon nur 0,4 % mit über 200 Beschäftigten) und knapp 50 % des Umsatzes erwirtschaften.[14] Das Ausbaugewerbe weist eine ähnliche Verteilung und Kleinteiligkeit auf.[15]

Mit dieser Marktfragmentierung geht auch eine Leistungsdifferenzierung einher, die in der hohen Arbeitsteiligkeit der Branche mündet. Aufgrund einer strikten Gewerke- bzw. Kompetenzentrennung sind innerhalb der Wertschöpfungskette (WSK) eines Bauvorhabens eine Reihe unterschiedlichster Stakeholder beteiligt. Die Baustelle selbst kann je nach Größe und Komplexität des Bauprojektes von mehreren hundert Beteiligten gleichzeitig bearbeitet bzw. begleitet werden. Die bilaterale Vertragsstruktur – typischerweise zwischen den AGs und

[10] Vgl. Dangel et al. (2015), S. 28 f.

[11] Zur leichteren Lesbarkeit wird die Abkürzung im folgenden Text in der Mehrzahl (AGs) geführt.

[12] Vgl. Statistisches Bundesamt (2024a).

[13] Vgl. Hauptverband der Deutschen Bauindustrie e. V. (2025c).

[14] Vgl. Hauptverband der Deutschen Bauindustrie e. V. (2025c).

[15] Vgl. Statistisches Bundesamt (2022).

den einzelnen ausführenden Unternehmen bzw. den jeweiligen baunahen Dienstleistenden – führt zu einer Vielzahl divergierender Partikularinteressen, die ein erhöhtes Konfliktpotenzial mit sich bringen („*Einzelkämpfer-Mentalität*")[16]. Dieses Marktumfeld begünstigt eine ausgeprägte individualistische Arbeitsweise, die sich insbesondere bei den KMUs der BW manifestiert hat.

Die Ausdifferenzierung innerhalb der WSK generiert eine Vielzahl an Schnittstellen mit welchen Risiko- bzw. Prozesskosten einhergehen.

Gleichzeitig steigt mit der Anzahl der Schnittstellen der Koordinations- und Abstimmungsbedarf sowie die Anzahl potenzieller Kommunikations- bzw. Informations(ab)brüche innerhalb der Kommunikationskette, was wiederum die baunahen Dienstleistungen wie Bauüberwachung, Projektsteuerung etc. notwendig macht. Abbildung 3.1 stellt die an einem Bauprojekt beteiligten Einheiten auf administrativer und organisatorischer Ebene, sowie die Fachdisziplinen der Planung und Ausführung dar.

Ein weiteres charakteristisches Merkmal der BW ist die Dominanz der Rechtsform der Personengesellschaft. Dies hat zur Folge, dass statistische Kennzahlen, insbesondere zur Vorsteuerrendite und zur Eigenkapitalquote, nur eingeschränkt aussagekräftig sind. Da der Unternehmerlohn häufig im Betriebsgewinn enthalten ist und die Besteuerung auf der Ebene der privaten Eigentümerschaft erfolgt, sind klassische betriebswirtschaftliche Kennzahlen nur eingeschränkt vergleichbar. Vor diesem Hintergrund halten Expert*innen Renditekennzahlen für die KMUs rund um 2 % für realistisch.[17]

Die Insolvenzanmeldungen im Bauhaupt- und Ausbaugewerbe scheinen von den vorgenannten Pandemie- bzw. Kriegskrisen und damit einhergehenden konjunkturellen Schwankungen dennoch fast unberührt.[18]

Die gleiche Feststellung treffen auch Betz et al. (2022), die nach einer Fallstudie die Corona-Krise als nicht existenzbedrohend für die BW einordnen, sowie im Zeitraum der letzten 15 bis 20 Jahre bis 2021 keine substanziell gefährdende Krise für die BW identifizieren.[19] Trotz vollzogener Insolvenzen sind ausreichend betriebliche Neugründungen erfolgt, um die Anzahl der Betriebe in den letzten zwei Jahrzehnten nahezu konstant zu halten.[20] Daraus werden einerseits geringe

---

[16] S. Butzin/Rehfeld (2008), S. 9.

[17] Vgl. Alfen et al. (2013), S. 8.; Alfen et al. (2013), S. 132.; Diese Einschätzung trifft auf die Zeit vor der Covid-19-Pandemie und dem Ukraine-Krieg zu.

[18] Vgl. Statistisches Bundesamt (2024h).

[19] Vgl. Betz et al. (2022), S. 29 ff.

[20] Vgl. Statistisches Bundesamt (2022).

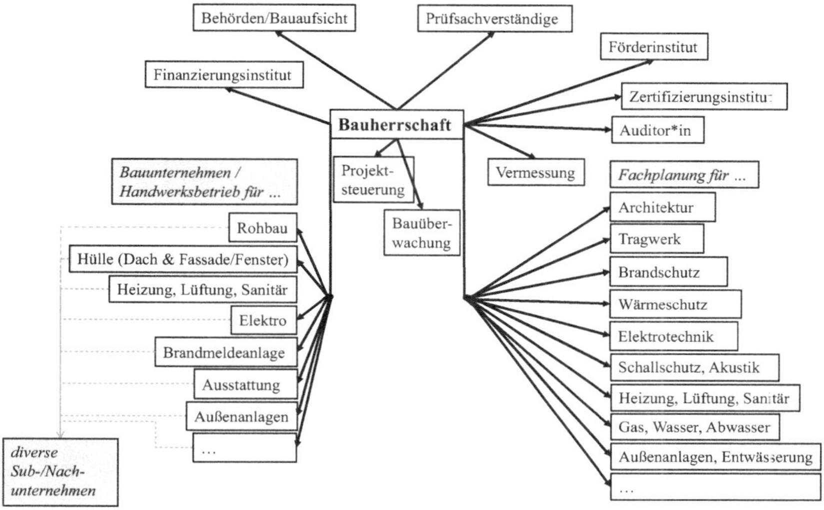

Abbildung 3.1 Darstellung der an einem Bauprojekt beteiligten Einheiten auf administrativer und organisatorischer Ebene, sowie der Fachdisziplinen der Planung und Ausführung[21]

Markteintrittsbarrieren erkennbar, etwa in Form einer vergleichsweise unkomplizierten Gründungsumgebung mit geringem Ressourceneinsatz sowie einer nur eingeschränkt bestehenden Notwendigkeit formaler Zulassungsqualifikationen oder Zertifizierungen.[22] Bei gleichzeitig entsprechend großen Marktaustrittbarrieren wie die andauernde Stabilität der konjunkturellen Lage, die Loyalität gegenüber der zumeist kleinen Belegschaft, aber auch die Notwendigkeit der eigenen Existenzsicherung und häufig ein familiärer Betriebshintergrund, werden die renditearmen Marktbedingungen zusätzlich erklärbar.

[21] Eigene Darstellung in Anlehnung an Walberg et al. (2015), S. 14. Vertragskonstrukte aus kumulativen Leistungsverbünden wie Generalunternehmungs- oder Generalplanungsaufträge sind in dieser Abbildung nicht berücksichtigt.

[22] Die Handwerksordnung regelt die Meisterpflicht als Zulassungsvoraussetzung, sowie zulassungsfreie, handwerkliche Berufe zur Unternehmensgründung in der BW.

Die Bauunternehmen agieren als Leistungsversprecher[23] einer nachgefragten Dienstleistung. Aufgrund der standortgebundenen Natur von Bauprojekten sowie des hohen Personal- und Maschineneinsatzes entstehen durch große Entfernungen zwischen Betriebsstandort und Baustelle zusätzliche Transport- und Unterbringungskosten. Der Wirkungskreis und damit auch die Konkurrenzsituation sind dadurch räumlich, vorwiegend regional[24], und leistungsbezogen abgegrenzt.[25] In der Prozesskette erfolgt der Absatz vor der Produktion und der Ressourcenbeschaffung. Die AGs nehmen nachfrageseitig direkten Einfluss auf die Produktion des Bauwerkes, indem sie die grundlegende Materialität und Qualität des Produktes bestimmen und den Bauprozess ggfs. aktiv begleiten möchten.[26] In dieser Kombination wird jedes Bauvorhaben zu einem Unikat. Zusätzlich erschwert die ständige Verlagerung des Produktionsstandorts, sowie die Durchführung der Bauleistungen in einer weitgehend ungeschützten Umgebung, die Prozessstabilität und erhöht die Störanfälligkeit der Leistungserbringung.

Aus betriebswirtschaftlicher Sicht erfordern diese Unwägbarkeiten ein valides Risikomanagement bei Angebotserstellung und während der Ausführung, um die Wirtschaftlichkeit der Leistung sicherzustellen. Allerdings steht diesem Erfordernis ein intensiver Preiswettbewerb gegenüber, zumeist nach dem Submissionsverfahren[27], welches die geringen Renditezahlen mitverantwortet. Die AGs in der Position des Nachfragemonopsons haben dadurch erheblichen Einfluss auf die Preisgestaltung der Anbietenden und nutzen diesen, um bei der Vertragsverhandlung noch weitere Preisnachlässe zu fordern. Eine adäquate „Einpreisung" von Risiken im Angebot schwächt die Position im Wettbewerb. Infolgedessen spiegeln die Angebotspreise häufig lediglich den Deckungsbeitrag mit minimalen

---

[23] Als Gegenpol zu den Leistungsversprechung gibt es in der BW auch die klassischen Produktanbieter bspw. in Form von Fertighausanbietern, die hier allerdings keine weitere Erwähnung finden, da sie den ähnlichen Marktdynamiken unterliegen wie die Produktanbieter aus anderen WZs.

[24] Auslandstätigkeiten von deutschen Bauunternehmen werden an dieser Stelle ausgeklammert.

[25] Vgl. Alfen et al. (2013), S. 8.

[26] Vgl. Grömling (2001), S. 36. Den AGs kommt außerdem nach §§ 650b, 650c, 650d BGB und § 1 Abschn 3 und 4 i. V. m. § 2 Abschn 5 und 6 VOB/B (Vergabe- und Vertragsordnung für Bauleistungen, Teil B) ein einseitiges Anordnungsrecht zu.

[27] Vergabe eines (öffentlich) ausgeschriebenen Auftrags, zumeist an denjenigen, der das günstigste Angebot macht. Aufgrund von fehlendem Know-how und einfacher Vergleichbarkeit der Angebote bedienen sich auch private AGs an dieser Systematik. Die Verpflichtung der öffentlichen AGs zur Anwendung der Submission kommt aus dem haushaltsrechtlichen Wirtschaftlichkeitsgrundsatz GWB § 97 (Grundsätze der Vergabe) und § 127 Abschn 1 (Zuschlag an das wirtschaftlichste Angebot).

Gewinnaufschlägen wider, die dann als Puffer für Unvorhergesehenes in der Leistungserbringung aufgebraucht werden, was gleichzeitig den Aufbau langfristiger finanzieller Rücklagen erschwert.[28] Der Preisfaktor fällt überdurchschnittlich ins Gewicht, was zu Lasten weiterer Differenzierungsmerkmale im Wettbewerb geht. Die Beschaffenheit und Qualität des Bauwerkes wird maßgeblich von der Nachfrageseite bestimmt und lässt nur wenig Spielraum für Kreativität. In der Interaktion mit privaten AGs spielt vor allem der „gute Ruf" bzw. die Reputation eine wichtige Rolle.

Service-Leistungen wie das *Aftersales-Management*, bauspezifisch als Gewährleistungsmanagement bezeichnet, oder auch das *Stakeholder-Management* können Identifikations- und damit Alleinstellungsmerkmale sein. Termintreue und Effizienz werden zwar grundsätzlich vorausgesetzt, entfalten jedoch dennoch eine positive Wirkung, insbesondere vor dem Hintergrund, dass Terminverzögerungen und Kostenüberschreitungen das öffentliche Image der BW maßgeblich beeinflussen.[29] Obwohl sich das Ansehen der BW laut einer Repräsentativumfrage des Instituts für Demoskopie Allensbach seit dem Jahr 2015 verbessert hat, haben sich frühere Berichte über Schwarzarbeit und Korruptionsfälle eingeprägt.[30]

Die BW kann als Bereitschaftsindustrie nicht „auf Vorrat" produzieren. Die Produktionsfaktoren bzw. -kapazitäten müssen von Baustelle zu Baustelle flexibel gehandhabt und zur Bedienung der Nachfrage vorgehalten werden.[31] Aus diesem Grund ist die Beschäftigtenzahl stark abhängig von der Kapazitätsauslastung, was in der Vergangenheit zu regelmäßigen Schwankungen geführt hat.[32]

Die Leistungserbringung der baunahen Dienstleistungsunternehmen kann teilweise ortsunabhängig und mit geringer Ausstattung erfolgen. Mit Regelwerken des Ausschusses der Verbände und Kammern der Ingenieure und Architekten für die Honorarordnung (AHO) und der *Honorarordnung für Architekten und Ingenieure* (HOAI) sind Richtwerte für Honorare dieser Dienstleistung festgelegt, die als Orientierung dienen und den Preiskampf einschränken.

Stattdessen spielt im Wettbewerb das Prestige bzw. Referenzprojekte und Zusatzqualifikationen eine wichtige Rolle, auch in Bezug auf das Know-how der Mitarbeitenden.[33] Diese verbesserten Marktbedingungen schlagen sich in der Vorsteuerrendite von 4,5 % nieder.[34]

---

[28] Vgl. Alfen et al. (2013), S. 17 ff.; Alfen et al. (2013), S. 123 ff.

[29] Vgl. Bendetti et al. (2018); Leimböck et al. (2024), S. 138 ff.

[30] Vgl. Streck (2010), S. 53; Hauptverband der Deutschen Bauindustrie e. V. (2022), S. 6.

[31] Vgl. Rahlf (2022), S. 281.

[32] Vgl. Dangel et al. (2015), S. 28 f.

[33] Vgl. Alfen et al. (2013), S. 135 ff.

[34] Vgl. Statistisches Bundesamt (2021), S. 20.

Die Summe der Markt- bzw. Rahmenbedingungen macht Bauprojekte zu hochkomplexen Wirtschaftsobjekten und erfordert daher eine eigenständige ökonomische Betrachtung.

Das wirtschaftliche Resultat ist ein Produktivitätsproblem: Trotz der Intensivierung des Kapitals als Produktionsfaktor[35] – einem wesentlichen Treiber der Arbeitsproduktivität[36] – ist seit 1991 bis heute ein stetiger Rückgang der Arbeitsproduktivität zu verzeichnen, der im Jahr 2022 einen historischen Tiefstand erreichte.

Damit bleibt die BW regelmäßig hinter der jährlichen Wachstumsrate der gesamtwirtschaftlichen Entwicklung.[37] Das IW sieht die Ursache der fehlenden Produktivitätssteigerung unter anderem in der Überregulierung des Bauens. Eine Vielzahl an (standortspezifischen) Vorschriften erhöhen die Komplexität und die Individualität der Bauprojekte, wodurch eine Vereinfachung durch modulares Bauen (siehe Abschn 4.3) vielfach ausgeschlossen ist und die Investitionskosten steigert. Dabei hat die Zahl an Vorschriften über die aktuell gesellschaftlich relevanten Themen wie den Klimaschutz mit bspw. der Energieeinsparverordnung (EnEV) und dem Gesetz zur Förderung Erneuerbarer Energien im Wärmebereich (EEWärmeG) zugenommen. Eindeutig identifizierte Steigerungen im Baupreisindex zwischen 2000 und 2014 sind der Einführung der vorgenannten Vorschriften zuzuordnen. Des Weiteren sind ordnungsrechtliche Anforderungen u. a. im Themenbereich Schallschutz, Barrierefreiheit und Brandschutz hinzugekommen. In Verbindung mit den gestiegenen Herstellkosten nehmen auch die Baunebenkosten[38] zu, da die Komplexität des Planungs- und Steuerungsprozesses, sowie der organisatorische Aufwand mitwächst.

---

[35] Gemessen wird dieser Produktionsfaktor anhand der Kapitalintensität, die in der BW mit einer Kapitalausstattung je Erwerbstätigenstunde im Jahr 2019 bei 30,24 EUR, in der Gesamtwirtschaft bei 165,81 EUR pro Arbeitsstunde ca. 1/5 unter der Gesamtwirtschaft liegt (vgl. Meier (2023), S. 11).

[36] „*Maßstab für die volkswirtschaftliche oder betriebswirtschaftliche Wirksamkeit des Produktionsfaktors Arbeit. Arbeitseinsatz und Produktionsergebnis werden dabei ins Verhältnis gesetzt.*“ (S. Bundeszentrale für politische Bildung (2025a)). Eine weitere Kennzahl zur Produktivitätsmessung ist die Totale Faktorproduktivität, die im Zuge des Abschn 4.4 beleuchtet wird.

[37] Vgl. Bertschek et al. (2019), S. 84 f.; Hauptverband der Deutschen Bauindustrie e. V. (2024), S. 3 f.

[38] Die Honorare für baunahe Dienstleistungen orientieren sich in der Ermittlungssystematik der AHO und HOAI grundsätzlich an der Höhe der Herstellkosten des Bauwerks.

Gniechwitz et al. (2015) haben bei der Ursachenforschung der Kostensteigerung im Wohnungsbau[39] weitere Bereiche identifiziert. Zum einen ist ein über die Jahre gestiegener Qualitätsanspruch der Mietenden in Bezug auf die Material- bzw. Ausführungsqualität erkennbar. Zum anderen wird das vernetzte bzw. intelligente Zuhause (*Smart Home*)[40] vermehrt nachgefragt.[41] Diese Entwicklung ist ein wesentlicher Verstärker der Fragmentierung der BW, da weitere Expertise und Spezialisierungen notwendig werden. Die baunahen Dienstleistungen unterliegen den vorgenannten Rahmenbedingungen in gleicher Weise.[42] Gleichzeitig bremst der enge, regulatorische Rahmen in Form der Normen und anerkannten Regeln der Technik technischen Fortschritt und Innovationen aus[43], da Abweichungen in der Ausführung mit einer umfassenden Nachweispflicht und mit dem Risiko von gerichtlichen Auseinandersetzungen einhergehen.[44] In Verbindung mit der vorgenannten Schnittstellenintensität, die zu Reibungspunkten, einem enormen Abstimmungsbedarf und weiterem Zeitaufwand führt, ist der regulatorische Rahmen nach einem Bericht der Baukostensenkungskommission aus 2015 ein maßgeblicher Treiber der Baukosten.[45]

Die Folgen sind seit der Jahrhundertwende stetig steigende Baukosten, die wiederum direkten Einfluss auf die Bemessung der Kaltmieten haben.[46]

Die seit der Jahrhundertwende steigenden Beschäftigungszahlen resultieren aus der Nachfrage an Bauleistungen. Zur Bedienung dieser Nachfrage ist der Produktionsfaktor Arbeit gegenüber dem Kapital bevorzugt behandelt worden, auch weil die wertschöpfenden Tätigkeiten der Bauausführung von manuellen Prozessen bzw. menschlicher Arbeitskraft dominiert wird.

---

[39] Die nachfolgenden Erkenntnisse treffen grundsätzlich auch auf die Rahmenbedingungen der Bauausführung von Bürogebäuden und anderen Funktionsbauten zu.

[40] Smart Home *„zielt auf das informations- und sensortechnisch aufgerüstete, in sich selbst und nach außen vernetzte Zuhause“* (S. Bendel (2021)). Smart Home steht im direkten Zusammenhang bzw. in Beziehung zu Begrifflichkeiten wie *Big Data*, *Internet of Things* etc. (vgl. Abschn 2.2 und 4.4).

[41] Vgl. Gniechwitz et al. (2015).

[42] Vgl. Flegler/Krämer (2021). In der vorgenannten Quelle werden weitere, übergeordnete Ursachen für den Produktivitätsrückgang bei den unternehmensnahen Dienstleistungen diskutiert, die hier allerdings keine Erwähnung finden, da sie nicht bauspezifisch sind.

[43] Vertieft in Abschn. 3.2

[44] Vgl. Grömling et al. (2024), S. 83 f.

[45] Vgl. Dangel et al. (2015), S. 36 ff.

[46] Vgl. Dangel et al. (2015), S. 7; Statista (2024a), S. 28.

Dabei sind die Lohnkosten in der BW in den letzten zwei Jahrzehnten mitgewachsen, allerdings schneller als die Produktivität, was weitere Baupreissteigerungen begünstigt.[47]

Trotz der hohen Lohnstückkosten der Bauausführung sind die Arbeitskosten an sich geringer als bspw. im produzierenden Gewerbe. So liegt der durchschnittliche Bruttomonatsverdienst im Hoch- und Tiefbau im April 2024 bei 4.397 EUR (ohne Sonderzahlungen) ca. 8 % unter dem Verdienst des produzierenden Gewerbes.[48]

Das Beschäftigungswachstum ist nur durch eine zunehmende Einstellung ausländischer Arbeitnehmer*innen (Personen mit ausländischem Pass) möglich, die im Jahr 2024 ca. 24 % der Beschäftigten ausmachen.[49] Zum einen sind die Reserven des deutschen Arbeitsmarktes aufgebraucht, zum anderen sind vor allem Einstellungen in den Niedriglohnsegmenten der BW erkennbar. Während sich der Anteil der geringqualifizierten Helfer von 15 % im Jahr 2013 auf 21 % im Jahr 2023 erhöhte, sank der Anteil der Fachkräfte im selben Zeitraum um die gleiche Differenz auf 63 %. Diese Entwicklung ist ein weiterer Grund für die fehlenden Produktivitätszuwächse. Außerdem führen die zunehmenden Regulatorien und Vorschriften zu einer erhöhten Dokumentationspflicht, die entsprechendes Personal wie kaufmännische oder technische Angestellte (1995: 15,9 %; 2023: 22,2 %) notwendig werden lässt, die keinen direkten Beitrag zur Erhöhung der Wertschöpfung leisten.[50]

Die langfristig konjunkturelle Perspektive der BW lässt sich grundsätzlich positiv bewerten. Anhaltende Zuwanderungsbewegungen – zuletzt verstärkt infolge des Krieges in der Ukraine – haben in Verbindung mit rückläufigen Baugenehmigungszahlen über die Jahre zu einer zunehmenden Wohnraumknappheit geführt. Obwohl die deutsche Bundesregierung Zielvorgaben von jährlich 375.000 fertigzustellenden Wohnungen für den Zeitraum 2018 bis 2021 sowie 400.000 für die Jahre 2022 bis 2025 formuliert hat, liegt die tatsächliche Anzahl mit durchschnittlich rund 300.000 Einheiten pro Jahr (2020–2023) unter dieser Zielmarken. Die daraus resultierende Diskrepanz lässt auf einen erheblichen kumulativen Nachholbedarf bei Wohnbauprojekten schließen.[51] Gleichzeitig steigt der Bedarf an Wohnfläche pro Wohnung und Kopf. Waren es 1991 noch 34,9 m2 pro Kopf (82,1 m2 pro Wohnung), sind es 2023 bereits 47,5 m2 pro Kopf (91,2 m2 pro Wohnung).

---

[47] Vgl. Meier (2023), S. 12 ff.

[48] Vgl. Hauptverband der Deutschen Bauindustrie e. V. (2025e).

[49] Vgl. Hauptverband der Deutschen Bauindustrie e. V. (2025d).

[50] Vgl. Hauptverband der Deutschen Bauindustrie e. V. (2025).

[51] Vgl. Deschermeier et al. (2024).

Hierzu ist eine diametrale Entwicklung zu verzeichnen, da der steigende Wohnraumbedarf mit schrumpfenden Haushaltsgrößen einher geht.[52] Weitere bauliche Maßnahmen resultieren aus dem Sanierungsstau der öffentlichen Infrastruktur bspw. bei den Straßen, Brücken sowie im öffentlichen Hochbau unter anderem im Bereich der Schulen, Verwaltungsgebäude und Sportanlagen. In einer Hochrechnung des IWs sind bis 2030 zusätzlich 150 Mrd. EUR an realen Bauinvestitionen pro Jahr notwendig, um lediglich den Sanierungsbedarf des Bestands im Hochbau und Tiefbau zu decken.[53]

Dabei ist außerdem das Klimaschutzgesetz der deutschen Bundesregierung zu beachten, welches bis 2045 das Ziel der Klimaneutralität definiert und zusätzliche, bauliche Bedarfe generiert. Diese Vorgabe betrifft die Sanierung von Bestandsbauten zur Steigerung der Energieeffizienz in gleichem Maße wie die Neubauten. Mit einem Anteil von etwa 38 % des gesamten Energieverbrauchs in Deutschland hat die Immobilienwirtschaft als Vorleistungsempfängerin der BW und damit die BW selbst eine Schlüsselposition in Bezug auf die klimapolitischen Ziele.[54] Trotzdem schätzen lediglich ein Drittel der in der BW tätigen Unternehmen nach einer Konjunkturumfrage der Deutschen Industrie- und Handelskammer aus dem Herbst 2025 die Geschäftslage als gut ein, während die Hälfte diese als befriedigend wahrnimmt, was auch der gleichbleibenden Erwartungshaltung der Befragten für die Zukunft entspricht. Für Unsicherheit sorgen die steigenden Bau- und Arbeitskosten, das Zinsniveau und der Fachkräftemangel, die als die Top-Geschäftsrisiken identifiziert werden.[55] Die Fachkräftelücke betrifft bis auf die unqualifizierten Arbeitskräfte alle Berufe der BW. In Summe fehlten 2023 ca. 70.000 Fachkräfte in den relevanten Berufen. Nur 20 % also ca. 16.000 Stellen entfielen auf die Berufsgruppe der Experten mit der höchsten Qualifizierungsstufe, allerdings konnten rechnerisch 9 von 10 in diesem Segment nicht besetzt werden.[56] Des Weiteren blieben ca. 20 % der Ausbildungsplätze im Jahr 2023 vakant. Mit Blick auf das Drittel an gewerblichen Fachkräften über 50 Jahre wird der demografische Wandel den Mangel an Fachkräften in der Zukunft zusätzlich verstärken.[57]

---

[52] Vgl. Statistisches Bundesamt (2024j).

[53] Vgl. Grömling et al. (2024), S, 70 ff.

[54] Vgl. Becker et al. (2022), S. 75. Der Energieverbrach, gesondert ermittelt in Bezug auf die BW, liegt nicht vor, da das Statistische Bundesamt die BW unter dem verarbeitenden Gewerbes erfasst (vgl. Statistisches Bundesamt (2024 g)).

[55] Vgl. Deutsche Industrie- und Handelskammer (DIHK) (2025), S. 5 ff.

[56] Vgl. Grömling et al. (2024), S. 43 ff.

[57] Vgl. Fleischer/Singer (2024) S. 11 ff.

Ein Grund für die Unattraktivität der bauspezifischen Berufe ist die hohe Belastung, der die Arbeitskräfte, besonders in den ausführenden Tätigkeiten, ausgesetzt sind. Stressfaktoren wie Lärm, Witterungsbelastung, Vibration und schlechte Beleuchtung definieren die Arbeitsumgebung. Unergonomische Arbeitspositionen bspw. kniende Tätigkeiten oder Überkopfarbeit mit schweren Werkzeugen üben weitere physische Belastungen aus.

Das administrative Personal ist vor allem psychischer bzw. sozialer Belastung ausgesetzt, wie konstanter Zeitdruck, Kundenkontakt, Repräsentationsfunktion und Führungsverantwortung.[58]

Der bereits angesprochene Multiplikatoreffekt der BW auf die gesamte deutsche Volkswirtschaft ist auch für die internationale Wettbewerbsfähigkeit von Relevanz.[59] Marode (Verkehrs-)Infrastruktur haben Einfluss auf Lieferkosten von Unternehmen und damit die Standortqualität Deutschlands. Eine unzureichende Ausstattung sowie fehlender Komfort von Bildungseinrichtungen wirken sich auf die Qualität der Lehrinhalte und Absolventengruppen aus. Steigende Mietpreise führen zur Verlagerung bzw. Reduktion von Konsumausgaben und wirken sich langfristig negativ auf die Nachfrage und Vermögensbildung privater Haushalte aus. Einerseits führen sie zu einer Einschränkung des Konsums und damit zu einer reduzierten Wertschöpfung in anderen Wirtschaftssektoren. Andererseits ist eine gesicherte Wohnsituation ein essenzielles menschliches Grundbedürfnis, dessen Erfüllung eine Voraussetzung für persönliche und wirtschaftliche Entfaltung bildet. Der Einsatz von KI stellt auf Grundlage der in Abschn 2.3 gewonnenen Erkenntnisse einen beachtenswerten Lösungsansatz für die zuvor beschriebenen Handlungsfelder dar und adressiert zugleich zentrale gesellschaftliche und politische Themen wie Klimaschutz, Kostensteigerungen sowie den Fachkräftemangel in der BW. Um sich diesem Thema anzunähern wird im folgenden Abschnitt die grundsätzliche Innovationsfähigkeit– bzw. Innovationslandschaft der BW dargestellt.

3.2 Die Innovationsfähigkeit

Um die Innovationsfähigkeit der BW beleuchten zu können, muss zu Beginn der Begriff *Innovation* definiert werden. Baregheh et al. (2009) haben 60 verschiedene Begriffsdefinitionen analysiert und folgende Definition erarbeitet: *„Innovation ist ein mehrstufiger Prozess, in dem Organisationen Ideen in neue oder verbesserte Produkte, Dienstleistungen oder Prozesse umwandeln, um sich weiterzuentwickeln,*

[58] Vgl. Matthay (2006).

[59] Vgl. Grömling et al. (2024), S. 83.

zu konkurrieren und sich erfolgreich auf dem Markt zu differenzieren.“[60] Sexton/ Barrett (2003) schließen aus, dass Innovationen zwangsläufig nur positiv (oder nur negativ) sind. Die jeweilige Perspektive bzw. der Umgang und die Zielsetzung bei der Handhabe sind entscheidend.[61]

Der Begriff der Innovation lässt sich in Bezug auf die dahinterstehende Wirkungskraft weiter abgrenzen. Hier werden drei Kategorien differenziert. Erstens die inkrementelle Innovation, die an bekannten Produkten, Technologien oder Prozessen geringe Veränderungen bewirkt.

Diese ist relativ risikoarm einzuführen bzw. umzusetzen und bietet eine Effizienzsteigerung der Unternehmung und dadurch die Schaffung von zusätzlichem Mehrwert für die Nachfrageseite.[62] Die radikale Innovation hingegen definiert sich über einen hohen Neuheitsgrad und geht daher mit bisher unbekannten Technologien oder Produkten einher.

Grundsätzlich gilt, je höher der Novitätsgrad der Innovation, desto weniger Erfahrungswerte sind vorhanden und desto risikoreicher und ungenauer sind die Prognosen in Bezug auf den Erfolg der Innovation.[63]

Disruptive Innovationen stellen eine Unterkategorie radikaler Innovationen dar. Nach Christensen (2011) sind sie derart bahnbrechend und transformativ, dass selbst etablierte und führende Unternehmen einer Branche daran scheitern und vom Markt verdrängt werden können.[64] Die Ursache liegt in der fundamentalen Veränderung des Nutzerverhaltens sowie der Marktdynamiken (siehe Abschn 2.3). Charakteristisch für disruptive Innovationen ist eine anfängliche Phase unterdurchschnittlicher Leistungsfähigkeit im Vergleich zu bestehenden Technologien oder Produkten, gefolgt von einer umfassenden Etablierung und einem Verdrängungseffekt innerhalb von Unternehmen sowie auf dem Gesamtmarkt.[65] Dabei ist festzuhalten, dass Innovationen vor dem Hintergrund der fortschreitenden Digitalisierung von Wirtschaft und Gesellschaft zunehmend IKT-zentriert sind. Dies betrifft insbesondere digitale

---

[60] S. Baregheh et al. (2009), S. 1334. Übersetzung aus dem Englischen durch die Autorin.

[61] Vgl. Sexton/Barrett (2003), S. 615.

[62] Vgl. Dietl et al. (2020), S. 413.

[63] Vgl. Franken/Franken (2023), S. 314 f.

[64] In seiner für die Fachwelt wegweisenden Publikation „*The Innovator´s Dilemma*“ beschreibt Christensen den Verdrängungseffekt einer Disruptivität am Beispiel von Nixdorf, ein deutsches Unternehmen, welches in den 70er-und 80er-Jahren einer der führenden Computerhersteller der Welt war. Aufgrund der Entwicklung, weg von proprietären Minicomputern, hin zu offenen PC-Systemen konnte sich das Unternehmen am Markt nicht mehr halten und wurde 1990 durch Siemens übernommen (vgl. Heinz Nixdorf MuseumsForum (2025)).

[65] Vgl. Christensen (2011), S. 6 ff.

Schlüsseltechnologien wie die KI, die auch als disruptive Innovation klassifiziert wird[66].

Für den Blick in die BW ist an dieser Stelle eine Differenzierung zwischen Produkt- und Prozessinnovationen erforderlich. Produktinnovationen werden primär in der Baustoff- bzw. Bauproduktindustrie entwickelt, die formal nicht dem WZ der BW zugeordnet ist. Aufgrund des dominierenden Anteils der Ausführungsphase an der Wertschöpfung fokussiert sich die BW daher vorrangig auf die Optimierung von Bauprozessen und damit auf die Prozess- bzw. Verfahrensinnovationen.[67]

Das Institut für Arbeit und Technik veröffentlichte im Jahr 2008 ein Arbeitspapier zu den „*Innovationsbiographien in der Bauwirtschaft*"[68].

Darin wird festgestellt, dass der überwiegende Teil der Innovationen in der BW inkrementeller Natur ist – also primär auf der Weiterentwicklung bestehender Produkte, Verfahren und Prozesse basiert. Zudem beschränken sich diese inkrementellen Innovationen häufig auf spezifische Teilbereiche innerhalb der BW. Diese innersektorale Begrenzung wirkt sich zugleich limitierend auf das Innovationspotenzial aus, da die Ganzheitlichkeit, Komplexität und Wirkungskraft von Entwicklungen durch ungünstige strukturelle Rahmenbedingungen gehemmt werden.

Die projektbezogene Individualität fordert von den beteiligten Personen ein hohes Maß an Flexibilität und kurzfristiger Reaktionsfähigkeit, wodurch eine strategische Auseinandersetzung mit Innovationen, einschließlich notwendiger Reflexions- und Planungsphasen, weitgehend unterbleibt. Einer der strukturellen Hemmfaktoren ist die stark fragmentierte WSK, welche die Diffusion von Innovationen und Wissen erheblich erschwert. Die herausfordernden Wettbewerbsbedingungen senken die Bereitschaft, Wissen zu teilen, da damit potenzielle Wettbewerbsvorteile preisgegeben werden könnten. Langfristige Partnerschaften – wie sie etwa in der Automobilindustrie zwischen Markenherstellern und

---

[66] Weitere digitale Schlüssel- bzw. Basistechnologien werden in Abschn 4.3 und 5.1 diskutiert.

[67] Vgl. Streck (2010), S. 55.

[68] In der empirischen Untersuchung wurden exemplarisch 10 Unternehmen aus der Zulieferindustrie für Baustoffe bzw. Maschinen und Werkzeuge, sowie dem Bauhaupt- und Ausbaugewerbe befragt. Jedes dieser Unternehmen hat eine technische oder organisatorische Innovation hervorgebracht. Die Untersuchung analysiert den Entwicklungs- und Einführungsprozess auf Parameter wie die Akteure, Hemmnisse, Prozessabläufe etc. Obwohl die Veröffentlichung der zugrunde liegenden Publikation zum Zeitpunkt der Erstellung dieser Arbeit bereits rund 13 Jahre zurückliegt, lassen sich seither keine grundlegenden Veränderungen, insbesondere im Hinblick auf den Bauprozess, feststellen.

Zulieferbetrieben etabliert sind – sind in der BW bislang eher die Ausnahme. Zwar bestehen grundsätzlich gute Vernetzungsstrukturen zwischen einzelnen Unternehmen, jedoch beschränkt sich die Kommunikation zumeist auf eine punktuelle Zusammenarbeit im Rahmen konkreter Bauprojekte.[69]

Oesterreich/Teuteberg (2016) führen als eine wesentliche Herausforderung für die Einführung bzw. Umsetzung (technologischer) Innovationen in der BW eine konservative bzw. traditionelle Kultur an, die zu einer trägen Anpassungsfähigkeit führt.[70] Bereits Dubois/Gadde (2002) thematisierten die Normen der *Community of Practice*[71] in der BW, die Veränderungen schwer umsetzbar machen.[72] Sie determinieren die *absorptive capacity,* die Fähigkeit, neues Wissen aufzunehmen, zu interpretieren und anzuwenden, die eine wesentliche Voraussetzung für die Innovationsdiffusion darstellt.[73]

Eine Messgröße des Innovationsinteresses sind die Ausgaben für Forschung und Entwicklung (FuE), die in der BW bei 0,4 % im Jahr 2023 (113 Mio. EUR) des Nettoumsatzes lagen. Im Vergleich dazu investiert die Automobilindustrie 5,1 % (30,3 Mrd. EUR). Zur Einordnung: Die Automobilbranche verzeichnete im gleichen Jahr das 20-fache des Umsatzes der BW, investierte aber das 60-fache in FuE.[74]

Die Ergebnisse der Konjunkturumfrage der Deutschen Industrie- und Handelskammer (DIHK) aus dem Herbst 2025 zeigen außerdem, dass Bauunternehmen den Schwerpunkt klar auf Ersatzinvestitionen legen: 79 % der geplanten Investitionen fließen in den Ersatz bestehender Anlagen, während 17 % für Produktinnovationen und 24 % für Rationalisierungsbemühungen vorgesehen sind.[75] Im Digitalisierungsindex aus 2024 steht die BW im Branchenvergleich an letzter Stelle in der Kategorie „Forschungs- und Innovationsaktivität" sowie in der Kategorie „Innovationslandschaft".[76]

Der im vorherigen Abschnitt thematisierte Preiskampf, der eine auskömmliche Kalkulation vielfach nicht zulässt, erschwert den Aufbau finanzieller Rücklagen.

---

[69] Vgl. Butzin/Rehfeld (2008), S. 6 ff.

[70] Vgl. Oesterreich/Teuteberg (2016), S. 20 f.

[71] Eine *Community of Practice* bezeichnet nach Wenger (1998) eine soziale Lerngemeinschaft, in der Akteure durch fortlaufende Interaktion und gemeinsame Praxis Wissen entwickeln und ein geteiltes Repertoire an Ressourcen (z. B. Routinen, Artefakte, Begriffe) herausbilden (vgl. Graven/Lermann (2003)).

[72] Vgl. Dubois/Gadde (2002), S. 627.

[73] Vgl. Cohen/Levinthal (1990).

[74] Vgl. Bundesministerium für Forschung, Technologie und Raumfahrt (2025).

[75] Vgl. Deutsche Industrie- und Handelskammer (DIHK) (2025), S. 21.

[76] Vgl. Bundesministerium für Wirtschaft und Klimaschutz (BMWK) (2024), S. 33 f.

Diese sind nicht nur für die grundlegenden Investitionen in technologische Innovationen, sondern auch für die Durchführung begleitender Entwicklungs- und Pilotprojekte essenziell. Obwohl die BW zwischen 2010 und 2021 eine Verdopplung des FuE-Personals von etwa 800 auf rund 1500 Personen (weiterhin weniger als 1 % aller Beschäftigten der BW) verzeichnen kann, sind eigenständige FuE-Abteilungen, insbesondere angesichts der Vielzahl an KMUS nach wie vor selten.[77] Innovationen werden daher überwiegend von einzelnen engagierten Personen innerhalb von Unternehmen getragen.

In der Literatur wird zudem eine positive Korrelation zwischen der Höhe der IKT-Investitionen – einschließlich solcher im Bereich der KI – und der Unternehmensgröße (gemessen an Jahresumsatz und Anzahl der Beschäftigten) hervorgehoben. Vereinfacht ausgedrückt gilt: Je größer ein Unternehmen, desto höher ist die Investitionsbereitschaft sowie der Digitalisierungsgrad.[78] Mit lediglich 3,3 % der Betriebe mit mehr als 50 Beschäftigen und davon nur 0,4 % mit über 200 Beschäftigten wird der geringe, digitale Fortschritt in der BW[79] zusätzlich erklärbar.

Darüber hinaus kritisieren Butzin/Rehfeld (2008) das Fehlen klarer Innovations- bzw. Unternehmensstrategien seitens des Managements, die eine notwendige Orientierung sowie klare Zielvorgaben für innovationsbezogene Entwicklungen gewährleisten.[80] Ein strategisches Vorgehen nach dem *Top-Down-Prinzip*, bei dem Mitarbeitende aktiv eingebunden und Arbeitsprozesse nachhaltig angepasst werden, kann das Risiko des Scheiterns von Innovationsvorhaben signifikant reduzieren. Denn insbesondere unsystematische Innovationsprozesse, fehlende und nicht kommunizierte Zielsetzungen, eine ausgeprägte Fehlervermeidungskultur sowie Widerstände gegenüber organisationalem Wandel gelten als zentrale Hemmnisse für erfolgreiche Innovations- und Transformationsprozesse.[81]

Ein wesentlicher Bestandteil dieser Haltung sind die regulatorischen Restriktionen, die bereits im vorangegangenen Abschnitt als Teil der spezifischen Rahmenbedingungen der BW erläutert wurden. Von besonderer Bedeutung sind

[77] Vgl. Stifterverband für die Deutsche Wissenschaft (2023).

[78] Vgl. Kerkhof et al. (2024), S. 40.

[79] Der Digitalisierungsgrad der BW wird in Abschn 4.3 tiefergehend beleuchtet.

[80] Vgl. Butzin/Rehfeld (2008), S. 9.

[81] Vgl. Geissbauer et al. (2014), S. 15.

hierbei die anerkannten Regeln der Technik, welche in einschlägigen Gesetzestexten rechtlich verankert sind.[82] Eine Abweichung von diesen Standards kann haftungs- oder gewährleistungsrechtliche Ansprüche gegenüber dem Ausführenden nach sich ziehen.

Selbst im Falle einer ausdrücklichen Zustimmung durch die AGs kann eine solche Abweichung aus genehmigungsrechtlicher Perspektive problematisch sein, wenn bspw. die Nutzungsfreigabe eines Gebäudes durch die zuständige Behörde verweigert wird. Da Innovationen definitionsgemäß im praktischen Einsatz ihre Wirksamkeit unter Beweis stellen müssen, bieten Reallabore eine potenziell geeignete Erprobungsumgebung. Diese werden teilweise in Kooperation mit Bildungseinrichtungen durchgeführt und öffentlich gefördert. Häufig sind sie jedoch an Auswahlverfahren gebunden und erfordern zusätzliche finanzielle Ressourcen sowie ein hohes Maß an Engagement der beteiligten Stakeholder. Ein Positionspapier des Fraunhofer-Instituts weist in diesem Zusammenhang auf bestehende Hürden hin, insbesondere im Hinblick auf Genehmigungsverfahren und ungeklärte Haftungsfragen.[83]

Aus der vorangegangenen Ausführung lässt sich ableiten, dass das Umfeld der BW insgesamt als „innovationsunfreundlich“ einzustufen ist. In diesem Zusammenhang ist auch das in Abschn 3.1 dargestellte Differenzierungsproblem der Anbietenden relevant. Wenn Leistungen in hohem Maße vergleichbar sind (weil von den AGs vordefiniert) und sich Unternehmen nur begrenzt über Qualität oder Verfahren vom Wettbewerb abheben können, entstehen keine belastbaren marktlichen Anreize, um in Innovationen zu investieren. Denn Innovationen entfalten ihren ökonomischen Nutzen typischerweise über die Möglichkeit, Differenzierung zu erzielen und dadurch Preisprämien, Marktanteilsgewinne oder eine stärkere Kundenbindung zu realisieren.

Nach Meier (2023) besteht ein direkter Zusammenhang zwischen Innovationsfähigkeit, technischem Fortschritt und Arbeitsproduktivität.[84] Die im vorangegangenen Abschnitt diskutierten Ursachen für das Produktivitätsproblem der

---

[82] *„Technische Verfahren und Vorgehensweisen, die in der praktischen Anwendbarkeit erprobt sind und von der Mehrheit der Fachleute anerkannt werden* [...] *(z. B. DIN-Normen).“* S. Feess (2024). Nach § 13 VOB/B müssen Bauleistung zum Zeitpunkt der Abnahme den anerkannten Regeln der Technik entsprechen (vgl. Deutscher Vergabe- und Vertragsausschuss für Bauleistungen 18.04.2016). Im BGB-Werkvertragsrecht nach § 633 BGB ist das Werk, die Bauleistung, mangelhaft, wenn es nicht den anerkannten Regeln der Technik entspricht (vgl. Bundesministerium der Justiz 23.10.2024).

[83] Vgl. Kapitza (2024).

[84] Vgl. Meier (2023), S. 48 f. Die Innovationsfähigkeit hat außerdem Einfluss auf die Totale Faktorproduktivität. Diese Zusammenhänge werden in Abschn 4.4 und 5.3 dargelegt.

BW – wie etwa eine hohe regulatorische Dichte – werden durch den Aspekt der begrenzten Innovationsfähigkeit ergänzt.

Eine wichtige Rolle spielen Pilotprojekte bzw. Entwicklungsaufträge oder Großprojekte in der Innovationslandschaft der BW.

Brockmann (2022) zeigt anschaulich an einem „Megaprojekt" in Thailand, dass eine Vielzahl an Innovationen, organisatorischer, rechtlicher und technischer Natur, innerhalb eines Projektes mit einer entsprechenden Größe und Finanzkraft möglich sind.[85] In diesem Zusammenhang kommt den AGs eine zentrale Rolle zu, da sie als Nachfragemonopolist*innen (Monopson) entweder direkt die Anwendung innovativer Methoden einfordern oder Innovationen über Nebenangebote initiieren können. Damit die gesamte BW von solchen Impulsen profitieren kann, ist eine effiziente räumliche und zeitliche Diffusion von Wissen und Innovation erforderlich. Parallel dazu setzt die Verbreitung innovativer Ansätze die aktive Adaption durch die einzelnen Stakeholder voraus.

Eine Lösungsmöglichkeit ist das Modell der unternehmensübergreifenden Kooperation in Form von Mehrparteienverträgen, die aus dem englischsprachigen Raum, insbesondere aus dem Vereinigten Königreich und den USA, sowie aus Skandinavien seit 2016 Eingang in die deutsche BW finden. Sie zielen auf eine Förderung der interorganisationalen Zusammenarbeit ab sowie die Stärkung des Vertrauens zwischen den Beteiligten. Ein Beispiel ist die integrierte Projektabwicklung (IPA), die von Pease (2018) definiert wird als eine Abwicklungsform *„mit einem einzigen Vertrag für Planung und Bau mit einem gemeinsamen Risiko-Ertrags-Modell, garantierten Kosten* [mittels vertraglich definierter Kostenobergrenze], *Haftungsausschlüssen zwischen Teammitgliedern, einem auf Lean-Prinzipien*[86] *basierenden Betriebssystem und einer Kultur der Zusammenarbeit.*"[87]

Die Mehrparteien-Verträge (Vertragskonstellation beispielhaft in Abbildung 3.2 dargestellt) greifen mit der kollaborativen Projektkultur die in Abschn 3.1 dargelegte Einzelkämpfermentalität an und lösen die Vielzahl an Partikularinteressen und damit auch Schnittstellenproblematiken und Interessenkonflikte auf. Der erklärte Anspruch besteht in der Minimierung der Prozesskosten durch ein verbessertes Schnittstellenmanagement. Die bei bilateralen Verträgen vorkommende punktuelle Kommunikation wird bewusst vermieden, wodurch sich

---

[85] Vgl. Brockmann (2022).

[86] Die Lean-Philosophie bzw. die bauspezifische Interpretation *Lean Construction* wird in Abschn 4.3 erläutert.

[87] S. Pease (2018). Aus dem Englischen übersetzt. Für weitere Informationen kann Becker/ Roman-Müller (2022) empfohlen werden.

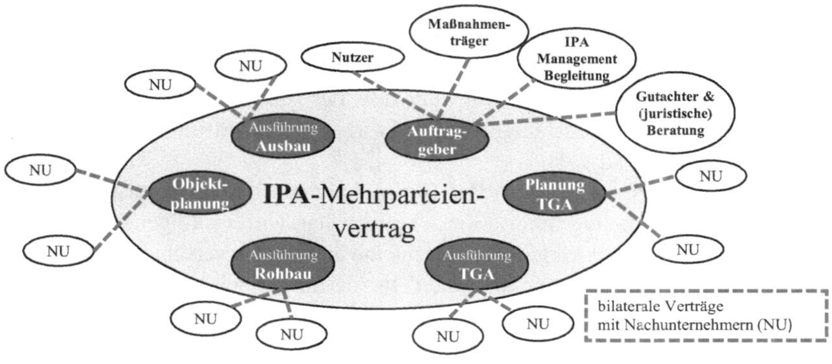

Abbildung 3.2 Das Modell der Integrierten Projektabwicklung (IPA)[88]

der organisatorische Aufwand zur Informationskoordination reduziert. Das Resultat ist die Erwirtschaftung von Kooperationsrenditen, die sich im Wesentlichen aus der Reduktion der Koordinations-, Informations- und Kommunikationskosten, kurz der Schnittstellenkosten, ergibt. Ein weiterer Vorteil von IPA besteht in der frühzeitigen Einbindung der relevanten Stakeholder bereits in der Projektvorbereitungsphase. Dies erfolgt durch die Etablierung eines Kompetenzwettbewerbs noch vor dem eigentlichen Projektstart.

In Deutschland ist die Umsetzung von IPA derzeit weitgehend auf öffentliche Großprojekte mit Herstellkosten über 100 Mio. EUR beschränkt. Diese sind aufgrund ihrer Komplexität und ihres finanziellen Volumens primär für die kleine Gruppe großer Bauunternehmen interessant.[89] Dennoch bietet die IPA-Projektkultur Potenzial für eine Wissens- und Innovationsdiffusion. Über die projektbeteiligten Partner*innen können in kooperativer Arbeitsweise Wissen und Erfahrungen an die klein- bzw. mittelständischen Nachunternehmer*innen (NU) weitergegeben werden. Die KMUs sind besonders auf eine derartige Wissensdiffusion angewiesen, da sie vor allem aus monetären Gründen nicht in der Lage sind Innovationen eigenständig zu entwickeln und umzusetzen.[90] Das Ziel sollte sein, dass die im Rahmen von IPA-Projekten gewonnenen Erkenntnisse, einen Kulturwandel auch in kleineren Projekten (ohne IPA-Konstellation) anstoßen.

---

[88] Eigene Darstellung in Anlehnung an Bau- und Liegenschaftsbetrieb NRW (2025).

[89] Vgl. Bau- und Liegenschaftsbetrieb NRW (2025).

[90] Vgl. Butzin/Rehfeld (2008), S. 4.

In diesem Abschnitt wurde herausgearbeitet, wie Innovationen in ihrer theoretischen Bedeutung definiert und in welcher Form sie bislang in der BW verankert sind. Dabei zeigen die Rahmenbedingungen und typische Indikatoren, wie die Höhe der Ausgaben für FuE, dass das Innovationsklima und daraus resultierend die Innovationsfähigkeit der BW eher ungünstig ist, wenn es um die Implementation von KI geht.

Um zu verstehen, wie die BW auf makroökonomischer Ebene bisher bei der Implementation disruptiver Innovationen reagiert hat, wird im folgenden Kap. die Entwicklung der BW im Verlauf der Geschichte anhand der verschiedenen Phasen der Industrialisierung bis heute analysiert. In Abschn 5.2 wird erneut die Innovationsfähigkeit der BW betrachtet, diesmal im Hinblick auf die Einführung von KI und die damit verbundenen Herausforderungen, die es ggfs. zu überwinden gilt.

4 Komparative Analyse der Implementation des technologischen Wandels in der Industrie und der Bauwirtschaft

Zur Einschätzung und Prognose potenzieller Auswirkungen von KI auf die BW wird im folgenden Kap. der technologische Wandel und dessen wirtschaftliche Implikationen auf die BW seit dem 19. Jahrhundert (Jh.) analysiert.

Der gewählte Untersuchungsrahmen orientiert sich an den vier Stufen der industriellen Revolution (IR)[1], die jeweils durch die Einführung grundlegender Basistechnologien[2] in den klassischen Sektoren des produzierenden Gewerbes gekennzeichnet sind. Jede der Stufen wird in einem eigenen Abschnitt systematisch behandelt. Auch KI wird in der Forschung und Literatur als Basistechnologie geführt und der vierten und zum jetzigen Zeitpunkt letzten Phase zugeordnet. Im Folgenden wird eine Einordnung der Entwicklung der BW in Bezug auf die jeweilige Periode der IR[3] vorgenommen. Das Fazit im letzten

---

[1] Diese Zählweise ist nicht unumstritten. Zukunftsforscher Jeremy Rifkin identifiziert lediglich drei Stufen der IR (vgl. Rifkin (2014), S. 24 ff.). Der Kondratjew- oder Kondratieff-Zyklus geht von fünf Wellen der Konjunktur aus (vgl. Schumpeter (1939), S. 178).

[2] Basistechnologien (*General Purpose Technologies*) sind fundamentale technologische Neuerungen, die sich umfassend in verschiedenen Wirtschaftsbereichen durchsetzen und tiefgreifende Veränderungen in Produktionsweisen und Organisationsstrukturen bewirken. Diese Entwicklungen gehen typischerweise mit erheblichen Effizienzgewinnen einher (vgl. Schumpeter (1939), S. 165 ff.).

[3] Die verschiedenen Phasen der Industrialisierung und die damit verbundenen Innovationen lassen sich nicht eindeutig voneinander abgrenzen, da sie Bestandteil eines umfassenden technologischen, wirtschaftlichen und gesellschaftlichen Transformationsprozesses sind. Da

R. A. Mézes, *Der Einfluss Künstlicher Intelligenz auf die deutsche Bauwirtschaft*, Baubetriebswirtschaftslehre und Infrastrukturmanagement,
https://doi.org/10.1007/978-3-658-51221-7_4

Abschnitt 4.5 soll die Forschungsfrage beantworten, wie die BW in der Historie auf die Einführung disruptiver (Basis-) Technologien reagiert hat. Eine schematische zeitliche Einordnung der einzelnen Phasen ist in Abbildung 4.1

dargestellt. Eine notwendige Eingrenzung des Untersuchungsrahmens betrifft die politischen Ereignisse, die Deutschland seit dem 19. Jh. maßgeblich geprägt haben. Dazu zählen grundlegende Systemwechsel sowie die beiden Weltkriege (WK).

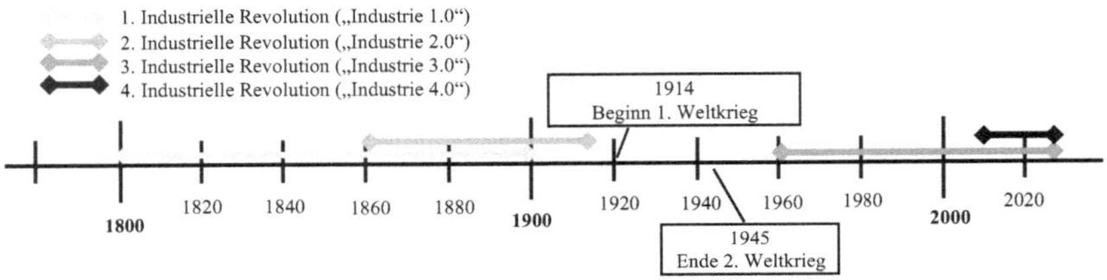

Abbildung 4.1 Zeitliche Einordnung der Stufen der Industriellen Revolution[4]

Obwohl politische Entwicklungen nicht vollständig aus der Analyse ausgeklammert werden können – da sie zweifellos erheblichen Einfluss auf die wirtschaftliche Entwicklung eines Landes ausüben – liegt der Fokus dieser Arbeit bewusst auf den Auswirkungen disruptiver technologischer Innovationen sowie den darauffolgenden Reaktionen der BW.

In diesem Zusammenhang wird der Argumentation aus Pierenkemper (1994) gefolgt, der davon ausgeht, dass die „*Strukturrelationen [...] unbeschadet der jeweiligen, absoluten Größe* [der deutschen] *Volkswirtschaft aussagefähig*"[5] seien. Die Wahl der relationalen Betrachtungsweise erscheint insbesondere vor dem Hintergrund des uneinheitlichen und zum Teil lückenhaften Datenmaterials aus der Zeit vom späten 18. bis in das 20. Jh. als methodisch sinnvoll. Für die vorindustrielle Gesellschaft – dominiert von agrarischer sowie hauswirtschaftlicher Eigenproduktion – liegen nur wenige verwertbare wirtschaftsstatistische Informationen vor. Erst um das Jahr 1800 begannen in Preußen erste systematische Versuche, gesellschaftliche und wirtschaftliche Daten zu erheben.[6] Im Zuge der

die Ausbereitungsdynamiken durch die IKTs über die Zeit zugenommen hat, erfolgte die Diffusion von Wissen bzw. Innovation damals deutlich langsamer als heute.

[4] Eigene Darstellung in Anlehnung an Franken/Franken (2023), S. 121.

[5] S. Pierenkemper (1994), S. 4.

[6] Vgl. Pierenkemper (1994), S. 5.

fortschreitenden Entwicklung der amtlichen Statistik und statistischer Informationserfassung haben sich die zugrunde liegenden Klassifikationsparameter im Zeitverlauf kontinuierlich verändert, weswegen Neuberechnungen und Neuzuordnungen in regelmäßiger Form durchgeführt wurden. Im Hinblick auf das Handwerk des 19. Jh. existierte bspw. keine standardisierte, berufsgruppenspezifische Einteilung. Stattdessen war das Handwerk durch betriebliche Charakteristika wie Selbstständigkeit, handwerkliche Produktion und eine überwiegend regionale Marktausrichtung geprägt. Auch die verwendeten Begrifflichkeiten und Zuordnungskriterien unterlagen im Zeitverlauf Veränderungen. So wurde bspw. im 20. Jh. in den statistischen Erfassungen der BW nach Bauhandwerk und Bauindustrie differenziert – eine Unterscheidung, die sich an der Eintragung im Handels- oder Handwerksregister orientierte.[7]

Ein weiteres Beispiel ist das ausführende Gewerk der Elektrotechnik, das heute dem Ausbaugewerbe und damit der BW zugeordnet wird, während es im 20. Jh. noch unter dem metallverarbeitenden Gewerbe geführt wurde.[8] Weitere Unsicherheiten ergeben sich im Zusammenhang mit der Kategorisierung nach Unternehmensgrößen, die sich infolge der im letzten Jh. zunehmenden Unternehmenskonzentration in Konzernstrukturen deutlich verschoben hat.[9] Je nach amtlicher Statistik bzw. der datenerhebenden Institution werden bspw. nur Betriebe mit einer Mindestanzahl von 10 oder 20 Beschäftigten berücksichtigt. Dies führt insbesondere im Kontext der BW, die traditionell durch kleinteilige Betriebsstrukturen geprägt ist, zu Verzerrungen in der statistischen Erfassung.[10]

An dieser Stelle sei nochmals erwähnt, dass die in dieser Arbeit verwendete Systematisierung der BW auf Grundlage der WZ-Klassifikation (siehe Abschn. 3.1) erfolgt, wie sie in ihrer aktuellen Form seit dem Jahr 2008 Anwendung findet. Die Unschärfen in der Datenerfassung bzw. -bereitstellung werden auch in der Literatur zur historischen Statistik Deutschlands im Kontext von Zeitreihen ausdrücklich thematisiert.[11]

Es gilt als gegeben, dass sich diese Inkonsistenzen innerhalb der verfügbaren Datenbasis nicht vollständig auflösen lassen. Da im Rahmen dieser Arbeit aus Gründen der Umfangsbegrenzung und Schwerpunktsetzung keine eigene

---

[7] Vgl. Beckermann (1961), S. 27. Dieses Klassifizierungsparameter findet heute keine Anwendung mehr.

[8] Vgl. Pierenkemper (1994), S. 9 ff. Heute regelt die Handwerkerordnung in den Anlagen A und B die Disziplinen und den dazugehörigen Umfang der Qualifikationen (vgl. Bundesministerium der Justiz.).

[9] Vgl. Rahlf (2022), S. 258.

[10] Vgl. Bertschek et al. (2019), S. 15; Rahlf (2022), S. 271.

[11] Vgl. Pierenkemper (1994), S. 73; Rahlf (2022), S. 7.

empirische Datenerhebung bzw. -bereinigung erfolgt, werden die vorliegenden Informationen kontextbezogen interpretiert und qualitativ eingeordnet.

4.1 Erste industrielle Revolution („Industrie 1.0")

Der Begriff Industrie 1.0 ist in der wissenschaftlichen Literatur kaum gebräuchlich und entstammt primär populärwissenschaftlichen Diskursen, rückblickend abgeleitet aus der Zählweise zur Industrie 4.0 (siehe Abschn. 4.4). In der historischen Forschung wird stattdessen überwiegend der Terminus 1.IR verwendet, die in Deutschland in den Zeitraum vom späten 18. bis zum späten 19. Jh. eingeordnet wird.[12] Der terminologisch aufgeladene Begriff der Revolution verdeutlicht den tiefgreifenden strukturellen Wandel, den die Wirtschaft und Gesellschaft in Deutschland im Zuge der flächendeckenden Nutzung der Dampfmaschine erfahren hat. Die bis dahin vorherrschend handwerklich geprägte Produktion in Manufakturen und im Heimgewerbe wurde zunehmend mechanisiert. Dies führte zur Herausbildung zentralisierter Großbetriebe und markierte einen fundamentalen Umbruch hin zu einer industriellen Produktionsweise. Insbesondere die Textil-, Eisen- und Schwerindustrie erfuhren durch dampfbetriebene Maschinen einen Wandel hin zur kostengünstigen Massenproduktion.[13] Dieser Prozess wird im weiten Sinne als *Industrialisierung* verstanden und ging mit einem signifikanten Wirtschaftswachstum des sekundären Sektors einher.[14]

Die BW, damals als Bauhandwerk bezeichnet, war von der industriellen Entwicklung des 19. Jh. nur begrenzt betroffen. Eine konjunkturelle Notwendigkeit zur umfassenden Anpassung der handwerklichen Arbeitsprozesse bestand nicht. Vielmehr profitierte die BW von den Vorleistungsverflechtungen, die die Nachfrage nach Bauleistungen positiv beeinflussten. Mit der Auslagerung der Arbeit in externe Betriebsstätten, die zuvor im Rahmen der Heimarbeit nicht erforderlich gewesen waren, erschloss sich die BW den Industriebau als neues Betätigungsfeld. Zusätzlich wirkte das natürliche Bevölkerungswachstum als signifikanter Nachfrageimpuls für Wohnraum und Infrastruktur.[15]

Die mit der Industrialisierung einhergehenden wirtschaftlichen Expansionsbestrebungen begünstigten ab den 1870er Jahren insbesondere den Eisenbahnbau,

[12] Vgl. Wengenroth (1991), S. 301 f.; Hahn (2011), S. 1 ff.

[13] Vgl. Wengenroth (1991), S. 302 ff.

[14] Vgl. Pierenkemper (1994), S. 4 ff.

[15] Vgl. Pierenkemper (1994), S. 26 f.

der eine starke Nachfrage nach Bauleistungen sowie nach Produkten der Eisen- und Stahlindustrie generierte.

Der Ausbau des Schienennetzes, inklusive Tunnelbau, Bahnhofsanlagen und Stellwerken, wurde ebenso vorangetrieben wie der Straßenbau, der bis zur Mitte des 19. Jh. rund 100.000 km (Pflaster-)Straßen umfasste.[16] In dieser Phase sind die ersten Ansätze der Nachfragedifferenzierung in den heutigen Sparten der BW – Hochbau, Tiefbau sowie Infrastrukturbau – zu erkennen. Angesichts der zunehmenden Komplexität deutete sich die Notwendigkeit einer betrieblichen Spezialisierung an.

Die hohe Nachfrage nach Bauleistungen deckte vor allem die bereits erwähnte Bevölkerungsexplosion im 19. Jh. In Verbindung mit der ab 1810 schrittweise eingeführten Gewerbe- und Niederlassungsfreiheit[17] für das Handwerk nahmen die Beschäftigungszahlen und Betriebsgrößen zu.

Um 1800 war das Bauhandwerk mit einem Anteil von 10,4 % der gewerblich Beschäftigten die viertgrößte Branche der deutschen Wirtschaft.[18] Aufgrund der anhaltend hohen Bautätigkeit war die deutsche BW von der Gründerkrise um 1873 vergleichsweise wenig betroffen. Der erhebliche Bedarf an gering qualifizierten Arbeitskräften – insbesondere im Eisenbahnbau – trug zudem zur Milderung der gesamtwirtschaftlichen Arbeitslosigkeit bei.[19]

Mit der Standardisierung von (Portland-)Zement in Kombination mit der neuen Möglichkeit kostengünstiger Produktion von Massenstahl in standardisierten Einheiten, etablierte sich Stahlbeton als radikale (Material-)Innovation. Als leistungsfähiger Verbundwerkstoff erlaubte er weitreichendere Spannweiten und höhere Traglasten, wodurch sich neue architektonische Möglichkeiten eröffneten. Aus dieser Entwicklung resultiert eine Verschiebung des Berufsbildes vom Zimmermann- zum Maurerberuf. Auch wenn einzelne Berufsbilder an Bedeutung verloren, führte der Wegfall der Zünfte zugleich zu einer Lockerung der Zugangs- und Qualifikationsvorgaben. Parallel dazu erweiterten sich die Produktpaletten im Zusammenhang mit neuen infrastrukturellen Anforderungen, etwa durch die Herstellung standardisierter Kanalrohre für die Entwässerungssysteme

---

[16] Vgl. Wengenroth (1991), S. 305 ff.; Hahn (2011), S. 28.

[17] Bis dato war das Handwerk (das Bauhandwerk inkludiert) durch die Zünfte kontrolliert. Zünfte waren damals „*Verbände von Unternehmen im Handwerk und Kleinhandel, welche [...] den Anspruch erheben, das gesamte Gewerbe innerhalb eines gegebenen Bezirks [...] zu vertreten.*" S. Mickwitz (1936), S. 8. Die Ausübung eines Handwerks in einer Region oder Stadt war nur mit einer Mitgliedschaft in der entsprechenden Zunft und diese wiederum nur mit der Vorlage entsprechender Qualifikationen möglich.

[18] Vgl. Henning (1995), S. 73.

[19] Vgl. Henning (1995), S. 195 ff.

der wachsenden Städte.[20] Diese Entwicklungen gingen mit einer zunehmenden Spezialisierung der Bauprozesse und der Entwicklung neuer Fachgebiete einher, was den Bedarf an übergeordneter Planung und Koordination mit sich brachte.

Daraus entstanden die ersten Generalunternehmerstrukturen[21], exemplarisch am Unternehmen Philipp Holzmann[22] sichtbar, das 1849 in Frankfurt am Main gegründet wurde. Solche Betriebe begannen, sämtliche Phasen und Arbeitsschritte eines Bauprojekts – von der Planung bis zur Ausführung – zu koordinieren, häufig unter Einbindung von NUs. Diese arbeitsteilige Organisation[23] ermöglichte die Durchführung größerer Projekte und eröffnete Spielräume für Investitionen, insbesondere in die ersten dampfbetriebenen Baumaschinen.[24]

Deren Einsatz blieb im 19. Jh. jedoch begrenzt: Technologische Herausforderungen, wie eine unzureichende Mobilität, die Empfindlichkeit gegenüber Witterungsbedingungen und wechselnde Einsatzorte, verhinderten eine flächendeckende Mechanisierung wie in der Industrieproduktion.[25]

Mit Blick auf die fragmentierte Branchenstruktur fehlte es der BW im Vergleich zu den anderen WZs außerdem an Industrie- bzw. Großkapital für FuE. Bei Großprojekten – oft staatlich unterstützt oder von kapitalkräftigen Unternehmen getragen – konnten solche Maschinen punktuell eingesetzt werden. Vereinzelt verfügten Großbetriebe wie Philipp Holzmann über einen eigenen, kleinen Baumaschinenbestand. Im Jahr 1875 waren zwei Dampfkräne und eine Dampfbaggermaschine (nur in Kombination mit einer Lokomotive nutzbar) in

---

[20] Vgl. Pierenkemper (1994), S. 26.; Ramm (2012), S. 336 ff.

[21] *„Unternehmer, der die gesamte Erstellung des Bauwerks einschließlich der Gewährleistung übernimmt, jedoch die Ausführung ausgewählter Gewerke an Nachunternehmer vergibt.“* S. Wormuth/Schneider (2022).

[22] Die Philipp Holzmann AG war ein deutsches Bauunternehmen, welches im 20. Jahrhundert zu einem der größten Baukonzerne Europas aufstieg. Holzmann übernahm Hoch-, Tiefbau-, Eisenbahn-, Brücken- und Kanalbauprojekte, sowie die Produktion von Bauteilen wie Fenster und Türen. Trotz großer Erfolge, darunter internationale Großprojekte, geriet das Unternehmen in den 1990er Jahren durch Missmanagement, hohe Schulden und problematische Auslandsgeschäfte in finanzielle Schwierigkeiten. Im Jahr 2002 musste die Philipp Holzmann AG endgültig Insolvenz anmelden, was bis heute als eine der spektakulärsten Firmenpleiten in der deutschen Wirtschaftsgeschichte gilt (vgl. Hielscher (2022).

[23] Die Arbeitsteilung in anderen Bereichen des produzierenden Gewerbes war zu diesem Zeitpunkt bereits höher. Eine umfassende Spezialisierung innerhalb der BW erfolgt erst in späteren Entwicklungsphasen.

[24] Vgl. Pierenkemper (1994), S. 18 ff.

[25] Vgl. Cohrs (2000), S. 24 ff.

der Bilanz verzeichnet. Zum Vergleich: Zu diesem Zeitpunkt waren bereits 1800 Menschen und 76 Verwaltungsangestellte für Holzmann tätig.[26]

Trotz dieser Fortschritte blieb die BW, vor allem der tagelohnintensive Tief- und Eisenbahnbau, stark fragmentiert. Die Branche war weiterhin durch kleine Handwerksbetriebe mit durchschnittlich 1,5 Beschäftigten geprägt, deren Tätigkeit sich auf das regionale Umfeld beschränkte.[27] Anders als die zunehmend exportorientierten Industriebranchen hatte die BW keinen nennenswerten Anteil am Außenhandel.[28] Trotz der ausbleibenden Mechanisierung der Bautechnik leistete die BW einen wichtigen Beitrag zur wirtschaftlichen Entwicklung Deutschlands, insbesondere im Zusammenhang mit der Infrastrukturentwicklung und der Urbanisierung.[29]

4.2 Zweite industrielle Revolution („Industrie 2.0")

Die 2. IR (Industrie 2.0), auch als Phase der Hochindustrialisierung bezeichnet, setzte in Deutschland gegen Ende des 19. Jh. ein und endete abrupt mit dem Ausbruch des 1. WKs im Jahr 1914. Die Industrialisierung erfasste die Elektrotechnik- und Chemieindustrie und führte das elektronische Fließband für die Massen- bzw. Serienproduktion in Deutschland ein.[30] Zentral war die Übernahme des *Scientific Managements* aus den USA, die wissenschaftliche Betriebsführung, allgemein bekannt als *Taylorismus*[31]. Durch Rationalisierung und Standardisierung von Arbeitsprozessen sollten Produktivität und Effizienz gesteigert werden. Konzepte wie *economies of scale*, *economies of speed* und *economies of scope*[32] gewannen an Bedeutung. Diese organisatorischen

---

[26] Vgl. Meyer-Heinrich (1949), S. 30.

[27] Vgl. Pierenkemper (1994), S. 9 ff.; Pierenkemper (1994), S. 26 f.; Henning (1995), S. 128.

[28] Vgl. Henning (1995), S. 93.

[29] Vgl. Pierenkemper (1994), S. 26 f.

[30] Vgl. Hahn (2011), S. 23 ff.

[31] *„Begriff, der auf den englischen Arbeitswissenschaftler Frederick Winslow Taylor […] zurückgeht, der in den Mitarbeitern lediglich»Arbeitsmaschinen« sah, die durch Arbeitsbewertung und gerechte Entlohnung ihre Leistung steigern.*" S. Bundeszentrale für politische Bildung (2025c).

[32] Kostenvorteile aus Größenvorteilen der Unternehmung, Kostenvorteile aufgrund der Beschleunigung der Produktion und Verbundvorteile also Synergieeffekte für Kostenvorteile.

Innovationen in Verbindung mit dem technischen Fortschritt führten zu einer verstärkten Substitution von Arbeit durch Kapital. Im Ergebnis verdreifachte sich die Arbeitsproduktivität bis 1913 nahezu.[33]

Die Einführung elektrischer Energie in Wirtschaft und Gesellschaft verlief schrittweise. Siemens, zunächst durch den Bau von Telegrafen bekannt geworden, entwickelte bis Ende des 19. Jh. Elektromotoren zur Stromerzeugung, die zunehmend die Dampfmaschinen ersetzten. 1881 eröffnete Siemens die erste elektrische Straßenbahn in Berlin. Auch die internationale Kommunikation profitierte von Siemens' transatlantischen Telegrafenkabeln. Mit der Entwicklung der Osramlampe 1905 fand künstliche Beleuchtung erstmals den Einzug in die Privathaushalte.[34] Parallel dazu wurde der Ausbau städtischer Ver- und Entsorgungsnetze vorangetrieben. Zwar verbesserten sich damit infrastrukturelle Standards, jedoch blieb eine generelle Wohlstandssteigerung aus. Im Gegenteil: Steigende Bau- und Lebenshaltungskosten sowie Wohnraummangel in den Städten führten zu einer erhöhten finanziellen Belastung der Arbeiterschaft durch hohe Mietquoten.[35]

Für die BW setzte diese Periode dennoch weitere Impulse für den modernen Infrastrukturbau und die wachsende Spezialisierung der Bautätigkeit im Hoch- und Tiefbau. Auch die Baunachfrage profitierte von diesem Entwicklungsschub. Infolge dessen kam es zu einer Professionalisierung innerhalb der Branche, die sich in der Gründung von über 50 Baugewerkschulen bis 1914 manifestierte, mit dem Ziel der Verbesserung der Ausbildungsqualität und Nachwuchsförderung.[36] Hahn (2011) hebt die Bedeutung der engen Kooperation der Wirtschaft mit der Wissenschaft als zentrales Alleinstellungsmerkmal Deutschlands für diese Zeit hervor.[37]

Parallel zur Industrialisierung lässt sich im Handwerk[38] eine gegenläufige Entwicklung beobachten, die in der wissenschaftlichen Literatur des späten 20. Jh. im Kontext des *Untergangs des Handwerks* kontrovers diskutiert wurde. Eine retrospektive, differenzierte Betrachtung durch Pierenkemper (1994), zeigt jedoch eine heterogene Entwicklung einzelner Handwerkszweige – von Anpassung und Wachstum bis hin zur vollständigen Auflösung. Ausschlaggebend war

[33] Vgl. Henning (1995), S. 24 ff.

[34] Vgl. Wengenroth (1991), S. 316 f.

[35] Vgl. Henning (1995), S. 222 ff.; Hahn (2011), S. 21 f.

[36] Vgl. Henning (1995), S. 120.

[37] Vgl. Hahn (2011), S. 25.

[38] Hier sind alle Handwerkszweige, auch das Bauhandwerk, dieser Zeit gemeint.

die Fähigkeit zur Erschließung neuer Marktnischen. Das Heimwebergewerbe verlor durch die günstige Massenproduktion und die neuen Managementkonzepte zunehmend an Wettbewerbsfähigkeit. Andere Bereiche, wie das Backhandwerk oder die handwerkliche Herstellung von Luxusgütern, profitierten hingegen von der Urbanisierung und der wachsenden Kaufkraft.

Auch die zunehmende Stadtbevölkerung infolge der industriellen Arbeitsmigration, mit der Hoffnung auf bessere Löhne trotz schlechterer Arbeitsbedingungen, führte zu einer konstant hohen Nachfrage nach Wohnraum.[39]

Das Bauhandwerk stellte um 1913 mit rund 1,6 Mio. Beschäftigten die zweitgrößte Branche nach der metallverarbeitenden Industrie dar – trotz überwiegend handwerklicher Strukturen und kleiner Betriebsgrößen.[40]

Mit dieser Entwicklung gewann das Bauhandwerk im Vergleich zur 1. IR zunehmende Bedeutung für die deutsche Wirtschaft, wobei Arbeit mit Blick auf die Beschäftigungszahlen weiterhin der dominante Produktionsfaktor blieb. Die Tätigkeit der einzelnen Betriebe beschränkte sich trotz der Entwicklung der Verkehrsinfrastruktur überwiegend auf das regionale Umfeld, auch wenn sich erste Impulse zur Internationalisierung abzeichneten. Das Auslandsgeschäft etablierte sich jedoch erst nach dem 2. WK.[41]

Die Prinzipien des *Taylorismus* fanden in der BW[42] keine Anwendung. Die Bauproduktion „in Linie" war aufgrund branchenspezifischer Parameter (siehe Abschn. 3.1) nicht umsetzbar.

Dennoch führte der wachsende Kostendruck infolge steigender Löhne und Materialverknappung zu ersten Rationalisierungsbemühungen. Walter Gropius verankerte diese in seiner architektonischen Vision des Bauhauses, die auf standardisierte Bauprodukte und serielle Fertigung von bspw. Fassadenelementen, Fenster und Türen setzte – insbesondere im Wohnungsbau. In diesem Kontext ist auch die Gründung des Normenausschusses der Deutschen Industrie (DIN) im Jahr 1917 zu nennen, der 1918 erste Normen für Fenster und Türen veröffentlichte und damit die Standardisierung und Regulierung entscheidend vorantrieb und bis heute mitgestaltet.[43]

---

[39] Pierenkemper (1994), S. 61 ff. stellt in seiner Monographie im Kap. *Niedergang und Krise des deutschen Handwerks im 19. Jahrhundert* die Forschungsergebnisse unterschiedlicher Autoren umfassend dar.

[40] Vgl. Wengenroth (1991), S. 317 f.; Henning (1995), S. 136.

[41] Vgl. Grömling (2001), S. 40. Da sich diese Arbeit bewusst auf die deutsche Volkswirtschaft bezieht wird dieses Thema der Auslandstätigkeit deutscher Baufirmen im Folgenden nicht weiter vertieft.

[42] Die Baustoffindustrie als klassischer Produkthersteller ist hier nicht inkludiert.

[43] Vgl. Bernhardt/Vonau (2009), S. 232 ff.

Auch Frank Gilbreths Studien zur Optimierung von Bewegungsabläufen im Herstellungsprozess von Bauteilen wie das Errichten von Mauerwerk beeinflussten die Bauorganisation. Sie legten die Grundlage für eine systematische Terminplanung und gelten als frühe, allerdings lediglich inkrementelle, Innovation im Bauprozessmanagement.[44]

Bernhardt/Vonau (2009) betonen in diesem Zusammenhang, dass die Rationalisierung der BW durch „*eher endogene Triebkräfte als amerikanische Konzepte*“[45] vorangetrieben wurde, etwa durch die infolge des 1. WK entstandene Wohnungsnot. Den (gesetzlich verankerten) sozialen Wohnungsbau brachte allerdings erst der Wiederaufbau nach dem 2. WK hervor.

Im Vergleich zur Industrie blieb die technologische Veränderungsbereitschaft der BW begrenzt – sowohl hinsichtlich der strategischen Ausrichtung als auch der Durchsetzungskraft. Sie resultierte primär aus pragmatischen Anpassungsnotwendigkeiten und war weniger von einer systematisch verfolgten Transformationsbereitschaft getragen. Entsprechend kleiner war das Maß an Disruptivität, das von bauwirtschaftlichen Innovationen ausging.

Großen Einfluss kam auch den AGs und deren Anforderungen zu. Siemens investierte in dieser Zeit verstärkt in Werkswohnungsbau und Infrastruktur zur Verbesserung der Lebensbedingungen der eigenen Belegschaft.

Die firmeneigene Investitionstätigkeit zielte auf eine effizientere Arbeitskräftebindung durch verkürzte Wege und bessere Wohnverhältnisse ab. Ein grundlegendes Interesse an technologischem Fortschritt oder Innovationsförderung innerhalb der BW war bei diesen Akteuren nicht vorhanden und blieb primär auf den kurzfristigen Nutzen fokussiert.[46]

Andererseits setzte Siemens durch die Entwicklung des Elektromotors wichtige Impulse für die technische Weiterentwicklung und Mechanisierung des Bauprozesses, etwa im Bereich von Kran- und Aufzugsanlagen.[47] Diese Entwicklung förderte die Entstehung einer eigenständigen Baumaschinenindustrie in Deutschland, die sich schrittweise an den spezifischen Anforderungen der BW orientierte.

---

[44] Vgl. Gilbreth (1909).

[45] S. Bernhardt/Vonau (2009), S. 253 Hier ist bspw. der zuvor erwähnte *Taylorismus* und *Fordismus* gemeint: „*Von H. Ford eingeführtes Herstellungsprinzip und die auf ihn zurückgehende Produktionsweise. Merkmale sind Massenproduktion, Fließproduktion, ein hohes Maß an Standardisierung, große Fertigungstiefe und vertikale Integration sowie die Produktion für den Massenkonsum. Der Produktionsprozess ist in eine Vielzahl von Arbeitsschritten zerlegt, die durch relativ gering qualifiziertes Personal ausgeführt werden können.*“ S. Neumair (2024).

[46] Vgl. Bernhardt/Vonau (2009), S. 237 ff.

[47] Vgl. Siemens AG (2025).

Während frühe Baumaschinen zunächst schienengebunden und dampfbetrieben waren, ermöglichte die Entwicklung von Gleisketten- bzw. Reifenfahrwerken und der Einsatz von Verbrennungs- und Elektromotoren einen flexibleren Einsatz auf den Baustellen. Damit konnten ausgewählte Arbeitsschritte erstmals mechanisiert werden. Dennoch blieb eine umfassende Maschinenintegration in den Bauprozess bis weit in die 1930er-Jahre aus.

Der Ausbau der Reichsautobahn zeigt exemplarisch, dass Pferdefuhrwerke und manuelle Arbeit weiterhin dominierende Elemente des Baugeschehens waren.[48]

Der klassische Wohnungsbau, getrieben durch das Bevölkerungswachstum und die Urbanisierung, blieb handwerklich geprägt. Industriegüter wie Baumaschinen fanden hier kaum Anwendung.[49] Die entscheidenden Durchbrüche auf dem Gebiet der Baumaschinen, hinsichtlich Effizienz, Standardisierung und Massenproduktion, liegen nach dem 2. WK und werden deswegen im nachfolgenden Abschnitt im Zeitraum der Industrie 3.0 diskutiert.

Die langsame Mechanisierung spiegelte sich auch in der Produktivitätsentwicklung der BW wider. Zwischen 1873 und 1913 stieg die Produktivität lediglich um rund 20 %, während Industriezweige wie die Metall- oder Textilindustrie im selben Zeitraum nahezu eine Verdreifachung erreichten. Die dortige Substitution von Arbeit durch Kapital führte zu umfassenden Entlassungen. Die BW übernahm in diesem Kontext wie bereits in der 1. IR eine arbeitsmarktstabilisierende Funktion: Die hohe Nachfrage nach Bauleistungen in Verbindung mit dem weiterhin hohen Anteil menschlicher Arbeit bei niedriger Arbeitsproduktivität ermöglichte eine Verdopplung der Beschäftigtenzahlen. Im Vergleich zum industriellen Gewerbe wies die BW eine attraktive Lohnsituation auf.

Die geringe Kapitalbindung durch Maschineninvestitionen ermöglichte eine relativ hohe und konstante Entlohnung. Die Produktivitätsschwäche wirkte sich jedoch langfristig negativ auf die Baukosten aus. Insbesondere in urbanen Räumen führte dies zu dauerhaft hohen Mieten, die das Realeinkommen der Bevölkerung erheblich belasteten.[50] Während der Weltwirtschaftskrise von 1929 bis 1939 verschärfte sich die Situation zusätzlich. Steigende Kapitalmarktzinsen erhöhten die Baukosten massiv.

Als Reaktion darauf setzte der staatlich geförderte Wohnungsbau auf die Senkung von Baustandards, um Investitionskosten zu reduzieren. Die zuvor

[48] Vgl. Becker (1977), S. 3; Kurrer (2013); Rüfer (2020).

[49] Vgl. Henning (1995), S. 133.

[50] Vgl. Henning (1995), S. 221 f.

angestoßenen Rationalisierungsbemühungen und technischen Innovationen verloren dadurch an Relevanz, was die strukturelle Modernisierung der BW weiter verzögerte.[51]

Die bereits seit dem Ende des 19. Jh. andauernden Kriegsvorbereitungen für den 1. WK gelten als zentraler Treiber für die Etablierung und Weiterentwicklung von Massenproduktionsmethoden im sekundären Sektor. Diese kriegsbedingte Fokussierung auf Quantität und Effizienz führte jedoch zu einem Rückgang der zuvor ausgeprägten Innovationsdynamik der deutschen Wirtschaft.[52] Auch in den folgenden Jahrzehnten, die in Deutschland durch zwei verlustreiche WKs geprägt waren, kam es zu einer deutlichen Beeinträchtigung des technologischen Fortschritts – selbst in den zuvor hochindustrialisierten WZs.

Die BW profitierte nachfrageseitig zwangsläufig von der flächendeckenden Zerstörung städtischer und industrieller Infrastruktur. Die Notwendigkeit des Wiederaufbaus führte zu einer dauerhaften Nachfrage nach Bauleistungen in allen Sparten der BW.

Gleichwohl sind wirtschaftliche Kennzahlen wie Produktivität und Beschäftigung in dieser Phase erheblich verzerrt, sodass eine Bewertung dieser Indikatoren an dieser Stelle ausgeklammert wird.

Die Analyse der vorangegangenen Kap. verdeutlicht, dass die Entwicklung der BW in ihrer Chronologie nicht mit jener der Industrie 1.0 und 2.0 parallel verläuft. Vielmehr zeigt sich eine erhebliche zeitliche Verzögerung von nahezu einem Jh. der technologischen Entwicklung. In der wirtschaftshistorischen Literatur bleibt die BW über weite Strecken marginalisiert.

Eine systematische Erfassung und Differenzierung wirtschaftlicher Entwicklungen erfolget erst nach der Stabilisierung der deutschen Wirtschaft nach dem 2. WK, insbesondere im Zuge der Einführung der WZ-Systematik im Jahr 1961.

[51] Vgl. Bernhardt/Vonau (2009), S. 251.

[52] Vgl. Hahn (2011), S. 31 f.

4.3 Dritte industrielle Revolution („Industrie 3.0“)

Die 3. IR bzw. Industrie 3.0 setzte in Deutschland nach dem 2. WK und nach dem Wiederaufbau um das Jahr 1969 ein[53]. Das Wirtschaftswachstum sowie die Entwicklung des Realeinkommens zu diesem Zeitpunkt lassen darauf schließen, dass die wirtschaftlichen Folgen der beiden WKs überwunden waren.[54] Ein eindeutiges Ende dieser dritten industriellen Phase lässt sich, insbesondere mit Blick auf branchenspezifische Unterschiede, nicht bestimmen.

Vielmehr ist – wie bereits bei den ersten beiden Entwicklungsstufen – eine Koexistenz von Industrie 3.0 und Industrie 4.0 innerhalb der deutschen Volkswirtschaft zu beobachten. Dies gilt in besonderem Maße für die BW, die den technologischen Übergang traditionell verzögert vollzieht.

Kernmerkmal der Industrie 3.0 ist die IKT-Integration in industrielle Prozesse. Auf dieser technologischen Grundlage entwickelte sich die Massenfertigung hin zu einer (teil)-automatisierten Serienproduktion, unterstützt durch speicherprogrammierbare Steuerungen und Robotik. Dadurch wurde eine flexible Variantenfertigung eines Produktes möglich.[55] Auf dieser Technologiestufe übernimmt die Maschine zunehmend die operative Arbeit, während der Mensch primär überwachende, steuernde oder qualitätssichernde Tätigkeiten ausübt. Im administrativen Bereich setzte sich gleichzeitig das Konzept des „papierlosen Büros“ durch – ein Ausdruck der umfassenden Digitalisierung der Arbeitsmittel. In Deutschland war es insbesondere die Automobilindustrie, die zum Träger dieser Entwicklung wurde.[56]

In den 1950er-Jahren erfolgte dort der Übergang von der manuellen Einzel- zur automatisierten Serienfertigung. Hersteller wie Volkswagen (VW), Daimler-Chrysler (heute Mercedes-Benz) und Bayrische Motorenwerke (BMW) bildeten gemeinsam mit Zulieferern wie Bosch oder Continental komplexe, eng integrierte Produktionsnetzwerke. Diese strategischen Allianzen steigerten nicht nur die Effizienz, sondern trugen zur internationalen Wettbewerbsfähigkeit der Branche bei. In der Folge entwickelte sich die deutsche Automobilindustrie zu einer tragenden Säule der deutschen Wirtschaft. 2002 zählten die genannten Hersteller zu den

---

[53] Die Trennung Deutschlands von 1994 bis 1990 in die Bundesrepublik (BRD) und die Deutsche Demokratische Republik (DDR) wird vernachlässigt. Da die USA eine Vorreiterrolle in der technologischen Entwicklung der Industrie 3.0 einnehmen, entwickelt sich der Westen Deutschlands früher und schneller. Nach der Wiedervereinigung ziehen die neuen Bundesländer nach.

[54] Vgl. Wengenroth (1991), S. 321.

[55] Vgl. Huber/Kaiser (2017), S. 18 f.

[56] Vgl. Hahn (2011), S. 65 ff.

größten Unternehmen Deutschlands mit über einer halben Mio. Beschäftigten.[57] Ihr Anteil an der Bruttowertschöpfung des produzierenden Gewerbes stieg von rund 10 % (1991) auf etwa 16 % im Jahr 2017.[58] Die wirtschaftliche Dynamik der Automobilindustrie wirkte als Multiplikator auf vor- und nachgelagerte WZs – darunter auch die BW. Der Bau neuer Werksanlagen, Fertigungsstandorte und Logistikzentren erzeugte eine hohe Nachfrage im Industrie- und Gewerbebau. Gleichzeitig erforderte der zunehmende motorisierte Individualverkehr den Ausbau der verkehrlichen Infrastruktur. Straßen, Brücken, Raststätten und Tankanlagen sowie eine umfassende Modernisierung der bestehenden Infrastruktur wurden im Zuge des Wiederaufbaus errichtet.

Auch die Konsumgüterindustrie gewann im Zeichen des gesellschaftlichen Wohlstandswachstums ab den 1960er-Jahren an Bedeutung. Der technologische Fortschritt hielt Einzug in die Privathaushalte: Kühl- und Gefrierschränke, Waschmaschinen, Radios und Fernsehgeräte wurden binnen weniger Jahrzehnte zur Standardausstattung. Diese Veränderungen wirkten sich unmittelbar auf die BW aus, da sie neue Anforderungen an die technische Gebäudeausstattung (TGA) mit sich brachten.[59] In der Phase nach der deutschen Wiedervereinigung profitierte die BW maßgeblich von der politisch initiierten Modernisierung der Infrastruktur und des Gebäudebestands in den neuen Bundesländern. Zwischen 1990 und 1994 stieg die Zahl der Beschäftigten in der BW auf nahezu 1,5 Mio., um der sprunghaft angestiegenen Nachfrage gerecht zu werden. Dieser Aufschwung erwies sich jedoch als temporär: Bis zur Jahrtausendwende sank die Beschäftigtenzahl auf rund eine Million. Auf den Bauboom der 1990er-Jahre folgte eine rezessive Phase.[60]

Während die Gesamtwirtschaft zwischen 1991 und 2000 ein jährliches Wachstum von 2,8 % verzeichnete, erlitt die BW im selben Zeitraum einen durchschnittlichen Rückgang der Wertschöpfung um 0,4 % pro Jahr.[61] Besonders betroffen waren Großbetriebe mit mehr als 500 Beschäftigten. Ihre Zahl sank von 180 (1991) auf lediglich 25 (2000).

---

[57] Vgl. Hahn (2011), S. 65 ff.

[58] Vgl. Statistisches Bundesamt (2024d); Statistisches Bundesamt (2024e).

[59] Vgl. Hahn (2011), S. 65 ff.

[60] Vgl. Höh (2003), S. 42. Erfasst sind im Bericht von Höh lediglich Unternehmen mit 20 Beschäftigten und mehr. Grömling erfasst für das Jahr 2000 2,74 Mio. Beschäftige und schließt dabei auch die Betriebe mit weniger als 10 Beschäftigten mit ein. Diese Kleinbetriebe dominierten mit einem Anteil von ca. 2/3 die Struktur des Bauhauptgewerbes, fassten allerdings nur 20 % der Beschäftigten (vgl. Grömling (2001), S. 45).

[61] Vgl. Grömling (2001), S. 16.

Auch im Segment der mittelgroßen Unternehmen (über 20 Beschäftigte) war ein erheblicher Rückgang zu verzeichnen. Gleichzeitig stieg die Zahl kleinerer Betriebe mit weniger als 10 Beschäftigten bis 2009 um 38 %. Insgesamt nahm dadurch die Anzahl der Bauunternehmen zu, was auf eine fortschreitende Fragmentierung der Branche hindeutet.[62] Das konjunkturelle Tief erreichte die BW während der Finanzkrise 2005, mit Bauinvestitionen in Höhe von 200,6 Mrd. EUR. In den Folgejahren setzte eine langsame Erholung ein (2010: 237,9 Mrd. EUR; 2023: 487 Mrd. EUR).[63] Parallel dazu stieg die Zahl der Erwerbstätigen von ihrem Tiefstand auf 2,2 Mio. wieder an.[64]

Die Mechanisierung der BW schritt seit dem Wiederaufbau kontinuierlich voran. Ein wesentlicher Treiber war der gestiegene Lohnkostendruck, bedingt durch Fachkräftemangel und strukturelle Veränderungen am Arbeitsmarkt – darunter die Einführung des saisonalen Kurzarbeitergeldes (Wintergeld) als soziale Sicherung in den Wintermonaten.[65] Zwischen 1950 und 1975 verzehnfachte sich der Gerätebestand, was mit einer gleichzeitigen Verzehnfachung des Bauvolumens einherging, während sich die Zahl der Beschäftigten weniger als verdoppelte – ein klarer Indikator für die wachsende Kapitalintensität. Die Differenzierung der BW in Hoch- und Tiefbau spiegelt sich auch im Mechanisierungsgrad[66] wider. Während der Erdbau bereits 1973 einen Wert von 142 kW/Arbeitskraft erreichte, lag der Durchschnittswert für die gesamte Branche lediglich bei 15,2 kW/Arbeitskraft.[67] Aktuelle Zahlen zum Mechanisierungsgrad liegen nicht vor. Die gestiegene Kapitalintensität und das anhaltende Wachstum der Baumaschinenindustrie lässt auf eine zunehmende Investitions- bzw. Einsatzbereitschaft schließen.[68]

Im Hochbau gestaltet sich die Mechanisierung jedoch nach wie vor schwierig. Die kleinteilige Struktur von Punktbaustellen, die zahlreichen Schnittstellen auf engem Raum und die daraus resultierenden komplexen Arbeitsschritte erfordern nach wie vor einen hohen Anteil manueller Tätigkeiten. Maschineneinsatz erfolgt hier lediglich unterstützend und ist größtenteils manuell durch den Menschen

---

[62] Vgl. Höh (2003), S. 42.

[63] Vgl. Hauptverband der Deutschen Bauindustrie e. V. (2024a).

[64] Vgl. Statistisches Bundesamt (2024c), S. 39. Die aktuelle Datenlage ist im Abschn. 3.1 dargestellt.

[65] Vgl. Beckermann (1961), S. 30.

[66] *„Verhältnis von Maschinen- und Gerätegewicht bzw. installierter Motorleistung zur Anzahl der Arbeitskräfte"* S. Becker (1977), S. 2.

[67] Vgl. Becker (1977), S. 13.

[68] Vgl. Meier (2023), S. 70; Statistisches Bundesamt (2024i).

gesteuert. Dies erklärt die im Vergleich zur Gesamtwirtschaft dauerhaft geringere Kapitalintensität der BW (siehe Abschn. 3.1) und den damit einhergehenden niedrigen Automatisierungsgrad. In der betrieblichen Kostenstruktur zeigt sich dies in einem überproportional hohen Anteil an Personal- und NU-Kosten.[69] Dennoch sind auf modernen Baustellen maschinelle Ausstattung wie Kräne, Bagger, Radlader, Rammen etc. zum Standard geworden.

Der weiterhin hohe Anteil menschlicher Arbeit, verbunden mit steigender technischer und regulatorischer Komplexität der Bauprojekte, erhöht den Bedarf an qualifiziertem Fachpersonal und koordinierenden Funktionen. Daraus ergibt sich eine Zunahme der vertraglichen Arbeitsteilung über NUs: Während im Jahr 1990 noch rund 22 % der Leistungen „untervergeben" wurden, lag die Quote im Jahr 2000 bereits bei 26 %. Bei Großbetrieben mit mehr als 500 Beschäftigten werden im Rahmen großer Projekte bis zu 50 % der Bauleistungen an NUs weitergereicht.[70]

Die computergestützte Fertigung (*Computer Aided Manufacturing*) und das computergestützte Konstruieren (*Computer Aided Design*, CAD) eröffneten ab den 1960er-Jahren insbesondere im Maschinenbau und in der elektrotechnischen Industrie neue Möglichkeiten der Planung und Umsetzung komplexer Produkte und Fertigungsprozesse. Auch die baunahen Dienstleistungen erkannten das Potenzial digitaler, dreidimensionaler Entwurfs- und Modellierungsmethoden.[71] Schrittweise ersetzte der Computer das klassische Zeichenbrett als dominierendes Arbeitsmittel in der Planungsphase. Diese Entwicklung spiegelt sich im Digitalisierungsindex des Bundesministeriums für Wirtschaft und Klimaschutz für die baunahen Dienstleistungen wider, der einen positiven Trend in der digitalen Transformation der Planungsprozesse erkennen lässt.[72]

Die BW hingegen wird im branchenübergreifenden Vergleich regelmäßig als Schlusslicht der Digitalisierung identifiziert. Durchschnittlich sind rund 35 % der Prozesse in Bauunternehmen digitalisiert, wobei sich diese Digitalisierung überwiegend auf verwaltungs- und bürobasierte Prozesse wie Angebotskalkulation, Rechnungsstellung oder Dokumentenmanagement konzentriert. Die Bauausführung selbst bleibt in großen Teilen analog geprägt.[73]

---

[69] Vgl. Alfen et al. (2013), S. 134 Die Kostenstruktur der BW wird in Abschn. 5.3 diskutiert.

[70] Vgl. Höh (2003), S. 43 f.

[71] Vgl. Dauss (2020).

[72] Vgl. Bundesministerium für Wirtschaft und Klimaschutz (BMWK) (2023), S. 9 f.

[73] Vgl. Bertschek et al. (2019), S. 51 ff. Bundesministerium für Wirtschaft und Klimaschutz (BMWK) (2024), S. 10 ff.

Gleichwohl hat die IT-Nutzung auf Baustellen in den letzten Jahren zugenommen. Der zunehmenden Projektgröße und wachsenden Komplexität geschuldet, hat sich insbesondere die digital gestützte Terminplanung mittels Netzplantechnik[74] als zentrale, radikale Innovation etabliert. Die Anwendung digitaler Werkzeuge wie Computer, Smartphones etc. bleibt jedoch weitgehend auf das administrative und leitende Personal beschränkt. Eine Umfrage der Unternehmensberatung Roland Berger aus dem Jahr 2016 zeigt, dass rund 60 % der Beschäftigten weder über PC- noch Internetzugang verfügten. Etwa 50 % hatten Zugang zu einem Smartphone, jedoch nur 23 % zu einem Tablet-PC.[75]

Eine Unternehmensbefragung des Zentrums für Europäische Wirtschaftsforschung (ZEW) aus dem Jahr 2018 bestätigt diese Tendenz.[76] Neuere Daten zur Nutzung von *digital devices* in der BW liegen derzeit nicht vor.

Eine weitere radikale Produktinnovation stellt der seit den frühen 1950er-Jahren eingesetzte Transportbeton dar, der insbesondere bei beengten Baustellen die direkte Anmischung vor Ort ersetzt. Parallel dazu wurden im Betonbau wiederverwendbare Mehrfachschalungen eingeführt, die nicht nur zur Effizienzsteigerung im Rohbau beitrugen, sondern auch ein neues Marktsegment innerhalb der Bauproduktindustrie etablierten.[77] Ein Beispiel hierfür ist das Unternehmen Peri, das 1969 in Weißenhorn (Bayern) gegründet wurde und heute zu den weltweit führenden Schalungsherstellern zählt. Da das Tragwerk einen maßgeblichen Anteil an den Gesamtbaukosten ausmacht, boten sich in diesem Bereich durch technologische Innovationen relevante Einsparpotenziale.

Ein zentrales Merkmal dieser Entwicklungen ist die sukzessive Verlagerung der Bauproduktfertigung von der Baustelle in geschützte Produktionsumgebungen. Diese Entkopplung führt einerseits zu standardisierten Produktionsprozessen, Skaleneffekten und einem höheren Qualitätsniveau, andererseits entstehen daraus erhöhte logistische Anforderungen, insbesondere im Bereich des Baustellentransports. Da die Anlieferung meist über den Straßenverkehr erfolgt, unterstützte diese Entwicklung indirekt die Nachfrage nach entsprechender Infrastruktur, etwa

[74] Die Netzplantechnik ist eine Methode zur Ablaufplanung von Projekten, die Arbeitsvorgänge mit ihren zeitlichen Abhängigkeiten grafisch darstellt und zur Steuerung komplexer Bauvorhaben genutzt wird. In Verbindung mit computergestützter Software lassen sich außerdem schnell Störungen im Bauablauf, sowie deren Auswirkungen erkennen (vgl. Berner et al. (2022)).

[75] Vgl. Hoff et al. (2016), S. 7.

[76] Vgl. Bertschek et al. (2019), S. 45.

[77] Vgl. Becker (1977), S. 8 f.

für Schwerlasttransporte[78]. Der Einsatz von (Halb-)Fertigteilen, auch unter den Begriffen Montagebauweise oder modulares Bauen bekannt, etablierte sich in Deutschland insbesondere ab Mitte der 1950er-Jahre. Ziel war die kurzfristige Linderung der Wohnraumnot infolge des 2. WKs. Diese Bauweise ist als Fortsetzung der Rationalisierungstendenzen des 19. Jh. zu verstehen (siehe Abschn. 4.2). Die Bauteile werden in industrieller Serienfertigung hergestellt und vor Ort auf der Baustelle final montiert. Eine Studie des Fraunhofer-Instituts identifiziert bei serieller Bauweise unter anderem Effizienz- und Kostenvorteile in Bezug auf die Bauteilqualität, verkürzte Bauzeiten und repetitive Montageprozesse. Die Herausforderungen liegen im erhöhten Planungsaufwand, der Einschränkung architektonischer Gestaltungsfreiheit sowie der Notwendigkeit individueller Wirtschaftlichkeitsprüfungen bei jedem Projekt.[79] 2012 lag der Anteil der Fertigteilbauweise bei 12 % im Wohnbau und bei 31 % im Nichtwohnungsbau. Bis 2023 stiegen diese Anteile auf 21 % bzw. 34 %.[80] Hemmnisse für eine breitere Akzeptanz dieser Bauweise liegen einerseits in der gesellschaftlichen Wahrnehmung in Deutschland.

Das Image von Fertigteilbauten ist historisch belastet, insbesondere durch die Assoziation mit den Plattenbausiedlungen der DDR. Andererseits erschwert die traditionelle Baupraxis der handwerklich geprägten Kleinbetriebe die Integration dieser Systeme. Materialien wie Mauerwerk und Ortbeton sind leichter verfügbar und flexibler einsetzbar als vorgefertigte Bauteile, die in der Regel bei spezialisierten Unternehmen bestellt werden müssen.

Hinzu kommt die Skalierungsproblematik: Erst bei umfangreichen Projektvolumina erweisen sich Fertigteilsysteme als ökonomisch vorteilhaft.

Ein weiterer Aspekt betrifft die digitale Planungsgrundlage. Zwar wird CAD-Software flächendeckend eingesetzt, diese reicht jedoch nicht aus, um komplexe Fertigteile mit hoher Präzision und technischen Anforderungen digital abzubilden.[81] Hier setzt Building Information Modelling (BIM) an, das als Weiterentwicklung von CAD gilt und im Folgeabschnitt als Schlüsseltechnologie der Industrie 4.0 der BW thematisiert wird. An dieser Stelle sei erwähnt, dass die vorgenannten Produktinnovationen streng genommen der Bauproduktindustrie

[78] Die Bauprodukt-Hersteller werden in dieser Arbeit bewusst nicht vertieft, da sie im WZ C: verarbeitendes Gewerbe und nicht im WZ F: Baugewerbe erfasst werden. An dieser Stelle sei dennoch erwähnt, dass die festgestellte Zunahme vorgefertigter Bauprodukte zu einer Zunahme der in Anspruch genommenen Vorleistungen führt und damit die Bruttowertschöpfung der BW mindert (vgl. Grömling (2001), S. 38 f.).

[79] Vgl. Janorschke et al. (2015), S. 16.

[80] Vgl. Statistisches Bundesamt (2024a); Statistisches Bundesamt (2024b).

[81] Vgl. Janorschke et al. (2015), S. 20 ff.

zuzurechnen sind; ihre Wirkung entfalten sie jedoch in den Produktionsprozessen der BW auf den Baustellen.

Ein zentraler technologischer Bestandteil der 3. IR ist die zunehmende Integration robotischer Systeme in industrielle Produktionsprozesse. Die kontinuierlich steigende Zahl installierter Industrieroboter im verarbeitenden Gewerbe dokumentiert den anhaltenden Automatisierungstrend in diesen WZs.[82]

In der BW hingegen befindet sich der Einsatz von Robotik noch überwiegend in der Entwicklungs- und Erprobungsphase. Das Potenzial solcher Systeme, insbesondere zur Unterstützung physisch belastender oder gefährlicher Tätigkeiten und zur Automatisierung repetitiver Routinetätigkeiten, ist erheblich. Exoskelette[83] etwa bieten Möglichkeiten zur ergonomischen Entlastung bei manuellen Arbeiten. Ein weiteres zukunftsweisendes Anwendungsfeld stellt der 3D-Betondruck dar, mit dem in den letzten Jahren erste Wohngebäude erfolgreich realisiert wurden.[84] Ein Beispiel für die experimentelle Anwendung robotischer Systeme in der BW liefert das Unternehmen Drees & Sommer, das 2021 beim Neubau seines Stuttgarter Hauptsitzes den Roboter „Spot" des US-Unternehmens Boston Dynamics einsetzte. Der hundeähnliche Roboter führt präzise Umgebungsscans durch, erstellt Punktwolken und unterstützt den Soll-Ist-Abgleich zwischen digitaler Planung und baulicher Realität. Derartige Systeme unterstützen die Bauüberwachung, indem sie eine kontinuierliche Dokumentation des Baufortschritts sowie eine datenbasierte Qualitätssicherung ermöglichen.[85] Die wissenschaftliche Forschung auf diesem Gebiet hat in den letzten Jahren an Dynamik gewonnen. Dies zeigt sich in der Gründung neuer Forschungsinstitutionen wie dem *Building Lab* an der Technischen Hochschule Regensburg (2023) sowie dem *Robotics Institute Germany*, das 2024 als Konsortium der Technischen Universität München und des Karlsruher Instituts für Technologie ins Leben gerufen wurde.

Trotz dieser Fortschritte ist der flächendeckende Einsatz von Robotik auf Baustellen derzeit nicht realisiert.[86] In diesem Zusammenhang lassen sich Parallelen zur verzögerten Maschinenintegration der BW in der 1. und 2. IR erkennen[87].

---

[82] Vgl. International Federation of Robotics 24.09.2024.

[83] Mechanisches Gerüst, welches von außen bspw. als Korsett am menschlichen Körper angebracht ist und dabei eine unterstützende Wirkung haben kann (vgl. Berufsgenossenschaft Holz und Metall (BGHM) (2025)).

[84] Vgl. Peri SE (2025).

[85] Vgl. Drees & Sommer 05.08.2022.

[86] Vgl. Will (2022); BG Bau (2024).

[87] Die Robotik-Technologie, sowie die Hindernisse der Implementation werden in Abschn. 5.2 tiefer gehend diskutiert.

Einen weiteren innovativen Impuls stellt die Adaption des *Lean Managements* dar. Unter dem bauspezifischen Begriff *Lean Construction*[88] etablierte sich dieses Konzept um die Jahrtausendwende als inkrementelle Prozessinnovation. Die Grundprinzipien der Lean-Philosophie, ursprünglich in der Produktion der japanischen Automobilmarke Toyota entwickelt, stellen die maximale Wertschöpfung jeder Tätigkeit in Bezug zum Kundennutzen in den Mittelpunkt. Alle Prozesse, die keine direkte Wertschöpfung generieren, wie Nacharbeiten, Wartezeiten, übermäßige Lagermengen oder unnötige Transporte, gelten als vermeidbare Verschwendung. Im bauspezifischen Kontext hat sich daraus ein systematischer Ansatz zur Optimierung von Bauprozessen entwickelt. Besonders bei beengten Baustellen bietet das *Just-in-Time*-Prinzip[89] Vorteile für die Baulogistik.

Für eine erfolgreiche Implementation ist jedoch ein Umdenken in der BW erforderlich, weg vom Projektverständnis als Unikat hin zu einem prozessorientierten Ansatz. Bauprojekte haben trotz ihrer offensichtlich technischen Einzigartigkeit wiederkehrende Arbeitsabläufe, die es zu standardisieren und bewerten gilt, um sie kontinuierlich zu verbessern.[90] Eine Auswertung verschiedener Studien von 2004 bis 2014 zeigt, dass der Anteil nicht wertschöpfender Tätigkeiten in der Bauausführung über die Jahre zugenommen hat. Gründe hierfür liegen in der steigenden Komplexität der Projekte sowie in der wachsenden Zahl an NUs, was die vertragliche und operative Steuerung erschwert. *Lean Construction* ist dabei weniger als technisches System, sondern vielmehr als Führungs- und Kommunikationskonzept zu verstehen. Es setzt auf Transparenz im Bauablauf, eine offene Fehlerkultur sowie enge Abstimmung zwischen allen Projektbeteiligten – insbesondere unter Einbindung der Bauunternehmen und ihrer NUs.[91] Drees & Sommer wirbt mit seiner eigens entwickelten *Lean Construction* Management-Software (LCM®) ein digitales Werkzeug entwickelt zu haben, dass Prozessstabilität herstellt, die Projektlaufzeit verkürzt und nach eigenen Angaben Kosteneinsparungen von bis zu 30 % erzielt (siehe Abschn. 3.2: Kooperationsrenditen).[92]

---

[88] Zur weiteren Vertiefung kann Fiedler (2018b) empfohlen werden.

[89] Lagerbestände sind nach der Lean-Philosophie eine Verschwendung, da diese Platz benötigen und unnötige Lagerkosten verursachen. Das heißt im Umkehrschluss, dass die Materialen oder Vorleistungen, die für einen Arbeitsschritt benötigt werden, erst zum Zeitpunkt der Verarbeitung zur Verfügung gestellt werden (*just in time*) (vgl. Fiedler (2018a), S. 49.).

[90] Vgl. Kitzmann/Brenk (2018), S. 80.

[91] Vgl. Kröger/Fiedler (2018), S. 426 ff.

[92] Vgl. Demir/Theis (2018).

Hagsheno et al. (2025) zeigen, dass dennoch *Lean Construction* in Deutschland bislang von deutlich unter 1 % der Bauunternehmen angewendet wird und sich die Anwendung bei den meisten Unternehmen auf eine geringe und ausgewählte Zahl der Projekte beschränkt.[93]

Im Vergleich zu anderen Zweigen des produzierenden Gewerbes, insbesondere der Automobil- und Chemieindustrie, wurde die Technologiestufe der Industrie 3.0 in der BW bislang nicht systematisch implementiert.[94] Eine repräsentative Unternehmensbefragung des ZEWs aus dem Jahr 2018 belegt diesen Befund: Für das Jahr 2016 zeigen die erhobenen Kapitalanteile der einzelnen Technologiestufen[95] in den relevanten WZs, dass die BW mit einem Anteil von knapp 80 % an Industrie-1.0- und 2.0-Technologien das Schlusslicht bildet. Lediglich 16 % des eingesetzten Kapitals entfallen auf Industrie-3.0-Technologien. Die BW wird in der Studie folgerichtig als „Technologienachzügler" klassifiziert.

Diese Einschätzung korrespondiert mit den vorherigen Erkenntnissen zum Digitalisierungs- und Automatisierungsgrad der BW. Die ZEW-Studie verdeutlicht zudem, dass eine positive Korrelation zwischen dem Reifegrad der Technologieanwendung und der Unternehmensgröße, gemessen an Umsatz, Beschäftigtenzahl und Wertschöpfung, besteht. Die fragmentierte Branchenstruktur der BW, die von KMUs dominiert wird, wirkt somit als strukturelles Hemmnis für tiefgreifende Modernisierung. Im Gegensatz dazu zeigen sich die baunahen Dienstleistungen als technologisch erheblich fortschrittlicher: Mit einem Anteil von ca. 50 % an Industrie-3.0-Technologien und einem Wachstum von 4 % im Zeitraum 2011 bis 2016 heben sie sich deutlich ab.[96]

---

[93] Vgl. Hasgsheno et al. (2025), S. 4. Die ermittelten Zahlen zur Verbreitung von *Lean Construction* in Deutschland sind aufgrund der systematischen Branchenanalyse als belastbare Größenordnung zu bewerten, weisen jedoch aufgrund methodischer Limitationen keine vollständige statistische Repräsentativität auf. Die Ergebnisse der Unternehmensbefragung sind repräsentativ für Lean-anwendende Unternehmen, jedoch nicht für die BW insgesamt.

[94] Vgl. Brell-Cokcan/Schmitt (2024), S. 1 f.; Jäkel/Klemt-Albert (2024).

[95] 1.0/2.0 Technologien sind den ersten beiden Stufen der industriellen Revolution zuzuordnen und werden als eine Kategorie gefasst. Grundsätzlich sind hier Technologien gemeint, die manuell, also mit hoher menschlicher Beteiligung, gesteuert bzw. genutzt werden (vgl. Arntz et al. (2018), S. 17). Die 3.0 und 4.0 Technologien entsprechen grundlegend den Definitionsparametern der Industrie 3.0 bzw. 4.0.

[96] Vgl. Arntz et al. (2018), S. 23 ff.; Bertschek et al. (2019), S. 51 ff.

4.4 Vierte industrielle Revolution („Industrie 4.0")

Der Begriff Industrie 4.0 wurde 2011 im Zuge der High-Tech-Strategie der Bundesregierung eingeführt und markiert eine neue Entwicklungsstufe industrieller Wertschöpfung. Trotz einer Vielzahl unterschiedlicher Definitionsansätze lässt sich die grundlegende Zielrichtung der Begrifflichkeit mit der Definition von Roth (2016b) prägnant zusammenfassen:

> *„Industrie 4.0 umfasst die Vernetzung aller menschlichen und maschinellen Akteure über die komplette Wertschöpfungskette sowie die Digitalisierung und Echtzeitauswertung aller hierfür relevanten Informationen, mit dem Ziel die Prozesse der Wertschöpfung transparenter und effizienter zu gestalten, um mit intelligenten Produkten und Dienstleistungen den Kundennutzen zu optimieren."*[97]

Im Zentrum steht die digitale Transformation der Industrie mit dem Ziel, die internationale Wettbewerbsfähigkeit der deutschen Wirtschaft zu stärken.[98]

Industrie 4.0 baut technologisch auf den IKTs der Industrie 3.0 auf, erweitert diese jedoch entscheidend durch die digitale Vernetzung aller Systeme mittels Internettechnologie (IT).

Wesentliche Begriffe in diesem Zusammenhang sind das Internet der Dinge (*Internet of Things*, IoT), *Cloud Computing* sowie die *Smart Factory*, die intelligente, vernetzte Fabrik[99].

Die KI fungiert als Basistechnologie der 4. Phase der IR und bildet das kognitive Zentrum dieser Konzepte. Während in der Industrie 3.0 noch menschliches Eingreifen zur Steuerung und Überwachung erforderlich war, zeichnet sich Industrie 4.0 durch Autonomisierung aus. Systeme können sich auf Basis von

---

[97] S. Roth (2016b), S. 6.

[98] Vgl. Franken/Franken (2023), S. 120.

[99] Das IoT *„bezeichnet die Vernetzung von Gegenständen mit dem Internet, damit diese Gegenstände selbstständig über das Internet kommunizieren und so verschiedene Aufgaben für den Besitzer erledigen können."* (S. Lackes (2025)). In industriellen Kontexten sind diese Objekte cyber-physische Systeme – hybride Hard- und Softwaresysteme, die mittels Sensorik Daten erfassen, verarbeiten (*Big Data*) und mit anderen IoT-Komponenten teilen können. Auf Produktionsebene handelt es sich um cyber-physische Produktionssysteme, die unternehmensübergreifend eingesetzt werden, um Fertigungsprozesse dynamisch zu steuern. Ziel ist die vollständige Einbindung aller am Wertschöpfungsprozess Beteiligten. Das *Cloud-Computing* bildet die infrastrukturelle Grundlage für die Speicherung, Verarbeitung und Analyse großer Datenmengen in Echtzeit. Es ermöglicht den ortsunabhängigen Zugriff auf IT-Ressourcen wie Rechenleistung, Speicherplatz, Software und Analysewerkzeuge über das Internet (vgl. Microsoft (2025)).

datenbasierten Entscheidungs- und Lernprozessen in Echtzeit selbst regulieren und an verändernde Umgebungsbedingungen oder zur Fehlerkorrektur adaptiv anpassen. Diese Fähigkeit zur Selbststeuerung erlaubt neue Optimierungsstrategien, bspw. in der *Predictive Maintenance*, der vorausschauenden Wartung. Potenzielle Ausfälle oder Störungen an Maschinen und Robotern können frühzeitig erkannt und automatisiert Maßnahmen zur Vermeidung eingeleitet werden. Stillstandszeiten können reduziert und die Anlagenverfügbarkeit folglich erhöht werden.

Ein weiteres Ziel ist die Flexibilisierung bisher weitgehend starrer Produkt- und Dienstleistungspaletten. Durch die Echtzeitanalyse großer Datenmengen bspw. aus Marktbeobachtungen und einer engen digitale Interaktion mit den Kund*innen kann schneller und gezielter auf individuelle Bedürfnisse reagiert werden (*Mass Customization*).

Hierfür sind eine hohe Transparenz der Informationsflüsse, kurze Entscheidungswege und agile Prozesse erforderlich.

Technologien wie *Augmented Reality* (AR) und *Virtual Reality* (VR)[100] unterstützen diesen Wandel, indem sie virtuelle Simulationen von Produkten und Prozessen für potenziell Kaufinteressierte und innerhalb der Produktentwicklung ermöglichen. Dabei zielt das Konzept der Industrie 4.0 nicht auf die vollständige Substitution des Produktionsfaktors Arbeit ab, sondern vielmehr steht die MMI bzw. Mensch-Maschine-Kollaboration im Mittelpunkt mit dem Ziel, menschliche Kompetenzen sinnvoll zu ergänzen. Dies eröffnet neue Perspektiven hinsichtlich des demografischen Wandels, der *Work-Life-Balance* sowie einer stärkeren Fokussierung auf kreative, soziale und kognitive Fähigkeiten.

Die daraus entstehenden (digitalen) Geschäftsmodelle setzen zunehmend auf datengetriebene Dienstleistungen als Wertschöpfungsquelle.[101]

Eine Umfrage von PwC zeigt, dass Industrie-4.0-Anwender*innen mittelfristig jährliche Effizienzsteigerungen der Ressourcennutzung um 3,3 % bei gleichzeitigen Kostenreduktionen um 2,6 % erwarten.[102] Das Fraunhofer-Institut in Kooperation mit Bitkom prognostizierte im Jahr 2014 jährliche Produktivitätszuwächse von 1,7 % und einen Anstieg der Bruttowertschöpfung um 1,2 %. Von 2013 bis 2025 entspricht dieses Wachstum einer kumulierten Produktivitätssteigerung von 23 % (ca. 79 Mrd. EUR) und einer zusätzlichen Wertschöpfung

[100] AR ist die Ergänzung der menschlichen Wahrnehmung bspw. eines (Kamera-)Bilds um zusätzliche, virtuelle Informationen bzw. Objekte. VR ist die realistische Nachbildung der Realität. Beide Technologien lassen sich mittels Smartphone, Tablet-PCs oder *Smart Glasses* nutzbar machen (vgl. Gorecky et al. (2014), S. 528).

[101] Vgl. Roth (2016b), S. 6 f.

[102] Vgl. Geissbauer et al. (2014), S. 22.

von etwa 267 Mrd. EUR.[103] Diese Erfolgsaussichten haben große deutsche Unternehmen im Blick, wie Bosch, Siemens und SAP, die gezielt in eigene 4.0-Plattformen investieren.[104] Auch die gesamtwirtschaftliche Investitionstätigkeit in 4.0 spiegelt dieses Interesse wider: 2023 wurde mit 203,4 Mrd. EUR ein Rekordwert erreicht (2011: ca. 105 Mrd. EUR). Während die Industrie den größten Anteil trägt (145,1 Mrd. EUR), verzeichnet der Dienstleistungssektor die höchsten Zuwachsraten (+9,8 %).[105] Dennoch zeigt eine ZEW-Umfrage von 2018 (siehe Abschn. 4.3), dass der Kapitalanteil von 4.0-Technologien in allen Branchen unter 10 % liegt. Industrie 4.0 steht somit in Deutschland noch am Anfang.

Zugleich wird eine zunehmende Polarisierung deutlich: Unternehmen, die frühzeitig investiert haben, erzielen langfristig überdurchschnittliche Zuwächse – unabhängig von der Branche. Dieser *First Mover Advantage* verschafft ihnen nicht nur Wettbewerbsvorteile, sondern auch strategischen Zugang zu Wissen, Technologien und qualifizierten Fachkräften. Das bereits entwickelte Know-how bildet die Grundlage für weitere Investitionen und verstärkt ihren Vorsprung im Transformationsprozess.

Die BW nimmt im Branchenvergleich mit einem Kapitalanteil von 4 % (2016) an Industrie-4.0 bezogenen Technologien den letzten Platz ein. Auch der Anstieg auf 6,5 % bis 2021 fällt vergleichsweise gering aus. Dabei bietet Industrie 4.0 auch für die BW Potenziale, etwa zur Senkung körperlicher Belastung sowie von Arbeits-, Lager- und Energiekosten.[106]

Ein fundamentales Problem liegt in der noch unvollständigen Implementation von Industrie-3.0-Technologien (siehe auch Abschn. 4.3). Da die Industrie

---

[103] Vgl. Bauer et al. (2014), S. 35 f. Der Analyse lagen lediglich sechs Branchen zugrunde: Chemische Erzeugnisse, Kraftwagen- und Kraftwagenteile, Maschinenbau, elektrische Ausrüstung, Land- und Forstwirtschaft, sowie die IKT-Branche. Vor dem Hintergrund der nicht berücksichtigten WZs ist davon auszugehen, dass die aggregierte Gesamtprognose bei Einbeziehung weiterer Branchen höher ausgefallen wäre. Aktuellere empirische Daten stehen derzeit nicht zur Verfügung. Nach einem IAB-Bericht von Fitzenberger/Kagerl (2025) bleiben die prognostizierten Produktivitätszuwächse aufgrund einschneidender wirtschaftlicher Schocks wie der Covid-19-Pandemie sowie verlangsamter Investitionen in Digitalisierung und Fort- und Weiterbildungen aus. Zusätzlich dämpfend wirken der anhaltende Fachkräftemangel sowie ein zunehmender internationaler Wettbewerbsdruck. Dieser Befund steht außerdem im Einklang mit dem in der Literatur beschriebenen Produktivitätsparadoxon, wonach technologische Innovationsimpulse erst mit erheblicher zeitlicher Verzögerung in messbaren Produktivitätsgewinnen sichtbar werden (vgl. Abschn. 4.5).

[104] Vgl. Scheer (2020), S. 34.

[105] Vgl. Doherr et al. (2025). Die BW findet in diesem Bericht keine differenzierte Erwähnung.

[106] Vgl. Arntz et al. (2018), S. 23 ff.

4.0 darauf aufbaut, bedarf es mit Blick in die Zukunft einer angepassten Branchenstrategie, im Folgenden als „Baustelle 4.0“ bezeichnet.

Brell-Cokcan/Schmitt (2024) führen hierzu mit dem gleichlautenden Sammelwerk das Konzept des *Internet of Construction* (IoC) als bauspezifische IoT-Interpretation ein.[107] Abbildung 4.2 stellt die Komponenten des IoCs in einem Schaubild dar.

Ein zentrales Element ist BIM[108], das digitales Planen, Bauen und Betreiben verknüpft. Laut dem *Stufenplan des Bundesministeriums für Digitales und Verkehr* muss BIM seit 2022 standardmäßig im öffentlichen Hoch- und Tiefbau eingesetzt werden. Laut dem *BIM-Monitor 2022* von BauInfoConsult nutzt nur 20 % der befragten Unternehmen[109] BIM aktiv in Projekten. Wichtigster Treiber ist die Nachfrage seitens der AGs (36 %), gefolgt von dem Wunsch nach Wettbewerbsfähigkeit (30 %). Damit rückt der *Market Pull* zunehmend in den Fokus. Als Haupthindernisse gelten Weiterbildungsaufwand und die notwendige Anpassung betrieblicher Abläufe. Technische Voraussetzungen stellen dagegen kaum noch eine Hürde dar.[110] Dementsprechend prognostiziert der *BIM-Monitor 2025* bis zum Jahr 2027 eine Nutzungsquote von 58 %.[111] Die praktische Anwendbarkeit von BIM in der Planungsphase unterscheidet sich jedoch deutlich nach Projekttyp. Bei Neubauten ist BIM vergleichsweise leicht umsetzbar, da das digitale Modell von Beginn an „von Null auf“ erstellt und konsistent mit den Planungs- und Ausführungsinformationen aufgebaut werden kann.

Bei Bestandsbauwerken – insbesondere im Kontext von Sanierungs- und Umbaumaßnahmen – ist hingegen eine umfangreiche Vorarbeit erforderlich: Das BIM-Modell setzt eine umfangreiche Grundlagenermittlung mittels dreidimensionaler Vermessungsmethoden wie Fotogrammmetrie voraus, um den Gebäudebestand mit ausreichender Genauigkeit digital abzubilden. Gerade diese

---

[107] Vgl. Brell-Cokcan/Schmitt (2024). Die Grundlage der vorgenannten Quelle ist ein Reallabor, die Referenzbaustelle der RWTH Aachen, die Schlüsseltechnologien rund um die Baustelle 4.0 und IoC, wie 5G-Kommunikationstechnologien, automatisierte Bauteilproduktion, Robotik etc. untersucht.

[108] *„Building Information Modeling bezeichnet eine kooperative Arbeitsmethodik, mit der auf der Grundlage digitaler Modelle eines Bauwerks die für seinen Lebenszyklus relevanten Informationen und Daten konsistent erfasst, verwaltet und in einer transparenten Kommunikation zwischen den Beteiligten ausgetauscht oder für die weitere Bearbeitung übergeben werden.“* S. BMVI (2015), S. 4. Für weitere Informationen kann Beetz et al. (2021) empfohlen werden.

[109] Befragt wurden 300 Nutzer*innen aus Planungsunternehmen ab 5 Beschäftigten und Betrieben der Bauwirtschaft ab 10 Beschäftigten.

[110] Vgl. Bayerische Ingenieurekammer-Bau (2022). Die Primärquelle ist nicht zugänglich.

[111] Vgl. Bauletter (2025). Die Primärquelle ist nicht zugänglich.

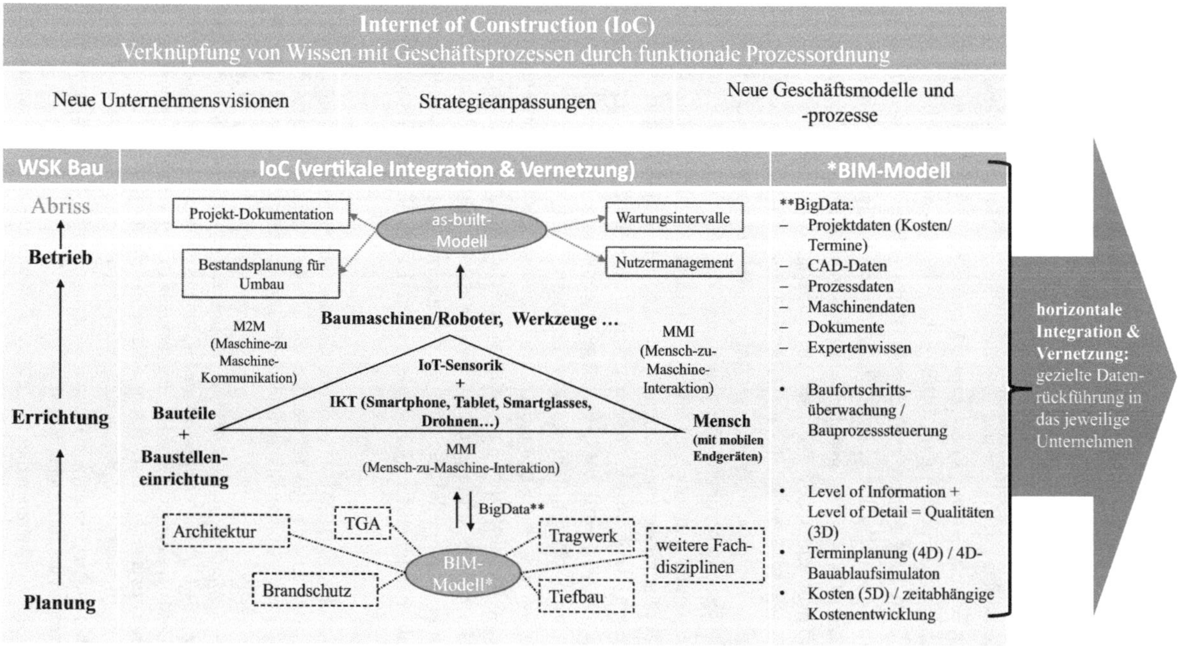

Abbildung 4.2 Bestandteile des Internet of Construction (IoC) für eine Baustelle 4.0[112]

[112] Eigene Darstellung in Anlehnung an Siepmann (2016), S. 22 und Brell-Cokcan et al. (2024), S. 9.

arbeits- und kostenintensive Bestandsaufnahme stellt aktuell (noch) ein zentrales Problem der BIM-Nutzung dar und wirkt als praktische Eintrittsbarriere, insbesondere in ressourcenbegrenzten Organisationen wie den KMUs.[113] Über die Etablierung von Drohnen als Arbeitswerkzeug auf den Baustellen kann sich diese Barriere mittelfristig auflösen. In diesem Zusammenhang eröffnet der Einsatz KI-gestützter Verfahren eine relevante Neuerung: KI-Modelle können die Aufbereitung und Auswertung von Bestandsdaten (z. B. aus Bildern, Punktwolken oder Scans) unterstützen und damit die Modellerstellung bzw. Modellanreicherung im Bestand beschleunigen. Dadurch entsteht Potenzial, zentrale Aufwands- und Kostentreiber zu reduzieren und die Integration von BIM in Sanierungsvorhaben zu erleichtern. Vor diesem Hintergrund kann die Hypothese aufgestellt werden, dass eine breitere Verfügbarkeit und praxisnahe Etablierung solcher KI-Systeme zu einem signifikanten Anstieg der BIM-Nutzungszahlen beitragen werden, da eine der derzeit größten Hürden – der hohe Aufwand im Bestand – substantiell verringert wird.

BIM schafft eine gemeinsame Datenbasis über den gesamten Lebenszyklus bzw. die WSK eines Gebäudes und ermöglicht die systematische Verknüpfung von Planungs-, Ausführungs- und Betriebsphasen im Sinne des IoCs. Hierfür muss die Ausführung aktiv in das Modell eingebunden sein – eine Voraussetzung für automatisierte Bauabläufe der Baustelle 4.0 und den Einsatz modularer Bauweisen, auch für komplexe Kubaturen und Bauteile mit hohen technischen Anforderungen. Durch IoT-gestützte Tracker können Bauteile, Maschinen und Materialien auf der Baustelle in Echtzeit verfolgt werden. AR-Anwendungen unterstützen die Montageprozesse bspw. in Form von Anweisungen oder Positionierungshilfen auf *Smart Glasses*[114], während Drohnen mit Kamerasensorik Baufortschritte erfassen und diese direkt ins Modell zurückspielen. Das BIM-Modell fungiert dabei als *Single Source of Truth*, in dem alle relevanten Informationen in Echtzeit für alle Projektbeteiligten verfügbar sind (vertikale WSK).

---

[113] Vgl. Digitalagentur Sachsen (2025b), S. 26.

[114] *Smart Glasses* sind tragbare Computertechnologien in Brillenform, die Informationen über ein integriertes Display ins Sichtfeld projizieren, Sensoren zur Datenerfassung nutzen und häufig Funktionen wie Kamera, Mikrofon und Internetverbindung integrieren. Sie gehören zur Kategorie der *Wearables* und ermöglichen z. B. AR-Anwendungen (vgl. Ben Allouch et al. (2021)). Ein Hersteller ist bspw. Vuzix (siehe https://www.vuzix.com/pages/smart-glasses).

Mit diesen technischen Chancen bietet BIM umfassende Möglichkeiten zur Effizienzsteigerung, sowie eine verbesserte Baukosten- und -qualitätskontrolle.[115] Die digitale Baufortschrittsmessung kann bspw. automatisiert die nächste Abschlagsrechnung auslösen. Das Ziel ist ein Informationsfluss in jede Richtung innerhalb der WSK. Dabei treten am Übergang von der Planung zur Ausführung häufig Informationsverluste auf, was auch im *BIM-Monitor 2025* deutlich wird. In der Befragung wird im Vergleich zum Jahr 2022 zwischen Unternehmen baunaher Dienstleistungen und gewerblichen, ausführenden Bauunternehmen der BW differenziert, wobei bislang lediglich 10 % der ausführenden Bauunternehmen BIM nutzen.[116]

Die während des Projektes erfassten Daten stehen dem Unternehmen auch über den Projektabschluss hinaus zur Verfügung (horizontale WSK) und sollten einer dezidierten und automatisierten Analyse unterzogen werden. Die daraus gewonnenen Erkenntnisse dienen als Grundlage für die Entwicklung bzw. Schärfung unternehmensspezifischer *Key Performance Indicators*, mit denen künftige Angebotskalkulationen, Kapazitätsplanungen und Ressourceneinsätze qualitativ fundierter geplant und gezielt gesteuert werden können.

BIM eröffnet zudem Potenziale für neue Geschäftsmodelle. Durchgängige, konsistente Datenstrukturen ermöglichen es Bauunternehmen, über die Errichtung hinaus auch betriebs- und instandhaltungsbezogene Leistungen anzubieten, bspw. in Form von *Predictive Maintenance* bzw. *Services*. Technische Anlagen können fortlaufend Zustands- und Leistungsdaten an das digitale BIM-Modell übermitteln, das im *Facility Management* (FM) weiterverwendet werden kann. Dadurch werden die Projektbeteiligten der Ausführung langfristig an den Lebenszyklus eines Gebäudes gebunden.

Im Zusammenspiel mit Gebäudeautomation und intelligenter FM-Gebäudetechnik lassen sich zentrale Gebäudefunktionen wie Verschattung, Heizung und Kühlung nutzer*innenbezogen steuern. Dies stellt eine funktionale Produkterweiterung dar, die den Nutzungskomfort mess- und spürbar erhöht.

Vor diesem Hintergrund kann auch der baurechtlich relevante Begriff des Werkserfolgs[117] neu gefasst werden: Im Sinne eines *Pay-per-Outcome*-Ansatzes

---

[115] Vgl. Brell-Cokcan/Schmitt (2024), S. 9 ff. Ein Hindernis für die durchgängige, digitale Planung ist die Diversität, der in der BW bzw. innerhalb eines Projektes verwendeten Datenformate. Im Zuge des Abschn. 5.2 wird dieses Thema erneut aufgegriffen.

[116] Vgl. Bauletter (2025). Die Primärquelle ist nicht zugänglich.

[117] Definition nach § 631 Abs. 1 BGB: „*Durch den Werkvertrag wird der Unternehmer zur Herstellung des versprochenen Werkes, der Besteller zur Entrichtung der vereinbarten Vergütung verpflichtet.*" (S. Bundesministerium der Justiz und für Verbraucherschutz (2025)).

rücken die Nutzung sowie definierte Nutzungsparameter, einschließlich des Nutzer*innenkomforts, in den Fokus der Erfolgskriterien. Zugleich lassen sich Anreizmodelle etablieren, die bspw. bei Bestandsumbauten aktive Energieeinsparungen honorieren.[118] Der Werkserfolg beschränkt sich damit nicht mehr ausschließlich auf die mangelfreie Erbringung der Bauleistung, sondern umfasst eine Zielerreichung über den gesamten Lebenszyklus des Bauwerks hinweg.

Im Vertriebskontext eröffnet BIM über Visualisierungen, VR-*Walkthroughs* oder AR-Anwendungen zusätzliche Vermarktungsmöglichkeiten. Kund*innen können interaktiv Einrichtungslayouts oder Ausstattungsvarianten testen.[119] Perspektivisch lassen sich solche Dienste auch durch KI-gestützte Beratung nutzen. LLM-basierte Chatbots könnten bereits in der Akquisephase personalisierte Empfehlungen geben, erste Visualisierungen des Gebäudeentwurfs generieren und damit die Entscheidung für eine Beauftragung niederschwelliger gestalten.

Ansätze, wie die BW effizienter, agiler und kundennäher arbeiten kann, sind seit der 3. IR mit der *Lean*-Philosophie umfassend vorhanden. Auch die technischen Lösungsansätze im Rahmen von Industrie 4.0 sind grundsätzlich entwickelt. Dennoch sind weder die bauspezifischen 3.0- (*Lean Construction*), noch die 4.0-Technologien (Baustelle 4.0) etabliert. Die technischen Innovationen, die die BW in den Vergangenheit hervorgebracht oder implementiert hat, haben bislang nicht in dem Maße zur Produktivitätssteigerung beigetragen, wie dem technischen Fortschritt im Allgemeinen unterstellt wird (siehe Abschn. 3.1). Der Grund liegt in der fehlenden Hebung der Potentiale digitaler Technologien, was gemeinhin als *Produktivitätsparadoxon*[120] (vertieft im folgenden Abschn. 4.5) bekannt ist und neben der BW auch die baunahen Dienstleistungen betrifft.

---

[118] Vgl. Digitalagentur Sachsen (2025b), S. 23 f.

[119] Vgl. Aengenvoort/Krämer (2021).

[120] Der Begriff wird Robert Solow zugeschrieben, der diesen 1987 mit dem Satz (aus dem Englischen durch die Autorin übersetzt) „*Das Computerzeitalter ist überall sichtbar, nur nicht in den Produktivitätsstatistiken.*“ (S. Solow (1987)) geprägt hat. Gemeint ist, dass trotz des zunehmenden Einsatzes von IKTs die erhofften Produktivitätssteigerungen ausbleiben (siehe auch „Produktivitätsproblem“ in Abschn. 3.1).

Ausdruck findet dieser Sachverhalt in den Wachstumsraten der Totalen Faktorproduktivität (TFP)[121], die in der BW zwischen 1991 und 2018 mit durchschnittlich −0,4 % negativ ausfielen – ergänzt durch eine ohnehin rückläufige Arbeitsproduktivität.[122] Vor diesem Hintergrund wird die Baustelle 4.0 als ein möglicher Lösungsansatz gesehen, um die Produktivitätsproblematik der BW zu überwinden.[123]

Um die Potenziale der Industrie 4.0 jedoch wirksam zu erschließen, müssen grundlegende Voraussetzungen erfüllt sein. Dazu zählt zum einen der Zugang zu den IKT-Technologien der Industrie 3.0, die als technische Basis für 4.0-Anwendungen fungieren. Zum anderen bedarf es einer umfassenden Qualifizierung der am Bauprozess Beteiligten im Umgang mit digitalen Arbeitsmitteln und vernetzten Prozessen.

Der Mangel an digitalem Know-how, verbunden mit einem hohen Maß an regulatorischer Komplexität und einer generell investitionshemmenden Innovationsumgebung, stellen zentrale Ursachen für das anhaltende Produktivitätsproblem der Branche dar.[124]

---

[121] Die TFP misst den Teil des Produktivitätswachstums, der nicht direkt durch den Einsatz von Arbeit oder Kapital erklärt werden kann. Sie wird als Residualgröße berechnet, indem die Bruttowertschöpfung eines Landes oder WZs um die Beiträge der einzelnen Produktionsfaktoren (gewichtet nach ihrem jeweiligen Anteil) bereinigt wird. Die TFP gilt damit als Indikator für technologischen Fortschritt und Effizienzsteigerungen, insbesondere durch Verbesserungen im organisatorischen Wissen oder in betrieblichen Abläufen. Da die Einflüsse von Arbeit und Kapital bereits herausgerechnet werden, zeigt die TFP, wie stark sich die Produktivität unabhängig von diesen Faktoren entwickelt. (vgl. Deutsches Institut für Wirtschaftsforschung e. V. (DIW) (2025)).

[122] Vgl. Bertschek et al. (2019), S. 88.

[123] Vgl. Chui/Mischke (2019). Die Auswirkungen von technischem Fortschritt auf die Produktivität werden in Abschn. 5.3 tiefer diskutiert.

[124] Vgl. Grömling et al. (2024), S. 40 ff.

4.5 Fazit der komparativen Analyse: Die Bauwirtschaft im technologischen Wandel

Die BW ist historisch eng in die Vorleistungsverflechtungen der deutschen Volkswirtschaft eingebunden und übernimmt sowohl eine konstitutive Funktion im gesamtwirtschaftlichen Wachstum als auch eine stabilisierende Rolle in konjunkturellen Krisenzeiten[125]. Ihre beschäftigungswirksame Bedeutung zeigte sich insbesondere in wirtschaftlichen Abschwungphasen, da sie in der Lage war, freiwerdende Arbeitskräfte aufzunehmen. Dies ist nicht zuletzt auf den hohen Einsatz des Produktionsfaktors Arbeit zurückzuführen. Darüber hinaus spielte die BW eine zentrale Rolle im Bereich der Infrastrukturentwicklung, wodurch sie maßgeblich zur Entwicklung und Sicherung der nationalen Wettbewerbsfähigkeit und zur langfristigen Wohlstandsentwicklung beitrug.

Trotz dieser makroökonomischen Relevanz offenbart die komparative Analyse entlang der industriellen Entwicklungsphasen eine unzureichende Anpassungsfähigkeit und Zurückhaltung der BW im Umgang mit innovativen Technologien – insbesondere im Vergleich zu anderen WZs des produzierenden Gewerbes.

Ein zentraler Punkt besteht darin, dass Basistechnologien, wie sie den jeweiligen Phasen der IR zugrunde liegen, innerhalb des spezifischen WZs stets eine ergänzende Adaptions- und Entwicklungsphase durchlaufen müssen, um an branchenspezifische Anforderungen angepasst und damit wirtschaftlich wirksam werden zu können. Diese begleitenden Weiterentwicklungen werden als *Komplementärtechnologien* oder *-innovationen* bezeichnet.[126] Im Falle der BW sind die technologischen Anforderungen an Maschinen hinsichtlich Mobilität, Robustheit und Adaptivität deutlich höher als in der industriellen Serienfertigung[127]. Dies

---

[125] Bauinvestitionen werden im Rahmen diskretionärer Fiskalpolitik häufig als Instrument zur Konjunkturstabilisierung eingesetzt, insbesondere in Form staatlich initiierter Infrastrukturprogramme während rezessiver Phasen. Diese Thematik wird in der vorliegenden Arbeit jedoch nicht vertieft. Brömer (2015) kommt zu dem Ergebnis, dass derartige, zumeist kurzfristig konzipierte Konjunkturpakete trotz vorhandener Multiplikatoreffekte nur eine begrenzte Wirkung auf rezessive Wirtschaftslagen entfalten. Ursächlich hierfür sind unter anderem die teilweise ineffiziente Allokation staatlicher Investitionsmittel sowie die strukturelle Notwendigkeit langfristiger Planbarkeit auf Seiten der Bauunternehmen. Das Potenzial einer unterstützenden Rolle des Staates im Kontext von KI in der BW wird in Kap. 6 aufgegriffen.

[126] Vgl. Meier (2023), S. 74 f.

[127] Dies betrifft nicht nur die Mechanisierung der 1. und 2. IR, sondern gleichermaßen die Robotiksysteme der 3. und 4. IR. Letzteres wird in Abschn. 5.1 vertieft.

wird an der verzögerten Mechanisierung deutlich: Ein dem industriellen Standard der 2. IR vergleichbarer Mechanisierungsgrad wurde in der BW erst im Zuge der 3. IR erreicht.

Diese Entwicklung verweist einerseits auf die zeitliche Verschiebung bei der Herausbildung und Diffusion komplementärer Technologien, andererseits jedoch auch auf die in Kap. 3 analysierten strukturellen und kulturellen Eigenheiten der Branche, die technologische Fortschritte systematisch verzögern.

Die nachhaltige Etablierung solcher Komplementärtechnologien setzt dabei nicht allein deren technische Verfügbarkeit voraus, sondern erfordert zugleich tiefgreifende Anpassungen bestehender organisatorischer Strukturen, Prozesslogiken sowie der Qualifikations- und Kompetenzprofile der beteiligten Akteure. Ohne diese begleitenden Transformationen bleibt die Implementation neuer Technologien fragmentarisch und ihre produktivitätssteigernde Wirkung begrenzt. Vor diesem Hintergrund kommt Meier (2023) zu dem Schluss, dass für die BW bislang keine hinreichend entwickelten und breit einsetzbaren (digitalen) Komplementärtechnologien identifiziert werden konnten, die eine messbare Wirkung auf die branchenspezifische Wertschöpfung haben.[128] Innovationen in der BW entfalten jedoch angesichts der funktionalen, regulatorischen und organisatorischen Komplexität nur eine begrenzte Wirksamkeit und sind folglich überwiegend inkrementeller, vereinzelt auch radikaler Natur. Selbst empirisch belegbare ökonomische Vorteile, wie durch serielle bzw. modulare Bauweisen, erweisen sich als nicht hinreichend, um die Kombination aus tradierten Ausführungspraktiken, einer historisch gewachsenen konservativen Branchen- und Organisationskultur, spezifische Marktdynamiken (individuelle Bauwünsche der AGs, siehe Abschn. 3.1: Nachfragemonopson, *market pull*) sowie strukturellen Restriktionen der kleinteiligen Branchenstruktur dauerhaft zu überwinden.

Seinen Ausdruck findet dieser Sachverhalt im Produktivitätsparadoxon. Brynjolfsson et al. (2021) führen die Diskrepanz zwischen technologischem Fortschritt und gemessener Produktivitätsentwicklung primär auf Messdefizite zurück, insbesondere auf die unzureichende Erfassung immaterieller Investitionen in den volkswirtschaftlichen Gesamtrechnungen. Da Investitionen in Organisationskapital, Qualifikationsaufbau und unternehmensspezifische Software häufig nicht vollständig kapitalisiert werden, kommt es in frühen Implementierungsphasen zu einer Unterschätzung und in späteren Phasen potenziell zu einer Überschätzung der Produktivität. Empirisch äußert sich dies in einer J-förmigen Verzerrung der Produktivitätsentwicklung, wobei Basistechnologien ihr gesamtwirtschaftliches (und vor allem messbares) Wachstumspotenzial erst mit zeitlicher Verzögerung

[128] Vgl. Meier (2023), S. 74 ff.

entfalten, wenn sie durch komplementäre technologische, organisationale und institutionelle Anpassungen eingebettet sind.[129]

Das Produktivitätsparadoxon ergänzt den Befund fehlender reifer, bauspezifischer Komplementärtechnologien in der BW.

Während das strukturelle Defizit an Komplementärinnovationen die reale Entfaltung produktivitätssteigernder Effekte digitaler Basistechnologien in der BW begrenzt, erklärt das Produktivitätsparadoxon, warum selbst punktuelle Effizienzgewinne nicht in einer nachhaltig messbaren Produktivitätsdynamik resultieren. Vor diesem Hintergrund lässt sich die Hypothese formulieren, dass technologische Neuerungen in der BW an Wirkungspotenzial verlieren, da sie weder strukturell eingebettet noch systemisch integriert werden. Pfadabhängigkeiten auf organisatorischer wie operativer Ebene, die weiterhin zentrale Rolle des Produktionsfaktors Arbeit sowie eine geringe Innovationsdiffusion erschweren eine breite und tiefgreifende Implementation produktivitätssteigernder Technologien in die bauwirtschaftliche Realität. Ferner mangelt es an zielgerichteten Investitionen in bauspezifische Komplementärinnovationen, die notwendig wären, um das transformative Potenzial disruptiver Technologien zur Entfaltung zu bringen. Da technologische Disruptionen nicht nur technische, sondern auch organisatorische Veränderungen erfordern, kommt dem Reorganisationskapital als Ressource zur Umgestaltung betrieblicher und struktureller Abläufe eine zentrale Rolle zu.

Vor dem Hintergrund steigender Produkt- und Prozesskomplexität manifestiert sich dieses Spannungsfeld im konstatierten Produktivitätsparadoxon. Die Situation verschärft sich angesichts der ungünstigen Marktdynamiken, demografischer Veränderungen, wachsender Ressourcenknappheit sowie zunehmender regulatorischer Anforderungen. Das Produktivitätsproblem der BW ist nach einer Quellenanalyse und Unternehmensbefragungen von Cisterna/Haghsheno (2024) den Marktteilnehmenden durchaus bekannt. Auf Platz 1 der Treiber zur Implementation von KI wird von den befragten Unternehmen das Streben nach Produktivitätssteigerung genannt.[130]

Ob die KI als Teil der Industrie-4.0-Technologien in der BW Anwendung finden kann und dabei sowohl produktivitätssteigernde Effekte realisieren als auch strukturelle (Markt-)Veränderungen bewirken und damit die Erwartung der Marktakteure erfüllen kann, wird im folgenden Kap. vertiefend analysiert.

---

[129] Vgl. Brynjolfsson et al. (2021), S. 25 ff. Die Autoren ermitteln eine Produktivitätsunterschätzung des TFP im Jahr 2004 von 11,3 % und im Jahr 2017 von 15,9 %. Die Untersuchungen beziehen sich auf die volkswirtschaftliche Messung in den USA, können jedoch aufgrund des vergleichbaren technologischen und institutionellen Entwicklungsstandes qualitativ auf Deutschland übertragen werden.

[130] Vgl. Cisterna/Haghsheno (2024), S. 66.

5 Der Einfluss künstlicher Intelligenz auf die Bauwirtschaft: Makroökonomische Prognosen zu den Auswirkungen von KI

5.1 Einsatzmöglichkeiten von KI in der Bauwirtschaft

In Abschn. 2.4 wurden bereits verschiedene Anwendungsfelder von KI in unterschiedlichen WZs der deutschen Wirtschaft exemplarisch dargestellt. Im folgenden Abschnitt werden nun spezifische Anwendungsfälle für den Einsatz von KI in der BW aufgezeigt. Dabei ist zu berücksichtigen, dass auch branchenübergreifende KI-Systeme wie Microsoft Copilot zunehmend Einzug in die BW halten.

Anwendungen aus dem Microsoft-365-Umfeld, darunter E-Mail-Kommunikation, virtuelle Besprechungen sowie die Erstellung von Dokumenten und Präsentationen, sind insbesondere in den Bereichen der baunahen Dienstleistungen wie Planung, Bauüberwachung und Projektsteuerung verbreitet. Die in Abschn. 2.4 dargestellten Produktivitätsgewinne aus der Avenade-Umfrage sind insofern auch für die BW relevant.

Ein zentraler Meilenstein bei Bauvorhaben ist die Erlangung der Baugenehmigung. Verzögerte Entscheidungsprozesse, hoher bürokratischer Aufwand sowie personelle Engpässe in den Behörden stellen dabei signifikante Risiken für die fristgerechte Projektumsetzung dar. Angesichts des in Abschn. 3.1 dargestellten Sanierungsstaus und Wohnungsmangels gewinnt die Beschleunigung von Genehmigungs- und Verwaltungsprozessen zunehmend an Bedeutung. Ferner wirkt sich die Dauer und Komplexität von Genehmigungsverfahren für international agierende Unternehmen bei der Standortwahl für neue Produktionsstätten als relevanter Standortfaktor aus. Das KI-Potenzial zur Effizienzsteigerung in diesem Bereich ist abhängig von Projektgröße und technischer Komplexität. Bei Antragstellung von Bauvorhaben mit geringer Komplexität kann KI Routinetätigkeiten

R. A. Mézes, *Der Einfluss Künstlicher Intelligenz auf die deutsche Bauwirtschaft*, Baubetriebswirtschaftslehre und Infrastrukturmanagement,
https://doi.org/10.1007/978-3-658-51221-7_5

übernehmen, etwa die Vollständigkeitsprüfung der Antragsunterlagen[1] oder den automatisierten Abgleich mit Bebauungsplänen in Echtzeit. Bei Großprojekten oder Sonderbauten hingegen bleibt die menschliche Fachkompetenz (mittelfristig) unverzichtbar, da deren spezifische Anforderungen die Auslegung technischer Regelwerke und baurechtlicher Vorschriften sowie Genehmigungen im Einzelfall erheblich komplexer gestalten.[2]

Ein Beispiel für den Einsatz KI-gestützter Systeme im Kontext baurechtlicher Normen ist das Unternehmen Crafthunt mit seiner Anwendung BauGPT. Dabei handelt es sich um ein LLM-System, das als dynamische Wissensdatenbank für Baustoffe, Bautechniken, technische Standards (z. B. Normen) sowie bauordnungsrechtliche Regelungen (z. B. EnEV, Landesbauordnungen) fungiert.[3] Die Einbindung von NLP ermöglicht eine intuitive Nutzung, was insbesondere für Nachwuchskräfte von Vorteil ist. KI-Systeme dieser Art können nicht nur die zielgerichtete Wissensvermittlung unterstützen, sondern auch die Einarbeitungszeiten verkürzen und somit einen Beitrag zur Fachkräftesicherung leisten.

Damit die KI im Planungsprozess wirksam eingesetzt werden kann, ist eine digital verfügbare und strukturierte Datenbasis zwingende Voraussetzung. In diesem Kontext stellt die Planungsmethode BIM (siehe Abschn. 4.4) die zentrale Grundlage für KI-Anwendungen dar, da sie sämtliche relevanten Planungsinformationen digital abbildet und verknüpft.

Auf BIM-Basis kann KI bereits in frühen Entwurfsphasen gezielt Optimierungsvorschläge für Flächenlayouts entwickeln, bspw. hinsichtlich Energieeffizienz, Tageslichteinfall, Flächenaufteilung oder Nutzer*innenkomfort – Parameter, die negativ miteinander korrelieren. Gebäudesimulationen zur Analyse dieser Parameter sind zwar grundsätzlich etabliert, der entscheidende Mehrwert durch KI liegt jedoch in der deutlich verbesserten Rechenleistung und der signifikanten Reduktion des zeitlichen Planungsaufwands.[4]

Anknüpfend an das Beispiel aus Abschn. 4.4 sei an dieser Stelle die potenzielle Möglichkeit von LLM-basierten Chatbots hervorgehoben, die bereits in

---

[1] Die Grundlage, in Form des digitalen Bauantrages bzw. Baugenehmigung, ist zum Ende des Jahres 2024 ausgerollt worden. Im „Einer für Alle“ (Efa)-Prinzip hat das Land Mecklenburg-Vorpommern eine Software für alle weiteren Bundesländer zur Verfügung gestellt. In Eigenverantwortung wird das digitale Verfahren innerhalb der Behörden und Ämter umgesetzt. Die Stadt Frankfurt lässt seit dem 01.04.2025 nur noch digitale Bauanträge zu (vgl. Landesregierung Mecklenburg-Vorpommern (2025); Bauaufsicht Frankfurt (2025)).

[2] Vgl. Etscheid et al. (2020); Giannakidis et al. (2021), S. 31 f.

[3] Vgl. Deutsches Ingenieurblatt (2023).

[4] Vgl. Emunds et al. (2024). Neuronale Netze (ML-Modelle) ermöglichen durch ihre hohe Rechenleistung eine Simulation in einem iterativen Prozess.

der Akquisephase durch personalisierte Empfehlungen, automatisierte Visualisierungen des Bauvorhabens und gezielte Rückfragen eine niederschwellige Entscheidungsfindung bei potenziellen AGs unterstützen können. Solche KI-gestützten Systeme tragen zu einer präziseren Bedarfsermittlung bei und leisten gleichzeitig einen Beitrag zur Vermeidung des *Over Engineering* – also der über- bzw. unverhältnismäßigen Auslegung technischer Lösungen, die im Sinne des *Lean Construction* (siehe Abschn. 4.3) als Form der Ressourcenineffizienz zu werten ist. Stattdessen kann durch den Einsatz von KI das Prinzip des *Value Engineering* gefördert werden: eine ressourcenschonende und wirtschaftlich optimierte Planung, die den Materialeinsatz, die Flächennutzung und die Baukosten im Sinne eines ganzheitlichen Nachhaltigkeitsverständnisses minimiert.

Dieser Ansatz begünstigt zudem den Einsatz von Fertigteilen und folgt dem Paradigma der *Mass Customization.* Im bauwirtschaftlichen Kontext beschreibt *Mass Customization* die Zerlegung eines Bauwerks in standardisierte Module sowie Einzel- oder Teilkomponenten, die innerhalb definierter Schnittstellen und Regeln variabel kombinierbar sind. Über die genannte Onlineplattform können Kund*innen diese Module und Komponenten bedarfsorientiert neu konfigurieren. Die Individualisierung entsteht somit durch Rekombination standardisierter Elemente.[5]

Eine solche Entwicklung würde die in Abschn. 3.1 beschriebenen Herausforderungen und Risiken der Unikatsfertigung deutlich reduzieren. Gleichzeitig erhöht sich der Vorfertigungsgrad, was zu einer höheren Ausführungsqualität und einer verbesserten Prozesssicherheit beiträgt. Ziel ist dabei jedoch nicht, dass sich klassische Bauunternehmen zu Produktanbietern von Fertighäusern transformieren. Gleichwohl wären Verschiebungen im Wettbewerbsgefüge des (2-poligen[6]) Baumarktes bzw. der Wertschöpfungsstrukturen erwartbar und mittelfristig erkennbar.

Ein zentrales Handlungsfeld im Kontext der Bauausführung ist die Arbeitssicherheit auf deutschen Baustellen. Laut dem *Report für Arbeitsunfälle 2023* der Deutschen Gesetzlichen Unfallversicherung weist die BW im Branchenvergleich sowohl absolut als auch relativ die höchste Zahl tödlicher Arbeitsunfälle auf.

In diesem sicherheitskritischen Umfeld bietet der Einsatz von KI ein erhebliches Potenzial zur Gefahrenprävention.[7] So können KI-Systeme bspw. in Drohnen integriert, mithilfe von CV potenzielle Gefährdungslagen wie fehlende Absturzsicherungen automatisiert erkennen und an die Bauüberwachung melden.

---

[5] Vgl. Digitalagentur Sachsen (2025b), S. 18 f.

[6] Siehe hierfür Alfen et al. (2013).

[7] Vgl. Deutsche Gesetzliche Unfallversicherung e. V. (DGUV) (2024), S. 29.

Ergänzend ermöglichen Sensoren in der persönlichen Schutzausrüstung oder an Baumaschinen die Erfassung von Echtzeit-Bewegungsdaten. Die KI kann kritische Situationen, wie drohende Kollisionen, erkennen und entweder warnen oder autonom gesteuerte Maschinen eigenständig stoppen.[8]

Misskommunikation, die in Fehlern resultiert, ist eine weitere Verschwendungsart im *Lean Construction*, die angesichts eines Anteils von ca. 24 % ausländischer Fachkräfte im Jahr 2024 eine nicht unerhebliche Rolle spielt.[9] Für Arbeitende mit einer Sprachbarriere kann KI bereits heute Übersetzungsleistungen bereitstellen, sei es durch Echtzeitübersetzung oder die direkte Übersetzung von Bauplänen und anderen Dokumenten. Dies bietet die Möglichkeit, Fehler in der Ausführung, die durch Verständigungsprobleme innerhalb der Belegschaft oder mit der örtlichen Bauüberwachung entstehen, erheblich zu reduzieren.

Für eine umfassende Integration von KI in die Bauprojekte ist die Einbindung robotischer Systeme unerlässlich. Erst durch deren physische Präsenz auf der Baustelle kann KI nicht nur analytisch, sondern auch operativ wirksam werden. Grundsätzlich lassen sich zwei zentrale Anwendungsbereiche unterscheiden:

Der erste betrifft die robotergestützte Bauüberwachung. Hierbei kommen mobile Systeme mit Kamerasensorik und CV zum Einsatz (siehe Abschn. 4.3: Roboterhund Spot), die den Baufortschritt dokumentieren und mit dem BIM-Modell verknüpfen. Der Soll-Ist-Abgleich zwischen geplantem und realisiertem Bauzustand erlaubt eine automatisierte Terminsteuerung und frühzeitige Identifikation möglicher Abweichungen, wodurch gezielte Gegenmaßnahmen eingeleitet werden können. Das Gebäudemodell entwickelt sich in diesem Zusammenhang zum *Digitalen Zwilling*[10]. Dieser ist eine wesentliche Voraussetzung für den zweiten Anwendungsbereich, der die robotische Mitwirkung im Bauprozess betrifft.[11] Roboter übernehmen in der MMI gezielt körperlich belastende oder repetitive

---

[8] Vgl. Oesterreich/Teuteberg (2017), S. 79 ff.

[9] Vgl. Hauptverband der Deutschen Bauindustrie e. V. (2025d). Marktführer für KI-Übersetzungssoftware ist nach eigenen Angaben „DeepL" (https://www.deepl.com/de/translator), welche Zielgruppen-optimierte Übersetzungen, sowie mehrsprachige Kommunikationen in Echtzeit verarbeiten kann. Grundlegende Übersetzungsleistung können auch LLM-Modelle wie Copilot und ChatGPT liefern.

[10] *„Ein digitaler Zwilling [...] ist eine virtuelle Repräsentation eines physischen Objekts oder Systems, das dessen Zustand, Verhalten und Leistung in Echtzeit widerspiegelt. Damit wird aus einem statischen Modell (BIM) ein dynamisches Modell (Digitaler Zwilling)."* S. Emig et al. (2024), S. 418.; vgl. Lauble et al. (2024).

[11] Vgl. Emig et al. (2024), S. 416 ff.

Tätigkeiten wie das Heben schwerer Bauteile. Das Ziel ist eine arbeitsentlastende, gleichzeitig produktivitätssteigernde Kooperation zwischen menschlichen Fachkräften und autonomen Systemen.[12]

In diesem Kontext lässt sich Winston/Horn´s Zielsetzung konkretisieren, wonach KI, in diesem Fall in physischer Form von robotischen Systemen, primär dazu beitragen soll, den praktischen Nutzen von Computern in der BW zu erhöhen (siehe Abschn. 2.1).

Die in Abschn. 4.4 beschriebenen IoC-Technologien bilden in Kombination mit KI eine zentrale Grundlage zur Umsetzung der *Lean-Construction*-Prinzipien auf Baustellen. Insbesondere können sie dazu beitragen, nicht wertschöpfende Tätigkeiten wie Wartezeiten, unnötige Materialtransporte oder ineffiziente Bewegungsabläufe systematisch zu reduzieren und damit die Produktivität der Ausführung signifikant zu steigern.

Brell-Cokcan/Wildemann (2024) argumentieren, dass ein erheblicher Teil identifizierter Ineffizienzen im Bauprozess durch eine optimierte Intralogistik (Baulogistik innerhalb der Baustelle) vermieden werden kann. Durch den Einsatz IoT-basierter Tracking-Technologien lassen sich Materialien, Bauteile, Maschinen und Arbeitsstationen präzise lokalisieren. Die kontinuierliche Bereitstellung dieser Echtzeitdaten im BIM-Modell ermöglicht eine vorausschauende Disposition und verhindert zeitraubende Suchprozesse. Dadurch werden die Logistikprozesse nicht nur effizienter, sondern auch transparenter und robuster gegenüber Störungen.[13] Voraussetzung für diese datengestützte Prozessoptimierung ist jedoch der umfassende Zugang zu tragbaren IKT-Endgeräten (*digital devices*) für sämtliche Akteure auf der Baustelle, nicht nur für das administrative oder dispositive Personal (siehe Abschn. 4.3). Erst durch die flächendeckende digitale Teilhabe kann eine durchgängige Informationsverfügbarkeit realisiert werden. Die damit einhergehende Konstanz und Transparenz in der Datenbereitstellung unterstützen auch die in Abschn. 3.2 diskutierten Prozessinnovationen wie IPA und Mehrparteienverträge. Datenbasierte Zusammenarbeit unterstützt eine koordinierte und gemeinschaftlich verantwortete Projektabwicklung, wodurch Kooperationsvorteile in (komplexen) Bauvorhaben gezielt nutzbar werden.

Giannakidis et. al. (2021) führen weitere KI-gestützte (internationale) Softwarelösungen unter anderem zum FM, zur Bestandserfassung und generativen Planung an.

Mit Blick auf den aktuellen Reifegrad von KI in der BW kann festgestellt werden, dass bislang vorrangig aufgabenspezifische Einzellösungen vorhanden

[12] Vgl. Jäkel et al. (2024), S. 401 f. Das Thema wird im Abschn. 5.2 tiefer diskutiert.

[13] Vgl. Brell-Cokcan/Wildemann (2024), S. 630 f.

sind. Diese Anwendungen sind häufig als intelligente Datenverarbeitungsalgorithmen einzuordnen (siehe Tabelle 2.1 – Nutzungsgrad 1) und fokussieren die Auswertung strukturierter Daten zur Unterstützung einzelner Prozesse.

Die Verfügbarkeit vorgefertigter Systeme erleichtert den Einstieg in das Themenfeld, sollte jedoch hinsichtlich ihrer Einschränkungen differenziert betrachtet werden: Die zugrunde liegenden Trainingsdaten stammen in der Regel von den jeweiligen Herstellern und bilden selten die unternehmensspezifischen Erfahrungswerte oder Prozesslogiken ab.

Vor diesem Hintergrund kommt dem *fine tuning* also der unternehmensspezifischen Anpassung von KI-Modellen sowie der Qualität und Verfügbarkeit interner Datensätze eine zentrale Rolle zu.[14]

Eine vollständig KI-gestützte WSK, die nach dem Prinzip des IoC (siehe Abbildung 4.2) sämtliche Phasen eines Bauprojekts von der Entwicklung über Planung und Ausführung bis in den Betrieb integriert, ist derzeit noch nicht realisiert. Diese höchste Stufe des KI-Einsatzes, die unter den Begriff der Prozessautomatisierung fällt, erfordert, dass KI-Systeme eigenständig Aufgaben übernehmen können, was wiederum in der BW die Robotik für den physischen *Output* notwendig macht (siehe Tabelle 2.1 – Nutzungsgrad 4).[15]

Ein Zwischenschritt in diese Richtung sind Systeme zur KI-gestützten Entscheidungsunterstützung (siehe Tabelle 2.1 – Nutzungsgrad 3). Ein exemplarisches Beispiel hierfür ist die Projektmanagement-KI Alice, entwickelt vom US-amerikanischen Unternehmen Alice Technologies[16]. Nach eigenen Angaben konnte durch den Einsatz dieser KI bei einem norwegischen Wohnungsbauprojekt mit einem Volumen von rund 540 Mio. EUR die Projektdauer um 18 % verkürzt und die Kosten um 15 % gesenkt werden – resultierend aus der Optimierung des bestehenden Bauablaufplans.[17]

Die Individualität eines jeden Bauvorhabens stellt dabei eine der größten Herausforderungen für die Übertragbarkeit von KI-Modellen dar. Aus diesem Grund

---

[14] Vgl. Kshetri (2024), S. 303.

[15] Vgl. Cisterna/Haghsheno (2024), S. 68 ff.

[16] Alice ist die weltweit erste KI-gestützte Plattform für Bauprojektplanung und -optimierung. Sie ermöglicht es Bauunternehmen, effizientere und kostengünstigere Bauabläufe zu entwickeln, indem sie verschiedene Szenarien simuliert und analysiert. Durch den Einsatz von KI kann ALICE zahlreiche mögliche Bauabläufe generieren und bewerten, um den optimalen Projektplan zu identifizieren. Dies führt zu einer Reduzierung von Projektdauer und -kosten sowie einer effektiveren Ressourcennutzung (vgl. Alice Technologies Inc. (2025a)). Der Einsatz in Deutschland ist aus Datenschutzgründen umstritten.

[17] Vgl. Alice Technologies Inc. (2025b).

ist eine ausreichend große und heterogene Datenbasis erforderlich, die eine hinreichende Modelltiefe notwendig macht. Andernfalls führen die stark variierenden Rahmenbedingungen auf Baustellen zu einer eingeschränkten Modellnutzbarkeit bzw. unzuverlässigen Ergebnissen.[18]

Um das Potenzial von KI langfristig ausschöpfen zu können, ist zudem eine umfassende Qualifikationsstrategie erforderlich. Fort- und Weiterbildungsmaßnahmen für die Beschäftigten (*Re-* bzw. *Upskilling)* spielen hierbei eine zentrale Rolle. Nur wenn die am Bauprozess Beteiligten in der Lage sind, die Funktionsweise, Möglichkeiten und Grenzen von KI-Technologien zu verstehen, lassen sich Arbeitsabläufe so transformieren, dass menschliche und maschinelle Kompetenzen komplementär eingesetzt und die Produktivität insgesamt gesteigert werden können.[19]

5.2 Status quo und Hemmnisse bei der Implementation von KI in der Bauwirtschaft

Die grundlegenden Prämissen für die Implementation von Innovationen in der BW wurden in Abschn. 3.2 analysiert. Diese Rahmenbedingungen gelten technologieübergreifend und wirken somit auch im Kontext von KI als strukturelle Hürden. Im Folgenden sollen spezifisch diejenigen Herausforderungen betrachtet werden, die unmittelbar mit der Einführung und Nutzung von KI-Systemen[20] in der BW verbunden sind.

In Abschn. 2.3 sind exemplarisch erste branchenunabhängige Hemmnisse identifiziert worden, wie unzureichendes Investitions- und Entwicklungskapital, ein Mangel an qualifiziertem Fachpersonal für Betrieb und Wartung KI-basierter Systeme sowie Unsicherheiten im Hinblick auf rechtliche und regulatorische Rahmenbedingungen. Besonders ausgeprägt sind diese Hürden in stark regulierten oder technisch komplexen Branchen, wo ihre Überwindung einen deutlich höheren Ressourceneinsatz erfordert.[21] Die BW stellt einen solchen WZ dar.

Der Status quo der KI-Implementation in der BW spiegelt sich in den Ergebnissen einer nahezu repräsentativen Umfrage des ifo-Instituts für Wirtschaftsforschung aus dem Jahr 2024 wider. Demnach nutzen lediglich 11,6 %

[18] Vgl. Brynjolfsson/McAfee (2017).

[19] Vgl. Kshetri (2024), S. 305.

[20] Da KI ein Teil der 4.0-Technologien sind die folgenden Erkenntnisse zu den Hemmnissen der Implementation auf die Baustelle 4.0 anwendbar.

[21] Vgl. PTA Programmier-Technische Arbeiten GmbH (2025), S. 9.

der befragten Unternehmen aktiv KI-Anwendungen[22], bei 16,9 % befindet sich die Einführung in Planung. Weitere 29,7 % diskutieren eine potenzielle Nutzung, während für 41,8 % KI aktuell keine Relevanz besitzt.[23] Im Jahr 2025 liegt der Anteil der KI-Nutzung bei 25 %, bei ca. 18 % ist eine Einführung geplant, während ca. 30 % eine Einführung diskutieren und weiterhin 27 % Nichtnutzer erkennbar werden.[24]

Obwohl ein Aufwärtstrend erkennbar ist, fehlen vielerorts noch die grundlegenden infrastrukturellen und organisatorischen Voraussetzungen, das heißt eine durchgängige digitale Infrastruktur sowie ein professionelles Datenmanagement.

KI-Systeme sind auf strukturierte, qualitativ hochwertige und konsistent verfügbare Daten angewiesen, um einen messbaren Mehrwert generieren zu können.[25] Dies erfordert ein grundsätzliches Umdenken im Umgang mit Daten entlang der gesamten WSK.

Abbildung 5.1 veranschaulicht den aktuellen Stand der Datenverarbeitung und dokumentiert erhebliche Informationsverluste, die vor allem aus mangelnder Schnittstellenvernetzung und redundanter Datenerfassung resultieren.

In der Praxis werden Informationen häufig mehrfach, analog erfasst und verarbeitet. Diese fragmentierte Informationsverwaltung, begünstigt durch die in Abschn. 3.1 beschriebene „Einzelkämpfer-Mentalität", führt zu ineffizienten Abläufen aufgrund des hohen Informationsbeschaffungsaufwandes, der Bildung von personenbezogenen „Wissensinseln" und einem hohen Koordinationsaufwand. Solche Strukturen fördern die Fortschreibung von (Planungs-)Fehlern, die aufgrund fehlender Rückkopplungseffekte häufig unerkannt bleiben und sich in der Ausführungsphase zu kosten- und zeitintensiven Problemen entwickeln können. Die daraus resultierende Ressourcenbindung verschlechtert nicht nur die Reaktionsfähigkeit bei Störungen, sondern verlängert zudem Bauzeiten und erhöht die Gesamtkosten signifikant.[26]

Die Fragmentierung der Branchenstruktur sowie der beteiligten Akteurslandschaft hat im Zuge der Digitalisierung zur Herausbildung einer Vielzahl unterschiedlicher Datenformate geführt.

---

[22] In der Umfrage ist die KI-Nutzung nicht weiter definiert. Es ist an dieser Stelle nicht klar, ob es sich um eine bauspezifische KI-Nutzung handelt oder um die Nutzung branchenunspezifischer KI-Modelle wie Copilot, die bspw. beim Schreiben einer E-Mail unterstützen können.

[23] Vgl. Kerkhof et al. (2024), S. 40.

[24] Vgl. Wohlrabe (2025), S. 2 f.

[25] Vgl. Giannakidis et al. (2021), S. 58 f.

[26] Vgl. Bendetti et al. (2018).

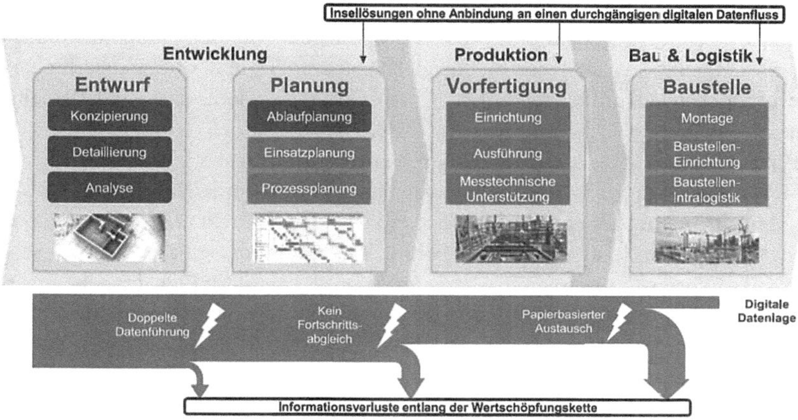

Abbildung 5.1 Ausgangslage einer fehlenden, gemeinsamen Datenbasis entlang der Wertschöpfungskette und damit einhergehende Informationsverluste in der Bauwirtschaft[27]

In der BW existieren beispielhaft PDF-Dateien als Standard für behördliche und administrative Dokumente, JPG-Formate zur visuellen Baudokumentation und DWG- oder DGN-Dateien für technische Planunterlagen[28]. Darüber hinaus ist der analoge Austausch von Plänen auf Papier nach wie vor gelebte Praxis.

Für eine erfolgreiche KI-Implementation in der BW müssen diese heterogenen Datenquellen nicht nur erkannt, sondern auch technisch erschlossen, strukturiert und interoperabel nutzbar gemacht werden.

Dies setzt standardisierte Schnittstellen[29] sowie eine hohe Datenkompatibilität voraus.[30] Ein entscheidender Erfolgsfaktor liegt dabei in der Etablierung belastbarer *Data-Governance*-Konzepte.[31] Gleichzeitig ist eine übergreifende Bereitschaft der Projektbeteiligten erforderlich, ihre Daten entlang der vertikalen und horizontalen WSK bereitzustellen und in zentralen Systemen zu konsolidieren. Hierbei

[27] Vgl. Brell-Cokcan et al. (2024), S. 3.

[28] Das Format der Pläne ist von der jeweiligen Planungssoftware abhängig. Eine Konvertierung ist in der Realität mit einer hohen Fehleranfälligkeit verbunden.

[29] Auf Basis des vorherrschenden Forschungsstandes gibt es beim Thema der standardisierten Schnittstellen in der BW weiterhin eine Forschungslücke (vgl. Brell-Cokcan et al. (2024), S. 3).

[30] Vgl. Giannakidis et al. (2021), S. 25; Bach et al. (2024); Hupfer (2024), S. 858 f.

[31] Vgl. PTA Programmier-Technische Arbeiten GmbH (2025), S. 10.

sind datenschutzrechtliche Anforderungen und unternehmensspezifische Interessen – insbesondere im Hinblick auf Geschäftsgeheimnisse – angemessen zu berücksichtigen, was eine entsprechend belastbare IT- und Cybersicherheitsinfrastruktur, sowie vertrauenswürdige Datenräume und definierte Zugriffsrechte zwingend voraussetzt.[32]

Eine systematische Analyse zu den branchenspezifischen Hemmnissen bei der KI-Implementation liefert die Untersuchung von Cisterna/Haghsheno (2024). Die drei am häufigsten genannten Barrieren sind der Fachkräftemangel, unzureichende System- und Datensicherheit sowie hohe Investitionskosten. Diese Ergebnisse korrespondieren mit den in Abschn. 2.3 dargestellten branchenübergreifenden Herausforderungen und legen nahe, dass zentrale Hemmnisse bei der Einführung von KI-Technologien weitgehend sektorunabhängig auftreten. Weniger häufig genannt, aber dennoch relevant, ist die Sorge vor Arbeitsplatzverlust durch Automatisierung.[33]

Wie im vorangegangenen Abschn. bereits dargelegt, ist der physische Output zentraler Bestandteil der Wertschöpfung in der BW. Um über administrative Aufgaben hinaus produktivitätswirksam zu werden, muss KI mit Robotik verknüpft werden. Kurzgefasst: In der BW ist die KI auf die Robotik angewiesen und umgekehrt. Diese wechselseitige Abhängigkeit ist entscheidend für eine effektive Integration automatisierter Systeme in die Bauausführung. Die spezifischen, heterogenen Rahmenbedingungen auf Baustellen, wie deren hohe Dynamik, wechselnde Umgebungsparameter und fehlende Standardisierung, unterscheiden sich allerdings grundlegend von den stabilen Bedingungen industrieller Produktionslinien, in denen Industrieroboter seit Langem etabliert sind (siehe Abschn. 4.3).

Baustellen erfordern autonome Navigation, situationsadaptive Handlungslogik und eine hohe Fehlertoleranz. KI-gestützte Systeme mit CV leisten hier einen wichtigen Beitrag, sind jedoch auf eine leistungsfähige digitale Infrastruktur angewiesen. Dieser Aspekt ist angesichts der oft mangelnden Netzabdeckung auf Baustellen als zusätzliche Herausforderung zu beachten.[34] Hinzu kommen abweichende Sicherheitsanforderungen.

[32] Vgl. Bertschek et al. (2019), S. 74.

[33] Vgl. Cisterna/Haghsheno (2024), S. 66 ff. Die Auswirkung von KI auf Arbeitsplätze bzw. Berufsbilder wird im Abschn. 5.3 tiefer diskutiert.

[34] Vgl. Buxmann/Schmidt (2021b), S. 38 ff.; Brell-Cokcan et al. (2024), S. 8.

Während Industrieroboter physisch von Menschen, zumeist durch Schutzgitter getrennt, operieren, um Unfälle zu vermeiden und den Roboter vor ungewollten Eingriffen zu schützen, verfolgt die BW mit der MMI ein entgegengesetztes Ziel: Die kooperative Zusammenarbeit auf engstem Raum, insbesondere bei Punktbaustellen wie im Hochbau[35]. Damit eine solche Interaktion sicher und effizient erfolgen kann, bedarf es intelligenter Sensorik und einer kontextsensitiven Steuerung, die zwischen potenziell gefährlichen und unkritischen Situationen unterscheiden kann.[36] Voraussetzung dafür ist ein hoher Reifegrad der eingesetzten KI-Systeme. Erst wenn manuelle Bedienung und starre Programmierung durch adaptive, selbstlernende Modelle ersetzt werden, kann eine kollaborative, autonome MMI unter realen Baustellenbedingungen zuverlässig realisiert werden. Die Kombination aus KI und Robotik erfüllt die Kriterien des höchsten Nutzungsgrades (4), der Prozessautomatisierung (siehe Tabelle 2.1), deren Realisierung gezielte FuE-Investitionen in die baustellenspezifische Komplementärtechnologie voraussetzt.

Im baunahen Dienstleistungsbereich wie in den Architektur- und Ingenieurbüros, lassen sich hingegen deutlich mehr Arbeitsabläufe durch den Einsatz von KI-Applikationen effizienter gestalten. Diese Möglichkeit könnte die im Vergleich zur Ausführung erhöhte Verbreitung von KI-Anwendungen in diesem Segment erklären. Im Jahr 2024 haben rund 20 % der baunahen Dienstleistenden bereits KI-Lösungen eingesetzt. Etwa 60 % befinden sich in der Planungs- oder Diskussionsphase zur Einführung, während 20 % derzeit keine Notwendigkeit für die Integration solcher Systeme sehen.[37]

In der deutschen BW insgesamt befindet sich der Einsatz von KI jedoch noch in einer frühen Entwicklungsphase. Verfügbare Ergebnisse stammen zumeist aus Forschungsprojekten, die im Rahmen von Kooperationen zwischen großen Bauunternehmen industriellen Produktherstellern und wissenschaftlichen Einrichtungen wie Universitäten durchgeführt werden.[38] Erste Anwendungen im Bereich der Robotik werden derzeit in Referenzprojekten oder unter Laborbedingungen

---

[35] Die Industrie befasst sich mit dem Thema der MMI im Forschungscampus ARENA2036, der aus einem Zusammenschluss großer deutscher Konzerne wie Daimler, BASF und Bosch in Zusammenarbeit mit unter anderem der Universität Schuttgart und dem Fraunhofer-Institut besteht (siehe https://arena2036.de/).

[36] Vgl. Gorecky et al. (2014), S. 508 ff.

[37] Vgl. Kerkhof et al. (2024), S. 40 ff.

[38] Zur weiteren Information wird Haghsheno et al. (2024) und Brell-Cokcan/Schmitt (2024) empfohlen.

untersucht.[39] Best-Practice-Beispiele unter realen Baustellenbedingungen sind bisher nicht öffentlich dokumentiert.

Dies könnte einerseits mit strategischen Erwägungen der Unternehmen im Hinblick auf potenzielle Wettbewerbsvorteile zusammenhängen, andererseits aber auch Ausdruck der Tatsache sein, dass eine flächendeckende Integration in den operativen Alltag noch aussteht.

Will (2022) identifiziert die hohen Sicherheitsanforderungen und den fehlenden Nachweis der Wirtschaftlichkeit als wesentliche Hindernisse für weitere Investitionen.[40]

Die in Abschn. 2.3 identifizierten allgemeinen Herausforderungen und die branchenspezifischen Erkenntnisse aus der komparativen Analyse (siehe Abschn. 4.5) zeigen, dass die strukturellen Rahmenbedingungen der BW die Implementation von KI nicht nur erschweren, sondern bestehende Hürden zusätzlich verstärken.

Ein zentrales Hemmnis stellt die unzureichende Kapitalausstattung vieler KMUs der BW dar. Diese limitiert nicht nur die Attraktivität als Beschäftigungsunternehmen für hochqualifizierte Fachkräfte, sondern erschwert auch Investitionen in Pilotprojekte, technische und rechtliche Beratungsleistungen, digitale Infrastruktur sowie in notwendige Sicherheitsmaßnahmen im Bereich Daten- und IT-Schutz. Die Folge ist eine im Branchenvergleich geringere Innovationsdynamik, die insbesondere technologieaffine Großunternehmen als Vorreiter stärkt und den Zugang für Nachzügler zusätzlich erschwert (siehe Abschn. 4.4).

Es ist jedoch anzunehmen, dass die BW langfristig von den Entwicklungen in anderen Branchen profitieren kann, bspw. durch die Übertragung bewährter Best-Practice-Beispiele im Umgang mit rechtlichen Rahmenbedingungen, unternehmensinternen Transformationsprozessen und standardisierten Anwendungsfällen. Gleichzeitig ist zu berücksichtigen, dass der digitale Entwicklungsstand der BW dazu führt, dass mit der Einführung von KI technologische Zwischenschritte teilweise beschleunigt bzw. übersprungen werden. Die damit verbundene Veränderungsdynamik verlangt nicht nur technologische, sondern auch organisationale Anpassungsleistungen. Eine zentrale Voraussetzung für das Gelingen der flächendeckenden Implementation ist daher eine endogene Innovationsbereitschaft der Unternehmen, getragen von einer aktiven Einbindung der Beschäftigten. Dies erfordert Transparenz, Partizipation und ein gemeinsames Verständnis für die strategische Bedeutung der KI (in Verbindung mit Robotik) als bauspezifische

[39] Siehe auch https://construction-robotics.de/referenzbaustelle; vgl. Göppert et al. (2024).

[40] Vgl. Will (2022), S. 358.

Komplementärtechnologie, deren erfolgreiche Adaption über den zukünftigen Produktivitätsfortschritt der Branche entscheiden kann.

5.3 Auswirkungen von KI auf die Kostenstruktur und die Produktivität

Der Wertschöpfungsprozess der BW wird, wie in Abschn. 3.1 dargelegt, maßgeblich durch den hohen Anteil menschlicher Arbeit bestimmt, weswegen der Anteil der Personalkosten bzw. die Kosten für die NU-Leistungen die Gesamtkosten dominieren. Dieser Sachverhalt wird in Abbildung 5.2, der Anteile der Kostenarten am Bruttoproduktionswert[41] anhand von Daten aus dem Jahr 2023, ersichtlich. Deutlich wird außerdem die positive Korrelation zwischen Unternehmensgröße und dem Rückgriff auf NUs, die in Abschn. 4.3 konstatiert ist. Mit den zunehmenden Investitionen in KI-Technologien ist zunächst ein Anstieg der FuE-Kosten innerhalb der sonstigen Kosten zu erwarten.

Darüber hinaus werden die Ausgaben für Fort- und Weiterbildungsmaßnahmen des bestehenden Personals steigen, um die Belegschaft auf den Umgang mit KI-basierten Systemen und die damit verbundenen Veränderungen im Arbeitsprozess adäquat vorzubereiten. Ebenso wird die Einstellung zusätzlicher Fachkräfte im Bereich der IKTs, insbesondere mit Spezialisierung auf IT und KI, erforderlich sein. Alternativ sind externe Dienstleistungen zu beauftragen (NU-Kosten).

Da davon auszugehen ist, dass nur ein kleiner Anteil der Bauunternehmen eigene KI-Systeme entwickeln wird, werden die neu geschaffenen Stellen vorrangig auf die Implementation, Erweiterung und den technischen Support solcher Systeme ausgerichtet sein.

Im Hinblick auf das erforderliche *Embodiment*, also die physische Integration von KI in Robotersysteme zur automatisierten Ausführung von Bauprozessen, ist zudem eine Erweiterung des Maschinenparks zu erwarten, was zu einem Anstieg der Abschreibungen oder Leasing- bzw. Mietkosten (sonstige Kosten) führen wird.

Langfristig wird sich das Verhältnis von menschlicher und maschineller Arbeit auf Baustellen, analog zu der Entwicklung der Industrie, zugunsten der Automatisierung verschieben.

[41] Der Bruttoproduktionswert ist der Gesamtwert aller produzierten Waren und Dienstleistungen eines Unternehmens oder einer Volkswirtschaft in einem bestimmten Zeitraum ohne Abzüge, d. h. inkl. aller Vorleistungen z. B. eingekauftes Material, Zwischenprodukte etc.

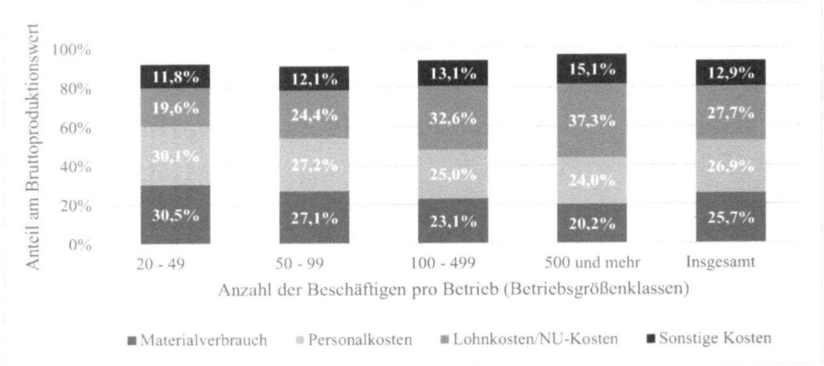

Abbildung 5.2 Verteilung der Kostenarten (Anteil am Bruttoproduktionswert) in der Bauwirtschaft (WZ F41/42/43) nach der Anzahl der Beschäftigten pro Betrieb im Jahr 2023[42]

Aus diesem Grund stellt die Robotik, die auf die Automatisierung körperlicher Arbeit und manueller Geschicklichkeit sowie auf eine dynamische, reaktionsfähige Anpassung an Alltagsbedingungen abzielt, gemäß einer internationalen Analyse von PwC mit einem Substitutionsrisiko von 20 % das höchste Potenzial für den Ersatz menschlicher Arbeitskräfte dar. Im Vergleich dazu ist das Substitutionspotenzial von immateriellen KI-Algorithmen mit einem Wert von unter 5 % deutlich geringer (siehe Abschn. 5.1 und 5.2).[43]

Mit dieser Entwicklung kann potenziell eine Reduzierung von Arbeitsplätzen und damit des Kostenanteils für Personal einhergehen. Monetär steht dem jedoch entgegen, dass der Umgang mit IKTs und KI ein höheres Qualifikationsniveau erfordert. Die gestiegenen Anforderungen an die Beschäftigten werden voraussichtlich zu einer höheren Gehaltsstruktur führen. Andererseits kann die AR-Unterstützung bspw. durch *Smart Glasses* ungelernte Arbeitskräfte auf den Baustellen ermöglichen, die die Ausführungsschritte über Anweisungen der KI erhalten und lediglich umsetzen, was zu einer Produktivitätssteigerung ungelernter Arbeitskräfte führen kann. Dass sich darüber die Qualität und Produktivität

---

[42] Eigene Darstellung und Auswertung auf Grundlage des Statistisches Bundesamt (2025a). Die Differenz der einzelnen Balken zu 100 % ist der Gewinn bzw. Jahresüberschuss, der hier nicht dargestellt ist. Die sonstigen Kosten enthalten bspw. FuE-Investitionen, Miete und Pacht, Steuern, Abschreibungen etc.

[43] Vgl. PricewaterhouseCoopers LLP (PwC) (2018a), S. 3.

dieser Personengruppe erhöht, scheint nur mit einer konstanten Überwachung durch die KI[44] möglich.

Darüber hinaus erfordern die KI- und Robotik-Technologien erhebliche Anfangsinvestitionen sowie finanzielle Stabilität, insbesondere im Hinblick auf potenziell scheiternde bzw. iterative Innovationsvorhaben. Mit Blick auf die Umgebungsbedingungen der Baustelle wird auch der Kostenaufwand für den Betrieb und die Instandhaltung sowie Reparaturen der Roboter nicht unerheblich sein. Diese Entwicklung wird sich voraussichtlich mittelfristig aufgrund der hierfür notwendigen Kapitelreserven und des Entwicklungsstandes auf die Großunternehmen der BW beschränken.

In Verbindung mit dem bereits angesprochenen zusätzlichen Personalbedarf ist davon auszugehen, dass der Anteil der fixen Kosten von 20–30 %[45] – also jener Kosten, die unabhängig von der Bauaktivität anfallen – zunächst signifikant ansteigen wird, bevor sich dieser langfristig auf einem stabilen, vergleichsweise hohen Niveau einpendelt. An dieser Stelle bieten sich Großprojekte als erste Testumgebungen an, da sie die Möglichkeit bieten die hohen Anfangsinvestitionen über den langen Projektzeitraum zu amortisieren, sowie Entwicklungsschritte und Anpassungen im Vorgehen monetär wie terminlich zu kompensieren.[46]

Die variablen Kosten[47] hingegen korrelieren direkt mit der Bauaktivität und schwanken entsprechend der jeweiligen Auslastung. Durch die mit KI verbundenen Effizienz- und Produktivitätssteigerungen ist anzunehmen, dass ihr Anteil als derzeit größter Kostenblock der BW langfristig sinken wird und sich die Wirtschaftlichkeit der Bauunternehmen sowie des gesamten WZs verbessert. Insbesondere der Materialverbrauch ist in der BW in hohem Maße von Ineffizienzen und Verschwendungen geprägt, etwa durch Überbestellungen, unzureichende Bedarfsprognosen, Lagerverluste oder fehlerhafte Koordination entlang der WSK.

---

[44] In diesem Zusammenhang stellt sich die Frage, in welcher Form eine Überwachung durch KI-Systeme ausgestaltet werden kann. Unter Berücksichtigung des Datenschutzrechts und der aktuellen Rechtsprechung ist eine personenbezogene Überwachung am Arbeitsplatz unzulässig. Eine vertiefte Auseinandersetzung mit den rechtlichen und ethischen Implikationen dieser Thematik muss im Rahmen anderweitiger wissenschaftlicher Auseinandersetzungen erfolgen.

[45] Hierzu gehören unter anderem Personal- und Verwaltungskosten, Abschreibungen, Fremdkapitalzinsen, Mieten und Pachten. Vgl. f:data GmbH (2025).

[46] Vgl. Brockmann (2022), S. 207 f.

[47] Hierzu gehören unter anderem Baumaterial, Löhne für NUs, Energiekosten auf der Baustelle, Treibstoff für die Maschinen, Mieten für Geräte etc. Mischkosten werden hier nicht berücksichtigt.

KI-gestützte Anwendungen können hier durch eine verbesserte Ressourcenallokation und Prognosequalität zu einer Reduktion materialbezogener Kosten beitragen. Diese Effekte kommen insbesondere den KMUs zugute, da sie den Materialeinsatz überwiegend direkt in ihrer Kostenrechnung führen. Große Bauunternehmen verfügen hingegen aufgrund umfangreicher administrativer Strukturen häufig über eine effizientere Materialplanung und können zusätzlich von Mengenrabatten bzw. Rahmenverträgen profitieren. Zudem sind Materialkosten dort teilweise in den NU-Kosten enthalten. Effizienzgewinne im Materialbereich wirken sich daher bei KMUs überproportional positiv auf die Wirtschaftlichkeit aus.

Kurzfristig ist angesichts der erforderlichen IKT-Investitionen mit einer erhöhten finanziellen Belastung für die einzelnen Bauunternehmen zu rechnen. Vor diesem Hintergrund erscheinen unternehmensübergreifende Kooperationen zur Risikoverteilung, insbesondere im Hinblick auf die finanziellen Aufwendungen, als ein zielführender Ansatz.

Im Vergleich zu Bauunternehmen weisen baunahe Dienstleistungen aufgrund der erforderlichen Personalvorhaltung und Gehaltsstruktur einen signifikant höheren Fixkostenanteil mit über 75 % auf.[48] Die Implementation KI-gestützter Arbeitsprozesse in der Planungsphase setzt hingegen im Vergleich zu den Investitionen in die Bauausführung deutlich geringere finanzielle Mittel voraus, da in letzterem Bereich die Integration von Robotik lediglich eine unterstützende und keine wegweisende Rolle spielt. Hauptkostentreiber werden die IT-Infrastruktur sein, wie Server, Software und Datenbanken, die angepasst an den tatsächlichen Bedarf in *Software-as-a-Service*-Modellen bezogen werden können. Ein konkretes Beispiel für den Einsatz von Robotik in baunahen Dienstleistungen stellt die Bauüberwachung dar. Roboter wie Spot (siehe Abschn. 4.3) können hierbei die kontinuierliche Überprüfung des Baufortschritts übernehmen und so zeitaufwendige manuelle Kontrollprozesse erheblich reduzieren. Im Vergleich zu Robotersystemen, die für die eigentliche Bauausführung konzipiert sind, weisen diese Systeme eine deutlich geringere technologische Komplexität auf, da sie keine konkreten Arbeitsschritte ausführen, sondern primär mittels Kamerasensorik zur Datenerfassung und -verarbeitung autonom über die Baustelle navigieren.

[48] Vgl. Ausschuss der Verbände und Kammern der Ingenieure und Architekten für die Honorarordnung e. V. (AHO) et al. (2024), S. 27 ff. Die Prozentangabe umfasst keine Fremdleistungen.

Durch die Einführung von KI-gestützten Robotersystemen ist mit einem Anstieg der Fixkosten zu rechnen. Dieser Mehraufwand sollte bereits mittelfristig durch Produktivitätsrenditen kompensiert werden können. Aus einer Umfrage von Deloitte unter KI-Experten wurde ersichtlich, dass sich der Amortisationszeitraum der marktreifen (!) KI-Technologie im Schnitt bei ca. 2 Jahren bewegt.[49] Die höhere Effizienz und Präzision solcher Systeme trägt dazu bei Kosteneinsparungen zu realisieren und den Mehrwert der Investition zu rechtfertigen.

Die Auswirkungen von KI auf die variablen Kostenanteile[50] in baunahen Dienstleistungen dürften dennoch vergleichsweise moderat ausfallen. Druckkosten werden sich bspw. über die Papierreduzierung und die digitale Planung reduzieren. Die NU-Kosten sind stark abhängig von dem weiteren Umgang mit der IKT-Betreuung, ob festangestelltes Personal oder Dienstleister in Betracht gezogen werden.

Die Implementation KI-gestützter Technologien kann die Wirtschaftlichkeit baunaher Dienstleistungen insgesamt steigern, indem sie zur Optimierung von Arbeitsabläufen, zur Reduktion von Fehlerquoten und zur Beschleunigung von Prozessen beiträgt. Insbesondere in planungs- und beratungsintensiven Bereichen der BW können Effizienzpotenziale durch eine verbesserte Datenverarbeitung und datengestützte Entscheidungsfindung erschlossen werden. Dies ermöglicht einen produktiveren Einsatz vorhandener (Personal-)Ressourcen bei Reduktion der NU-Inanspruchnahme, sodass bei gleichbleibendem Zeitaufwand eine höhere Anzahl an Projekten bzw. Aufgaben mit gesteigerter Ergebnisqualität abgewickelt werden kann.

Die Investitionen in KI und allgemein in 4.0-Technologien lassen sich unter dem Begriff *wissensbasiertes Kapital*[51] zusammenfassen. Dieser Begriff umfasst

---

[49] Vgl. Deloitte (2020), S. 12 f.

[50] Hierzu gehören unter anderem Material- und Druckkosten, Kosten für Marketing bzw. Werbung, sowie Kosten für NUs.

[51] Der Begriff ist nicht eindeutig in der Literatur definiert. Das DIW orientiert sich an der Definition der Organisation der OECD von van Ark et al. (2009), die hier der weiteren Betrachtung zugrunde gelegt wird. Häufig wird das wissensbasierte Kapital als Überbegriff für immaterielle Vermögenswerte verwendet. Diese teilen sich in drei Kategorien: computergestützte Informationen (bspw. Software, Datenbanken), innovationsrelevantes Eigentum (bspw. FuE, kreative Aktivitäten wie neues architektonisches und technisches Designs, Finanzinnovationen), ökonomische Kompetenz (bspw. Marketing und Werbung, unternehmensspezifische Fort- und Weiterbildung der Mitarbeitenden, Organisationskapital) (vgl. van Ark et al. (2009), S. 67 ff.).

neben FuE (siehe Abschn. 3.2) weitere innovationsfördernde und produktivitätssteigernde Investitionen, die in der Volkswirtschaftlichen Gesamtrechnung nicht explizit erfasst werden.[52]

Im Jahr 2015 investierte die BW rund 2,5 % ihrer Bruttowertschöpfung (3,125 Mrd. EUR) in wissensbasiertes Kapital. Im Vergleich dazu beliefen sich die Investitionen der IKT-Branche auf über 15 Mrd. EUR, während das verarbeitende Gewerbe nahezu 100 Mrd. EUR investierte. Innerhalb der BW entfielen knapp 50 % der Investitionen auf Organisationskapital, jeweils etwa 25 % auf Design im Architektur- und Ingenieurbereich sowie auf Software und Datenbanken.

Die Investitionen in FuE waren mit rund 1 % gering, ähnlich wie die Ausgaben für Werbung und Marketing.[53] Die zugrunde liegende Studie des DIW berücksichtigt das wissensbasierte Kapital als Erweiterung der Formel zur Ermittlung der TFP, um der Messproblematik des Produktivitätsparadoxon (siehe Abschn. 4.5) entgegenzuwirken.

Der Parameter der computergestützten Informationen wird als neuer Produktionsfaktor in die Produktivitätsermittlung aufgenommen (siehe auch Abschn. 2.3 – Produktionsfaktor Daten).

Das DIW kommt zu dem Ergebnis, dass Investitionen in die Komponenten des wissensbasierten Kapitals, insbesondere Organisations- und Softwarekapital, die Produktivität von Unternehmen bzw. WZs steigern. Die Elastizität also der Wirkungsgrad der jeweiligen Kapitalstöcke dieser Parameter variiert dabei je nach WZ.[54] Ein Anstieg der TFP hat direkten Einfluss auf die Arbeitsproduktivität. Im Umkehrschluss bedeutet dies, dass eine 1:1 Substitution von Arbeit durch Kapital keinen erkennbaren Einfluss auf die Arbeitsproduktivität hat. Stattdessen

---

[52] Nicht erfasst in der Volkswirtschaftlichen Gesamtrechnung sind das Organisationskapital, Werbung und Marketing, technisches Design und Finanzinnovationen (vgl. Belitz et al. (2018), S. 64. – siehe auch Abschn. 4.4). Organisationskapital, auch Organisationales Humankapital umfasst die unternehmensspezifischen Fähigkeiten und Kreativität der Beschäftigten, die einen Wettbewerbsvorteil schaffen (vgl. Wirtz (2023)).

[53] Vgl. Belitz et al. (2017), S. 78. Die baunahen Dienstleistungen investierten jährlich durchschnittlich ca. 900 Mio. EUR in wissensbasiertes Kapital, davon etwa 100 Mio. EUR in Software, 50 Mio. EUR in Lizenzen und Patente sowie 650 Mio. EUR in FuE. Weitere Parameter in diesem Bereich sind quantitativ nicht erfasst. Dennoch zählen die baunahen Dienstleistungen innerhalb der unternehmensnahen Dienstleistungen nach der Verwaltung und Führung von Unternehmen bzw. der Unternehmensberatung (M70) zur zweitstärksten Investitionsgruppe (vgl. Belitz et al. (2017), S. 35).

[54] Vgl. Belitz et al. (2018), S. 69 f.

liegt dem Produktivitätswachstum nach der neoklassischen Theorie von Robert Solow der technische Fortschritt zugrunde.[55]

Obwohl die BW nicht explizit in den untersuchten WZs der DIW-Studie[56] berücksichtigt wurde, lässt sich vermuten, dass – analog zu den anderen Bereichen des produzierenden Gewerbes – eine positive Korrelation zwischen Investitionen in wissensbasiertes Kapital und TFP besteht. Werden die Erkenntnisse bezüglich der Elastizitäten der wissensbasierten Kapitalstöcke auf die BW übertragen, lässt sich ableiten, dass Investitionen in FuE und Software den größten Einfluss auf die TFP haben. Die aktuellen Investitionsschwerpunkte liegen jedoch nicht in diesen Bereichen. Dies stellt mit Blick auf die Erkenntnis des Abschn. 3.1 und Abschn. 4 – die Einzigartigkeit und fehlende Vergleichbarkeit der Rahmenbedingungen der BW mit anderen WZs der deutschen Wirtschaft – eine Hypothese dar, die im Rahmen zukünftiger Forschungsarbeiten validiert werden muss.

Die KI-Technologie tangiert aufgrund ihrer Universalität und Vielfältigkeit der Einsatzmöglichkeiten alle Komponenten des wissensbasierten Kapitals. Angesichts der damit verbundenen Produktivitätspotenziale ist eine tiefgreifende Disruption bestehender Prozesse und Arbeitsweisen naheliegend. Um diese Potenziale zu realisieren, bedarf es gezielter und substanzieller Investitionen, die vorübergehend zu einer finanziellen Belastung bzw. strukturellen Umverteilung der Kosten führen werden.

In diesem Zusammenhang ist eine langfristige und nachhaltige Betrachtung der Investitionen notwendig, die über klassische Amortisationsrechnungen hinausgeht. An dieser Stelle sei darauf hingewiesen, dass Investitionen in KI (und Robotik) mit erheblichen Risiken verbunden sind, die dazu führen können, dass ein Teil der Marktteilnehmenden der BW an der Transformation scheitert. Eine koordinierte Einführung und Umsetzung (siehe Abschn. 3.2) kann jedoch als zentraler Erfolgsfaktor wirken und den Implementationsprozess signifikant beschleunigen. Das Produktivitätsproblem der BW (siehe Abschn. 4.4) kann perspektivisch durch eine Steigerung der TFP überwunden werden.

Diese wiederum setzt eine effektive Implementation und organisationale Anpassung mit einer strategisch fokussierten Nutzung innovativer IKT-Technologien – insbesondere der KI – voraus.

[55] Vgl. Meier (2023), S. 33 f. Siehe auch Abschn. 3.2.

[56] Die ausgewählten Wirtschaftsabschnitte sind das verarbeitende Gewerbe, Information und Kommunikation, freiberufliche Dienste und Finanz- und Versicherungsdienste.

5.4 Auswirkungen von KI auf die Branchenstruktur und den Wettbewerb

Im folgenden Abschnitt liegt der Fokus auf der horizontalen WSK, also der KI-Implementation innerhalb einzelner Unternehmen,[57] da diese die Branchenstruktur und die Wettbewerbsdynamik der BW direkt beeinflusst.

Große Unternehmen verfügen aufgrund ihrer Kapitalausstattung über strukturelle Vorteile bei der Einführung von KI und Robotik. Das vom Bundesministerium für Bildung und Forschung geförderte Projekt ESKIMO in Kooperation mit STRABAG[58] verdeutlicht dies exemplarisch. Ziel des Projektes ist die Untersuchung des Nutzens KI-gestützter Werkzeuge im Bauprojektmanagement und in der Bauüberwachung durch mobile Endgeräte wie Tablet-PCs oder *Smart Glasses.*[59] STRABAG positioniert sich damit strategisch an der Schnittstelle zwischen Forschung und Praxis und stärkt zugleich ihre Attraktivität im Wettbewerb um IT-Fachkräfte. Angesichts des Images der BW, das nicht primär mit technologieorientierten Berufsbildern assoziiert wird, können kapitalstarke Bauunternehmen Vergütungsanreize zur Fachkräftebindung nutzen. Sie sind zudem in der Lage, eigene IT-Abteilungen aufzubauen (oder haben diese bereits), die die technische Infrastruktur und KI implementieren und betreuen. Große Unternehmen verfügen außerdem über umfangreichere Datensätze, die aufgrund von Skaleneffekten für das Training von KI-Systemen positive Auswirkungen auf deren Output haben. Die in Abschn. 5.2 dargelegte Heterogenität der Daten ist unabhängig von der Unternehmensgröße eine Herausforderung und erfordert einen frühzeitigen und systematischen Einstieg in die strukturierte Datenerfassung und -verwertung als Grundlage von KI-Lösungen. An dieser Stelle kann den KMUs ein Vorteil unterstellt werden, der aus kurzen Entscheidungswegen und geringer Schnittstellenkomplexität resultiert und die Umsetzung entsprechender Prozesse schneller möglich macht.

Kollaborationen mit Start-ups bieten eine Möglichkeit zur Reduktion kapitalintensiver Investitionen und einer Teilhabe am Entwicklungsprozess. Des Weiteren

---

[57] Wie bereits in Abschn. 4.4 dargelegt, kann die vertikale WSK eines Projektes nur unter Vorgabe der AGs mit KI bzw. IoC umgesetzt werden.

[58] Die Strabag SE ist nach eigenen Angaben eines der führenden Bauunternehmen Europas mit Hauptsitz in Wien, Österreich weiteren Zweigniederlassungen auch in Deutschland. Das Unternehmen beschäftigt über 70.000 Mitarbeitende und erwirtschaftet einen jährlichen Umsatz von mehr als 17 Mrd. EUR. Strabag ist in verschiedenen Bereichen der BW tätig, unter anderem im Hoch- und Tiefbau, Verkehrswegebau, Ingenieurbau, Tunnelbau, Umwelttechnik sowie Immobilienentwicklung (vgl. STRABAG SE (2025)).

[59] Siehe https://www.eskimo-projekt.de/.

sind politisch geförderte Forschungsprojekte vorhanden, die speziell für die KMUs der BW teilfertige KI-Lösungen anbieten.[60]

Trotz eines mittelfristig zu erwartenden Preisrückgangs werden die notwendigen Investitionen für KI-Technologien eine Eintrittsbarriere in den Baumarkt darstellen. Der Fixkostenanteil für FuE, Personal und IT-Infrastruktur steigt, ebenso wie Anforderungen an kontinuierliche Datenpflege und Systemanpassung für den Erhalt der Aktualität bzw. Realitätsnähe des KI-Outputs. Dies wirkt sich auch auf die Austrittsbarrieren aus, da die wirtschaftlichen Anforderungen für den Erhalt eines wettbewerbsfähigen Unternehmens steigen. Strategisch ausgerichtete Unternehmensentscheidungen werden damit essenziell.

Etablierte Unternehmen können in der aktuellen Explorationsphase der bauspezifischen KI-Technologie gegenüber Neugründungen Wissensvorsprünge generieren, da sie die Technologie sukzessive integrieren und intern weiterentwickeln können. Die von Arntz et al. (2018) identifizierten Effekte früher IKT-Adoption in Bezug auf das zukünftige Innovationstempo gelten auch für die KI-Systeme (siehe Abschn. 4.3: *First Mover Advantage*).[61]

Der Einsatz von KI lässt Marktbereinigungseffekte erwarten, von denen insbesondere kapital- und innovationsschwache Unternehmen betroffen sein werden. Langfristig kann diese Entwicklung zu einer Konsolidierung und Verbesserung der bestehenden Marktbedingungen führen. Davon profitieren jene Marktteilnehmende, die den disruptiven Veränderungen der KI-Implementation erfolgreich begegnen konnten.

Eine vollständige Verdrängung der finanzschwächeren KMUs ist bei einer umfassenden KI-Implementation dennoch nicht zu erwarten. Wie in Abschn. 3.1 dargelegt, zählen 88,3 % der Betriebe im Bauhauptgewerbe zur Gruppe mit weniger als 19 Beschäftigten. Das deutsche Baugewerbe differenziert diese Gruppe in zwei weitere Unterkategorien: 72,6 % Betriebe mit 1 bis 9 Beschäftigten und 16 % Betriebe mit 10 bis 19 Beschäftigten (Stand 2017).[62] Der Großteil der BW besteht somit aus Klein- bzw. Kleinstbetriebe, darunter auch Ein-Personen-Betriebe oder Betriebe mit nur wenigen Angestellten. Diese bedienen vorrangig Bauprojekte mit einem Investitionsvolumen bis 500.000 EUR, ein Segment, das im Jahr 2023[63] rund 72 % der Bauvorhaben (ca. 29 % bis 250.000 EUR, ca. 43 %

---

[60] Vgl. Giannakidis et al. (2021), S. 21 ff.

[61] Vgl. Arntz et al. (2018).

[62] Vgl. Zentralverband des Deutschen Baugewerbes e. V. (2019), S. 7.

[63] Der Trend der letzten Jahre zeigt eine Verschiebung hin zu kostenintensiveren Projektklassen, die primär durch den Hang zu Großprojekten im Wohnungsbau, die Baupreissteigerung (siehe Abschn. 3.1) und dem verstärkten Zufluss internationalen Kapitals erklärbar ist (vgl. Kraus (2024)).

bis 500.000 EUR) ausmacht und vor allem den Wohnungsbau umfassen. Großunternehmen mit einer hohen Fixkostendeckung, wie bspw. die STRABAG, sind in diesen Projektklassen nur in Ausnahmefällen (Regionalität, Reputation etc.) wirtschaftlich aktiv.

Lediglich 12 % der Neubauten (hauptsächlich im Wirtschaftsbau und öffentlichem Bau) liegen oberhalb der Schwelle von einer Million EUR, einem Segment, das auch die „Milliarden-Projekte" inkludiert und weitgehend von den 3,3 % Großunternehmen (in NU-Konstellationen und damit mittelbar von KMUs) bedient wird.[64]

Der Beitrag von Großprojekten als Pilotprojekte für innovative Technologien ist in Abschn. 3.2 vertieft, ebenso wie die Möglichkeit des direkten Wissenstransfers zwischen großen Bauunternehmen und deren NUs über eine gemeinsame Projektabwicklung, die vor allem für letztere von essenzieller Bedeutung sind.[65]

Die fragmentierte Marktstruktur schützt die kleinen Betriebe vor direkter Konkurrenz durch die Großunternehmen. Allerdings wird die Reduktion variabler Kosten durch KI dazu führen, dass größere Unternehmen auch in die Marktsegmente kleinerer Projektgrößen vordringen können. Die Kleinunternehmen profitieren im Umgang mit KI von einem verbesserten Ressourcen- und Risikomanagement, sowie einer verstärkten Wettbewerbsfähigkeit aufgrund monetärer Größenvorteile in Bezug auf die Deckung der allgemeinen Geschäftskosten. Zugleich steigen jedoch die grundsätzlichen Fixkostenerfordernisse (siehe Abschn. 5.3). Diese Entwicklung deutet auf eine mögliche Polarisierung innerhalb der Branchenstruktur hin: Mittelständische Unternehmen geraten zunehmend unter Druck, sich entweder zu vergrößern oder auf kleine Projektklassen zurückzuziehen, um konkurrenzfähig zu bleiben.

Vor dem Hintergrund des Branchenimages der BW, das mit Kosten- und Terminüberschreitung assoziiert wird, eröffnet sich für Unternehmen, die diesem Narrativ aktiv entgegenwirken, ein bedeutender Differenzierungsvorteil. Hildesheim/Michelsen (2021) begründen die disruptive Effizienz- und Qualitätssteigerung durch KI anhand des im Projektmanagement etablierten magischen Dreiecks, das das Spannungsfeld zwischen den drei kritischen Faktoren eines Projekts beschreibt: Zeit/Termineinhaltung, Kosten/Budget sowie Qualität/

[64] Vgl. Kraus (2024). Es handelt sich hier um Baukosten, die nicht die Honorare baunaher Dienstleistungen wie Architektur und Planung beinhaltet. Da sich die Baukosten auf die Auftragsvolumina einzelner Bauunternehmen verteilen, sind die einzelnen Aufträge vergleichsweise klein. Auch wenn keine aktuellen Zahlen zu den Projektgrößenklassen für Bauen im Bestand vorliegen, kann davon ausgegangen werden, dass die Verteilung grundsätzlich ähnlich aussieht. Vgl. Hauptverband der Deutschen Bauindustrie e. V. (2025b).

[65] Vgl. Sexton/Barrett (2003).

Leistungen/Ziele. KI-Systeme konterkarieren die vorherrschenden Zielkonflikte, indem *„KI-unterstützte Tätigkeiten [...] besser (ohne Flüchtigkeitsfehler) und wesentlich kostengünstiger (mit einer typischen Kostenreduktion) durchgeführt werden“*[66].

KI-gestütztes Terminmanagement ermöglicht bspw. verbesserte Prognosen, deren Genauigkeit sich im Verlauf eines Projekts durch zusätzliche Informationen weiter erhöht, ohne dabei Qualitätseinbußen oder Kostensteigerungen zu verursachen.[67] Unternehmen, die dieses Potenzial nicht nutzen, werden langfristig mit einem höheren Maß an Ineffizienz und einem gesteigerten Verschwendungsgrad operieren. Diese Ineffizienz belastet die Kostenstruktur erheblich und manifestiert sich sowohl in erhöhten Angebotspreisen als auch in einer potenziell geringeren Kundenzufriedenheit.

Vor dem Hintergrund des in Abschn. 3.1 dargestellten intensiven Preiswettbewerbs ist davon auszugehen, dass Unternehmen mit einer derartigen Struktur langfristig innerhalb ihres jeweiligen Marktsegments nicht wettbewerbsfähig bleiben und ihre Marktposition verlieren.

Langfristig unterstützt der Einsatz von KI die Realisierung eines effizienten Ressourceneinsatzes sowie die Reduktion von Verschwendungen in den Bereichen Material- und Energieverbrauch, Arbeitsaufwand und weiteren betrieblichen Ressourcen. Dies trägt zu einer Verbesserung der Energiebilanz sowie zur Reduktion von CO_2-Emissionen bei.[68]

Im Kontext der gegenwärtigen klimapolitischen Diskussion ergeben sich daraus potenziell differenzierende Merkmale mit hohem Wettbewerbspotenzial und Marketing-Wert für die Bauunternehmen. Zur Ausschöpfung dieser Potenziale erscheint eine gezielte, strategisch ausgerichtete Informationspolitik erforderlich, um die neu gewonnenen Kompetenzen und nachhaltigkeitsbezogenen Leistungsmerkmale wirksam zu kommunizieren. Diese Entwicklung fördert außerdem einen Wandel im öffentlichen Image der BW.[69]

Auch im Wettbewerb um Fachkräfte bietet die Implementation von KI und Robotik neue Impulse. Wie in Abschn. 3.1 thematisiert, können so die prekären Arbeitsbedingungen in der BW verbessert werden, insbesondere im Hinblick auf die hohe Unfallquote. Gleichzeitig reduziert sich die körperliche Belastung für die Beschäftigten (siehe Abschn. 5.1). Dadurch ergibt sich die Möglichkeit, das

[66] S. Hildesheim/Michelsen (2021), S. 185.

[67] Vgl. Lauble et al. (2024).

[68] Vgl. Giannakidis et al. (2021), S. 21.

[69] Vgl. Leimböck et al. (2024), S. 138 ff.

körperliche Wohlbefinden sowie die Gesundheit der alternden Belegschaft zu fördern und somit die Arbeitsfähigkeit langfristig zu erhalten. Darüber hinaus trägt die Modernisierung der Arbeitsprozesse zur Verbesserung der Attraktivität der BW am Arbeitsmarkt bei. Dies steigert nicht nur die Wettbewerbsfähigkeit um Nachwuchskräfte, sondern ermöglicht auch die Bindung von Fachkräften durch gezielte Fort- und Weiterbildungsmaßnahmen.[70] Die in Abschn. 2.3 beschriebene Polarisierung der Löhne und Berufsbilder durch die KI-Implementation wird auch die BW treffen. KI verlangt ein hohes Qualifikationsniveau im Bereich IKT, was anfänglich insbesondere das administrative Personal betreffen wird.

Zugleich eröffnet KI Potenziale für gewerkeübergreifende Tätigkeitsübernahmen und einen flexibleren Personaleinsatz. So können bspw. mittels KI-gestützter AR-*Smart Glasses* Arbeitsanweisungen oder Montagehilfen direkt an das ausführende Personal übermittelt werden.[71] Infolgedessen verlieren gewerkespezifische Spezialisierungen an Relevanz, was eine vertikale Leistungsintegration der WSK fördert und die Anzahl an Schnittstellen innerhalb von Bauprojekten reduziert.

Diese Entwicklung steht im Kontrast zur traditionell arbeitsteiligen Struktur der BW und transformiert spezialisierte Handwerksbetriebe zunehmend zu Generalunternehmungen, die ganzheitliche Bauleistungen anbieten.

Auch bislang wenig kapitalintensive Gewerke mit niedrigem Komplexitätsgrad und einem hohen Anteil repetitiver Arbeitsschritte, wie Malerarbeiten im Innenausbau, müssten ihre Kapitalisierung für mögliche Investitionen in die KI- bzw. Robotik-Technologien erhöhen, um von den Potenzialen der 4.0-Technologien profitieren zu können. Die vergleichsweisen geringen Margen erschweren jedoch die Einführung solcher Technologien zusätzlich, sodass perspektivisch zu erwarten ist, dass diese Tätigkeiten vermehrt von ursprünglich anderweitig spezialisierten Unternehmen übernommen werden.

Die Voraussetzungen für die Digitalisierung sind in den baunahen Dienstleistungen im Vergleich zur BW vorteilhafter, da computergestützte Tätigkeiten über alle Unternehmensgrößen hinweg weitgehend etabliert sind. Wie bereits im vorhergehenden Abschnitt erwähnt, wird die Effizienz im Ressourceneinsatz eine entscheidende Rolle spielen. KI kann hierbei unterstützend wirken, indem sie Planungshilfen in Bezug auf Layoutgestaltung und die Einhaltung technischer Normen bereitstellt sowie Routinetätigkeiten, wie die Ermittlung von Materialmassen, erheblich beschleunigt. Die KI-basierte Datenverarbeitung unterstützt die Kosten- und Terminsteuerung und ermöglicht durch prädiktiven Output vorrausschauendes Handeln im Baustellenmanagement. Obwohl das Preisrecht der

[70] Vgl. Streck (2010), S. 54; Künzler et al. (2022), S. 66: Jäkel/Klemt-Albert (2024), S. 390.

[71] Vgl. Aziz et al. (2024), S. 190.

HOAI seit einigen Jahren keine juristische Relevanz mehr hat, wenngleich sie in der Praxis teilweise weiterhin Anwendung findet, unterliegen die Angebotspreise einem vergleichbaren Wettbewerbsdruck ähnlich der BW.[72] Effizienter Ressourceneinsatz verbessert die Wirtschaftlichkeit der baunahen Dienstleistungen und die Produktivität des Fachpersonals.

Analog zur Bauausführung kann der Einsatz von KI zu einer vertikalen Integration des Leistungsspektrums beitragen. Die durch KI ermöglichte nahezu unbegrenzte Verfügbarkeit von Wissen, insbesondere in Bezug auf Normen, Richtlinien und weitere planungsrelevante Parameter, könnte die bislang starke Differenzierung in zahlreiche Fachdisziplinen verringern oder sogar vollständig substituieren. Diese Entwicklung wird zu einer Zunahme von Generalplanungsunternehmen führen. Daraus resultiert auch im Bereich baunaher Dienstleistungen ein erhöhter Qualifikationsbedarf: Zukünftige Fachkräfte müssen über ein breiteres, interdisziplinär ausgerichtetes Wissen verfügen, um KI-gestützte Planungsergebnisse adäquat kontrollieren und bewerten zu können. Im Gegensatz zur Bauausführung ist jedoch langfristig nicht von einer Polarisierung der Lohnstruktur auszugehen, da einfache, repetitive Aufgaben vollständig durch KI übernommen werden können.

Die Charakteristika einer disruptiven Innovation wie KI umfassen die Verdrängung von Unternehmen, die sich der technologischen Entwicklung entziehen oder sich nicht schnell genug anpassen (können). In diesem Kontext prägen Kreutzer/Land (2015) den Begriff des *Digitalen Darwinismus*:

Wenn sich technologische und gesellschaftliche Rahmenbedingungen schneller verändern als Unternehmen ihre Strukturen und Geschäftsmodelle anpassen können, verschwinden diese Unternehmen langfristig vom Markt.[73] Es ist jedoch zu berücksichtigen, dass die BW kein homogen strukturierter Gesamtmarkt ist, sondern sich in zahlreiche, regional organisierte Teilmärkte gliedert. Die KI-Implementation wird zunächst auf Ebene dieser regionalen Baumärkte zu einer Verschärfung der Wettbewerbssituation und Verdrängung von Marktteilnehmern führen, bevor sie in einem weiteren Schritt die strukturelle Polarisierung innerhalb des gesamten WZs verstärkt.

Die historisch gewachsene Spezialisierung von Leistungsportfolios verliert durch die Kombination aus KI, Robotik und dem nahezu unbegrenzten Zugriff auf Fachwissen zunehmend an Relevanz. In der Folge gewinnen die strategische

---

[72] Vgl. Geitel (2019).

[73] Vgl. Kreutzer/Land (2015), S. 23.

Differenzierung über digitale Serviceangebote, eine langfristig angelegte Kundenbindung sowie eine zielgerichtete Selbstvermarktung an Bedeutung. Dies erfordert von den Marktteilnehmenden – unabhängig von Unternehmensgröße oder Tätigkeitsfeld (Ausführung oder baunahe Dienstleistungen) – eine grundlegende Neuausrichtung bestehender Arbeitsprozesse.

Ein Beispiel hierfür ist die in Abschn. 5.1 beschriebene Transformation des traditionellen Geschäftsmodells der Unikatsfertigung hin zur *Mass Customization*, die die Vorteile der Massenproduktion, insbesondere Skaleneffekte (*economies of scale* – siehe Abschn. 4.2), mit einer zugleich hohen Produktindividualisierung, die an konkrete Kundenanforderungen angepasst ist, verbindet. Mit diesem Modell geht eine verstärkte Standardisierung, Stabilisierung und Rationalisierung der zugrunde liegenden Bauprozesse einher, die sich am Vorbild des klassischen produzierenden Gewerbes orientiert und erhebliche Effizienzgewinne ermöglicht. Diese wirken sich positiv auf die Wirtschaftlichkeit der Leistungserbringung aus. Darüber hinaus verändert *Mass Customization* die Wettbewerbssituation innerhalb der BW, indem neue Marktnischen erschlossen und bestehende Wettbewerbsstrukturen unter Druck gesetzt werden. Insgesamt ist davon auszugehen, dass dieses Geschäftsmodell eine maßgeblich disruptive Wirkung auf die bestehende Branchenstruktur sowie auf die Wettbewerbsdynamiken in der BW entfaltet.

Unternehmen, die KI und perspektivisch auch Robotik einsetzen, erhalten die Möglichkeit, die in Abschn. 3.1 dargelegten zentralen Risikodimensionen der Bauausführung nicht nur zu erkennen, sondern potenziell antizipierend zu steuern und dadurch zu vermeiden.

6 Schlussteil und Fazit

In der vergangenen Dekade hat die Relevanz der KI für wirtschaftliche und gesellschaftliche Kontexte signifikant zugenommen. Wesentliche Treiber dieser Entwicklung sind die kommerzielle Verfügbarkeit KI-basierter Technologien sowie validierte Anwendungserfolge, bspw. im Qualitätsmanagement oder im automatisierten Kundenservice. Empirische Studien belegen in diesem Zusammenhang sowohl Produktivitäts- und Effizienzsteigerungen als auch die Erschließung neuer Marktpotenziale. Zugleich machen Negativbeispiele wie der Cambridge-Analytica-Skandal oder gescheiterte Implementationen (siehe Abschn. 2.4.) bestehende Defizite im technischen Reifegrad sowie in rechtlichen und ethischen Fragestellungen sichtbar. Der Diskurs bleibt bislang mikroökonomisch dominiert – makroökonomische Analysen einzelner WZs wie der deutschen BW sind rar.

Zur Beantwortung der zentralen Fragestellungen aus der Einleitung wurde eine mehrstufige Analyse vorgenommen. Die BW unterscheidet sich strukturell und funktional deutlich vom übrigen produzierenden Gewerbe: projektbasierte, fragmentierte WSK, manuelle Ausführungspraktiken, geringe Standardisierung, ein hoher Grad an Regulierung sowie technische Komplexität prägen die Branche. Infolgedessen verzeichnet die BW seit Jahrzehnten eine stagnierende, teils negative Produktivität, zunehmenden Fachkräftemangel und ein negatives Image hinsichtlich der Ergebnisqualität. Der standortgebundene Charakter ihrer Leistungen und die starke Einflussnahme der AGs führen zu intensivem Preiswettbewerb und schwachen Innovationsanreizen. Daraus ergibt sich eine insgesamt begrenzte Innovationsfähigkeit, die sich meist auf inkrementelle Prozessverbesserungen beschränkt. Disruptive Innovationen (auch im IKT-Bereich) finden bislang kaum

R. A. Mézes, *Der Einfluss Künstlicher Intelligenz auf die deutsche Bauwirtschaft*, Baubetriebswirtschaftslehre und Infrastrukturmanagement,
https://doi.org/10.1007/978-3-658-51221-7_6

statt. Die Ursachen sind vor allem der hohe Kapitalbedarf für F&E, kurzfristige Projektbeziehungen, eine traditionsgeprägte *Community of Practice* sowie zusätzliche Hemmnisse wie das Fehlen einer flächendeckenden, digitalen Infrastruktur, rechtliche Unsicherheiten (insbesondere beim Thema Datenschutz) und der Fachkräftemangel. Gleichzeitig bestehen klare KI-Potenziale in der BW, insbesondere in Planung[1], Prozesssteuerung, Qualitätssicherung und der MMI (siehe Abschn. 4.4). Eine systemische Integration disruptiver Technologien wie KI bleibt trotz vorhandener Transformationspotenziale anspruchsvoll.

Vor diesem Hintergrund verfolgt die vorliegende Arbeit das Ziel, auf einer methodisch fundierten Grundlage die makroökonomischen Implikationen einer künftig umfassenden Implementation von KI in der deutschen BW zu analysieren und die aus makroökonomischer Perspektive zu erwartenden Veränderungen herauszuarbeiten.

Im Mittelpunkt stehen dabei die potenziellen Auswirkungen auf die Produktivität, die Struktur der Branche sowie die Wettbewerbsdynamik. Geleitet wurde die Arbeit von drei Arbeitshypothesen:

I. **Der zunehmende Einsatz von KI in der deutschen BW führt zu einer signifikanten Steigerung der Produktivität und trägt langfristig positiv zum Branchen- bzw. Wirtschaftswachstum bei.**

Makroökonomische Modellanalysen (siehe Abschn. 2.3.) deuten darauf hin, dass ein zunehmender Automatisierungsgrad durch den Einsatz von KI zu einer gesamtwirtschaftlichen Produktivitätssteigerung führen kann. Dies resultiert insbesondere aus der Fähigkeit von KI-Systemen, menschliche Arbeit gezielt zu ersetzen oder zu ergänzen, wodurch Arbeitsprozesse beschleunigt und deren Ergebnisqualität verbessert werden. Prozessketten können effizienter gestaltet werden, was nicht nur einzelne Arbeitsschritte, sondern auch übergeordnete Abläufe optimiert. Ergänzend hierzu ermöglicht die umfassende Datenverarbeitung durch KI eine fundierte, datengestützte Entscheidungsfindung innerhalb von Unternehmen und Projekten, die die Outputqualität und Rentabilität steigert. KI wirkt als technologischer Innovationsfaktor, der durch Automatisierung, algorithmische Prozessoptimierung und datenbasierte Entscheidungen zur Steigerung der TFP beiträgt (siehe Abschn. 5.3). Damit wird KI zu einem zentralen Hebel für reale Produktivitätsfortschritte.

[1] In diesem Abschn. wird keine aktive Trennung zwischen den baunahen Dienstleistungen und der BW hergestellt.

Die Analyse der potenziellen Implikationen von KI auf die deutsche BW zeigt, dass die bestehenden Potenziale differenziert zu betrachten sind, da sie durch die branchenspezifischen Rahmenbedingungen erheblich eingeschränkt werden. Zwar kann KI – besonders in Verbindung mit Robotik und BIM – produktivitätssteigernd wirken, doch verhindern strukturelle Hemmnisse eine umfassende Ausschöpfung dieser Möglichkeiten. Die branchenspezifischen Besonderheiten erschweren die systematische Hebung von Produktivitätsreserven, die sich innerhalb der Strukturen der BW verbergen und im Produktivitätsparadoxon münden.

Hinzu kommt der insgesamt geringe Digitalisierungsgrad der Branche, der die Einführung und Integration datenbasierter Technologien verzögert bzw. übergreifender digitaler Lösungen erschwert. Insbesondere die KMUs, die den Großteil der Branche ausmachen, stehen vor besonderen Herausforderungen: eine schwache Kapitalausstattung, projektbezogene Organisationsformen, geringe strategische Innovationskapazitäten sowie eine hohe Schnittstellenkomplexität innerhalb der WSK.

Gleichwohl legen makroökonomische Erkenntnisse aus anderen Bereichen des sekundären Sektors nahe, dass eine fortschreitende Integration digitaler Schlüsseltechnologien wie KI grundsätzlich geeignet ist, die Produktivität auch in der BW zu steigern. Dies gilt insbesondere dann, wenn KI nicht als Substitut, sondern als komplementäres Werkzeug zur Entlastung menschlicher Arbeit und zur Optimierung von Ressourcenallokation verstanden wird.

Vor dem Hintergrund des Fachkräftemangels, des demografischen Wandels und den wachsenden Anforderungen an Nachhaltigkeit und technische Komplexität kann KI damit einen relevanten Beitrag zur Stärkung der Leistungsfähigkeit der BW leisten. Bauinvestitionen entfalten in diesem Zusammenhang außerdem ihre volkswirtschaftliche Hebelwirkung.

Dieser Multiplikatoreffekt (>2 – siehe Abschn. 1.1 und 3.1.) erstreckt sich über direkte, indirekte und induzierte Impulse auf vor- und nachgelagerte Sektoren und kann durch Digitalisierung und KI-Nutzung weiter verstärkt werden.

Die Hypothese I kann daher tendenziell bestätigt werden – unter der wesentlichen Einschränkung, dass der tatsächliche Produktivitätszuwachs in der BW stark von der erfolgreichen Implementation und Diffusion der KI-Technologie als Basistechnologie sowie von begleitenden Komplementärtechnologien und strukturpolitischen Maßnahmen abhängt. Effizienzgewinne lassen sich bei gezieltem Einsatz bereits mittelfristig auf Projektebene realisieren.

Eine substanzielle Produktivitätssteigerung der BW, ebenso wie deren adäquate Messung und Abbildung in volkswirtschaftlichen Kennzahlen, ist unter den derzeitigen Rahmenbedingungen und der eher trägen Anpassungsfähigkeit allerdings mit zeitlichem Abstand zu erwarten. Die Voraussetzungen für einen relevanten Beitrag zum Wirtschaftswachstum sind folglich aktuell nur eingeschränkt gegeben. Der potenzielle Beitrag von KI zur Steigerung der Produktivität und zur positiven Beeinflussung des Wirtschaftswachstums setzt flankierende strukturelle, rechtliche und bildungspolitische Reformen sowie eine verstärkte Diffusion technologischer Innovationen innerhalb der BW voraus.

II. **Der verstärkte Einsatz von KI in der deutschen BW erhöht die Kapitalintensität der Branche, wodurch Unternehmen mit geringerer Kapitalausstattung und Kapitalbeschaffungsproblemen langfristig an Wettbewerbsfähigkeit verlieren.**

Die Untersuchung zeigt, dass die Implementation von KI-Systemen in die BW – insbesondere im Bereich der Bauprozessoptimierung – mit hohen Investitionskosten einhergeht. Diese resultieren nicht nur aus den spezifischen Anforderungen der KI-Technologie selbst, sondern auch aus dem bislang unzureichenden Digitalisierungsstand der Branche. Die notwendigen Grundlageninvestitionen in digitale Infrastruktur, vernetzte Datenumgebungen und standardisierte Schnittstellen (3.0-Technologien) wurden in der Vergangenheit versäumt und müssen nachgeholt werden. Darüber hinaus sind die laufenden Kosten für den Betrieb und die Wartung dieser Systeme in den Kostenkalkulationen dauerhaft zu berücksichtigen. Entsprechend steigen die Anfangshürden für eine KI-gestützte Transformation erheblich. Besonders hervorzuheben ist in diesem Zusammenhang die enge Verbindung von KI und Robotik. Anders als in vorwiegend immateriell operierenden Sektoren kann die BW den Großteil des potenziellen Effizienzgewinns der KI nur dann realisieren, wenn diese durch physische Automatisierungstechnologien ergänzt wird. Gleichzeitig benötigt die Robotik intelligente, kontextfähige Steuerungen, um auf heterogene Baustellenbedingungen reagieren zu können. Produktive Einsatzfelder umfassen repetitive, überwachende, dokumentierende sowie körperlich belastende oder gefährliche Tätigkeiten.

Mit diesen Investitionen gehen zugleich erhebliche unternehmerische Risiken einher.

Aufgrund der hohen Kapitalbindung, der technologischen Komplexität und den organisatorischen Anforderungen ist der Erfolg KI-indizierter Transformationsprozesse anfänglich nicht garantiert. Ein Scheitern – verursacht durch technische, finanzielle oder personelle Engpässe – kann insbesondere für kleinere Betriebe existenzgefährdende Folgen haben. Dieses Risiko wirkt abschreckend und verstärkt die Zurückhaltung gegenüber der KI-Technologie.

Entscheidend wird damit die Fähigkeit zur Kapitalbeschaffung. Während größere Bauunternehmen in der Regel über die erforderlichen finanziellen und organisatorischen Ressourcen bzw. einem potenziellen Zugang dazu verfügen, stehen KMUs vor strukturellen Hemmnissen. In der deutschen BW machen KMUs über 95 % der Marktteilnehmenden aus – ihre eingeschränkten Finanzierungs- und Investitionsspielräume führen zu einem deutlichen Wettbewerbsnachteil. Studien belegen, dass ein positiver Zusammenhang zwischen Unternehmensgröße, Digitalisierungsgrad und Forschungsaktivität besteht. Größere Unternehmen investieren überproportional in IKT-Technologien, einschließlich KI.

Neben finanziellen Barrieren hemmen rechtliche Unsicherheiten, regulatorische Komplexität, fehlendes Fachpersonal (technisches Know-how) sowie mangelnde organisatorische Kapazitäten die KI-Implementation. Darüber hinaus stellt die Integration von KI-Robotik-Systemen erhöhte Anforderungen an das strategische Management und das Organisationskapital der Unternehmen. Für viele kleinere Betriebe, die in stark operativen Strukturen agieren und kaum personelle Reserven aufweisen, ist dieser tiefgreifende Change-Prozess mit hohen Anstrengungen verbunden und voraussichtlich nur mit externer Beratung zu bewältigen. In der Folge können sich bestehende Wettbewerbsungleichgewichte verstärken. Die digitale Spaltung innerhalb der BW vertieft sich. Die Verfügbarkeit von vortrainierten *Software-as-a-Service*-Lösungen kann diesen Trend zwar abmildern und den Zugang erleichtern, doch ist auch hierbei eine individuelle Systemanpassung und Betriebsführung notwendig, wofür ebenfalls Fachpersonal, rechtliche Beratung und betriebliche Infrastruktur erforderlich sind.

Die Hypothese II kann im Kern bestätigt werden. Der zunehmende Einsatz von KI in der deutschen BW – insbesondere in Verbindung mit Robotik – erhöht die notwendige Kapitalintensität langfristig und unternehmensgrößenübergreifend signifikant. Dies wirkt sich negativ auf die Wettbewerbsfähigkeit von Unternehmen mit begrenzten finanziellen Ressourcen aus. Die Gefahr einer digitalen Spaltung innerhalb der Branche ist evident und stellt eine zentrale Herausforderung für zukünftige Branchenentwicklungen und Allokation wirtschaftspolitischer Maßnahmen dar.

III. **Der zunehmende Einsatz von KI wird zu einer stärkeren Polarisierung der Unternehmensgrößenstruktur in der deutschen BW führen und damit die Arbeitsteilung zwischen den Marktbeteiligten intensivieren.**

Die in dieser Arbeit gewonnenen Erkenntnisse zur Kapitalintensivierung (Hypothese II) wirken sich unmittelbar auf die Beurteilung der vorliegenden Hypothese III aus.

Die Einführung von KI und Robotik in der deutschen BW stellt eine tiefgreifende technologische Disruption dar, die nicht nur auf der Ebene einzelner Unternehmen und Projekte wirkt, sondern die Branche insgesamt zu einer grundlegenden Neupositionierung zwingt.

Betroffen sind sowohl die etablierten Produktionsprozesse als auch das Innovationsverständnis und die normativen Strukturen innerhalb der branchenspezifischen *Community of Practice*.[2]

Die Einführung von KI ist als Impuls für eine sektorweite Neujustierung zu verstehen, in deren Folge es zu einer Marktbereinigung kommen dürfte. Unternehmen ohne ausreichende Kapitalausstattung oder Transformationsfähigkeit laufen Gefahr, ihre Wettbewerbsfähigkeit dauerhaft zu verlieren. Die hohe Fragmentierung der BW in regionale Teilmärkte wird diesen Prozess zunächst auf der Ebene homogener Unternehmensgrößen intensivieren, bevor langfristig eine strukturelle Polarisierung einsetzt. Diese Polarisierung zeigt sich in einer zunehmend divergierenden Entwicklung von Großunternehmen und innovativen, anpassungsfähigen KMUs. Während größere Marktakteure durch KI auch kleinere und bisher weniger attraktive Projektsegmente wirtschaftlich erschließen können, gewinnen dynamische KMUs durch verbessertes Risiko- und Ressourcenmanagement Zugang zu komplexeren und margenstärkeren Aufträgen. Die bisherige Segmentierung nach Projektgröße und regionaler Erreichbarkeit (sowie in Teilen nach Bausparten) verliert an Bedeutung, wird sich aber mit Blick auf die Transportkosten nicht vollständig auflösen.

Die klassischen Spezialisierungs- und Fragmentierungsstrukturen verlieren durch den Einsatz von KI, Robotik und dem breiten Zugang zu digitalen Fachinformationen an Bedeutung. Damit wird eine vertikale Leistungsintegration begünstigt, bei der insbesondere digitale Dienstleistungen, intelligente Kundenbindung und die Fähigkeit zur strategischen Selbstvermarktung zu zentralen Differenzierungsmerkmalen im Wettbewerb avancieren.

Die Hypothese III wird durch die Ergebnisse dieser Arbeit gestützt. Zwar profitieren kapitalstarke Unternehmen in höherem Maße, doch bietet KI auch Chancen für dynamische KMUs. Allerdings zeichnen sich auch gegenläufige Tendenzen ab: Die klassische Arbeitsteilung zwischen den spezialisierten Betrieben wird perspektivisch durch eine zunehmende vertikale Integration abgelöst. Diese Entwicklung begünstigt die Herausbildung von Generalunternehmerstrukturen, in

[2] Vgl. Butzin/Rehfeld (2008), S. 2.

denen zentrale Leistungen gebündelt werden. Damit geht eine Erosion traditioneller Spezialisierungsvorteile einher, was die angenommene Intensivierung der Arbeitsteilung relativiert.

Vielmehr ist von einer grundlegenden Reorganisation der Marktrollen auszugehen, in deren Zuge die zunehmende Verbreitung digitaler Geschäftsmodelle – insbesondere im Kontext der *Mass Customization* (siehe Abschn. 5.1) – zu einer Neudefinition der Dienstleistungs- und Produktpalette führen dürfte.

Im europäischen Vergleich steht die deutsche BW vor ähnlichen Herausforderungen wie andere Mitgliedsstaaten. Deutschland ist jedoch durch besonders hohe Lohnkosten und umfangreiche regulatorische Anforderungen belastet, was sich negativ auf die internationale Wettbewerbsfähigkeit auswirkt.[3] Zusätzlich erschweren vergaberechtliche Vorgaben, die bei großvolumigen Projekten die öffentliche AGs zu einer EU-weiten Ausschreibung (siehe Abschn. 3.1: Submissionsverfahren) verpflichten, die Position deutscher Unternehmen im eigenen Markt.[4] Gleichzeitig nimmt Deutschland im internationalen Vergleich eine führende Rolle im Bereich der KI-Forschung und Anwendung ein und belegt laut AI-Index weltweit den siebten Rang.[5] Dieses Potenzial kann strategisch genutzt werden, um KI-gestützte Bauprozesse Effizienzgewinne zu realisieren, die langfristig zur Kostensenkung und Stärkung der Wettbewerbsposition im internationalen Baumarkt beitragen.

Darüber hinaus ermöglichen KI-Technologien neue digitale Zusatzleistungen, die eine differenzierte Marktpositionierung im Ausland unterstützen. Allerdings ist zu erwarten, dass auch der ausländische Wettbewerb die Potenziale erkennen und verstärkt in KI investieren. Während bislang nationale Normen- und Regelsysteme – wie die HOAI oder spezifische Ausführungsstandards – eine Eintrittsbarriere für ausländische Unternehmen darstellten, könnten adaptive KI-Systeme diese Barrieren künftig reduzieren. Der gezielte Einsatz von KI zur Standardanpassung, Dateninterpretation und normgerechten Planung kann fehlende Erfahrungswerte kompensieren und dadurch den Zugang zum deutschen Markt erleichtern.[6] Dies würde die Wettbewerbsintensität auf dem Binnenmarkt weiter erhöhen. Auf theoretischer Ebene ist umstritten, ob innerhalb der deutschen BW überhaupt ein hinreichend intensiver Wettbewerb besteht. Nach

[3] Vgl. Meier (2023), S. 23 ff.

[4] Vgl. Bundesministerium der Justiz (2016).

[5] Vgl. Stanford University (2025), S. 252.

[6] Vgl. Sommer/Olk (2024).

Hayek (1969) kann technischer Fortschritt nur im Wettbewerb „entdeckt“[7] werden – zentrale Innovationsanreize entstehen demnach durch marktwirtschaftliche Konkurrenz. Diese Bedingung ist in der BW jedoch nur eingeschränkt erfüllt: Regionale Fragmentierung, hohe Transportkosten und lokal verankerte Netzwerke reduzieren Markttransparenz und Vergleichsdruck. Meier (2023) verweist daher auf strukturelle Wettbewerbsdefizite, die den Innovationsdruck auf Unternehmensebene begrenzen.[8] Vor diesem Hintergrund erscheinen internationale Impulse – etwa durch Exportpotenziale, wettbewerbliche Konkurrenz oder strategische Allianzen – als wirkungsvollere Treiber für die KI-Implementation in der deutschen BW als der nationale Wettbewerb allein.

Vor dem Hintergrund des aktuellen Forschungsstands konnten im Rahmen dieser Arbeit ausschließlich qualitative Aussagen zu den makroökonomischen Entwicklungstendenzen der deutschen BW getroffen werden. Die formulierten Hypothesen und Schlussfolgerungen basieren auf theoretischen Annahmen, Plausibilitätsüberlegungen sowie komparativen Ableitungen bedürfen einer zukünftigen empirischen Validierung.

Notwendig sind insbesondere quantitative Studien zu Produktivitätseffekten, Kapitalintensität und strukturellen Verschiebungen in der BW. Ein besonderer Fokus sollte dabei auf der Wirkung von Investitionen in FuE und Software auf die TFP liegen[9]. Ergänzend sind mikroökonomische Analysen sinnvoll, um innerbetriebliche Transformationsprozesse und Innovationsbarrieren zu erfassen.

Die Analyse zeigt, dass tief verankerte strukturelle Hemmnisse einer erfolgreichen KI-Implementation in der BW entgegenstehen. Die ausgeprägten Pfadabhängigkeiten innerhalb des WZs verdeutlichen, dass ein tiefgreifender Transformationsprozess ohne gezielte externe Impulse wirtschaftspolitischer Akteure, vor allem zur Unterstützung der KMUs, nicht vollständig und eigenständig initiiert werden kann.

Eine zentrale Verantwortung kommt in diesem Zusammenhang den öffentlichen AGs und der Politik zu. Angesichts des infrastrukturellen Sanierungsstaus und der Wohnraumknappheit bieten KI und Robotik konkrete Chancen, Bauprozesse effizienter zu gestalten und damit staatliche Investitionen rentabler einzusetzen. Politisch definierte „Bauziele“ zur Klimaneutralität oder zur Wohnraumschaffung lassen sich unter diesen Bedingungen mit höherer Realisierungswahrscheinlichkeit erreichen. In diesem Kontext erzeugen Ausschreibungsbedingungen und Projektstrukturen Innovationsanreize und stimulieren die

---

[7] Primärquelle nicht zugänglich.

[8] Vgl. Meier (2023), S. 49.

[9] Eine entsprechende Hypothese wurde in Abschn. 5.3 aufgestellt.

Implementationsbereitschaft der Unternehmen. Die Aussicht auf sinkende Baukosten, verkürzte Projektdurchlaufzeiten und eine verbesserten Ergebnisqualität verstärkt den ökonomischen Anreiz, den Einsatz KI-gestützter Systeme strategisch und regulatorisch zu fördern. Voraussetzung hierfür ist allerdings ein regulatorischer Rahmen, der sich durch eine höhere Offenheit gegenüber innovativen Technologien und digitalen Verfahren auszeichnen muss. Die BIM-Pflicht (siehe Abschn. 4.4) bei öffentlichen Projekten stellt hierbei einen sachgerechten Ansatz dar, erfordert jedoch eine konsequente und flächendeckende Durchsetzung. Gerade weil angesichts der Defizite im Neubau und in der Sanierung auch künftig nicht mit konjunkturell bedingten Auftragsengpässen zu rechnen ist, die als externer Innovations- und Effizienztreiber wirken könnten, kommt öffentlichen AGs eine zentrale Rolle als aktive Impulsgeber*innen und Nachfragemacht zu.

Vor dem Hintergrund der im Vergleich zu Großunternehmen der BW kapitalschwächeren KMUs sind spezifische, niedrigschwellige Förderinstrumente bspw. über Förderprogramme von Förderbanken sinnvoll, um das vorhandene Kapitalungleichgewicht sowie Finanzierungs- und Investitionsbarrieren abzubauen.[10] Zwar ist davon auszugehen, dass sich die initialen Investitionen in KI-Anwendungen langfristig über Produktivitätsgewinne sowie positive Multiplikatoreffekte amortisieren; gleichwohl sind Fördermittel für die frühe Erprobung von KI-Technologien als Einstiegshilfe zweckmäßig, um Adoptionsbarrieren zu reduzieren.

Ergänzend sollten Förderprogramme die Finanzierung qualifizierter Beratungsleistungen umfassen, insbesondere in technischer und juristischer Hinsicht. Solche Angebote können Unternehmen bei der systematischen Identifikation geeigneter Use Cases, der Bewertung von technischen und juristischen Risiken sowie der Ableitung sachgerechter Investitionsentscheidungen (z. B. Auswahl und Beschaffung geeigneter KI-Lösungen) unterstützen. Ziel ist dabei nicht Digitalisierung als Selbstzweck, sondern eine bedarfs- und nutzenorientierte Implementation, die dort ansetzt, wo gegenüber bestehenden analogen Prozessen ein belastbarer Mehrwert nachweisbar ist.[11]

Die Einführung von KI-Technologien sollte innerhalb der BW schrittweise und strategisch erfolgen. Ein inkrementelles Vorgehen, beginnend mit Pilotprojekten im kleinen Maßstab, ermöglicht es, erste praktische Erfahrungen zu sammeln, Hemmnisse zu identifizieren und geeignete Lösungsansätze zu entwickeln. Diese

---

[10] Vgl. Meub/Proeger (2022).

[11] Vgl. Digitalagentur Sachsen (2025b), S. 37 ff.

Erkenntnisse bilden die Grundlage für eine spätere, flächendeckende Implementation. Entscheidend ist das aktive Beginnen, um die eigene Organisation an den technologischen Wandel heranzuführen und sukzessive weiterzuentwickeln.[12] Dabei müssen die Mitarbeitenden frühzeitig durch gezielte Qualifizierungsmaßnahmen und transparente Kommunikation informiert und eingebunden werden.

Die zunehmende Verfügbarkeit kostengünstiger oder sogar kostenloser KI-Anwendungen – zunächst auch generischer Systeme wie ChatGPT – bietet eine niedrigschwellige Möglichkeit, erste Erfahrungen zu sammeln und technologische Berührungsängste abzubauen. Externe Kooperationen bspw. mit Start-ups oder praxisnaher FuE-Programmen bergen großes Potenzial, da die Zusammenarbeit den Zugang zu Pilotanwendungen möglich macht. Ergänzend unterstützt die Nutzung von Fachliteratur, Best-Practice-Leitfäden[13] und öffentlich zugänglichen Erkenntnissen den systematischen Wissensaufbau. Hier können relevante Brancheninstitutionen bspw. mit neutralem Informationsmaterial unterstützen.

Ein zentraler Erfolgsfaktor ist das strategische Engagement des Managements. Nur durch die frühzeitige Entwicklung eines unternehmensspezifischen Fahrplans kann der KI-Einsatz zielgerichtet vorbereitet und gesteuert werden.

Besonders bedeutsam ist dabei eine intrinsisch motivierte Haltung: Ohne eine Transformationsbereitschaft als aktiver Teil der Unternehmenskultur bleiben externe Unterstützungsangebote weitgehend wirkungslos. Vor diesem Hintergrund hebt die Digitalagentur Sachsen innovationsaffine Mitarbeitende in der Rolle von *Change Agents* als zentrales Tragelement der Unternehmenstransformation hervor. Diese *Change Agents* bringen eine Multiplikator- und Kommunikationsfunktion in die Organisation hinein, indem sie Wissen und Erfahrungen übersetzen, Orientierung geben und Akzeptanz für neue Arbeitsweisen aufbauen. Damit tragen sie wesentlich dazu bei, skeptische Teile der Belegschaft schrittweise zu Offenheit und Veränderungsbereitschaft zu bewegen. Flankierend erscheint es sinnvoll, die Qualifizierung und Sichtbarkeit dieser Rollen über Fort-, Weiterbildungs- und Zertifizierungsprogramme zu stärken, die vorrangig für Mitarbeitende und Führungskräfte von KMUs über relevante Brancheninstitutionen wie bspw. Kammern und Verbände angeboten werden.[14]

Die gewonnenen Erkenntnisse richten sich insbesondere an jene Unternehmen der BW, die das Potenzial von KI bislang unterschätzt oder bewusst ausgeklammert haben, sowie an Unternehmen, die derzeit nach einem tragfähigen und praxisorientierten Ansatz für den Einstieg und die Integration von KI suchen.

---

[12] Vgl. PTA Programmier-Technische Arbeiten GmbH (2025), S. 13.

[13] Beispielhaft sind Braun et al. (2023) und Dukino et al. (2023) zu nennen.

[14] Vgl. Digitalagentur Sachsen (2025b), S. 39 f.

Angesichts der etablierten Nutzung von KI in anderen WZs ist es unrealistisch anzunehmen, die BW könne sich dieser Entwicklung dauerhaft entziehen, zumal sich bereits großes Interesse abzeichnet. Vielmehr liegt es im strategischen Eigeninteresse der Marktakteure, die Chancen zur Stärkung von Wettbewerbsfähigkeit, Effizienz und Arbeitsqualität aktiv zu nutzen.

Wie Erfahrungswerte bereits abgeschlossener KI-Einführungen in anderen WZs und dem Wissen um Basis- und Komplementärtechnologien zeigen, ist der technologische Wandel nicht allein eine technische, sondern vor allem eine organisatorische, kulturelle und strukturelle Herausforderung. Nur ein ganzheitlicher und proaktiver Gestaltungsansatz erlaubt es, das Potenzial von KI in der BW nachhaltig und flächendeckend zu erschließen.

Literaturverzeichnis

Acemoglu, Daron (2025): The simple macroeconomics of AI. In: *Economic Policy* 40 (121), S. 13–58. https://doi.org/10.1093/epolic/eiae042.

Acemoglu, Daron; Restrepo, Pascual (2019): Automation and New Tasks: How Technology Displaces and Reinstates Labor. In: *Journal of Economic Perspectives* 33 (2), S. 3–30. https://doi.org/10.1257/jep.33.2.3.

Aengenvoort, Klaus; Krämer, Markus (2021): BIM im Betrieb von Bauwerken. In: Jakob Beetz, André Borrmann, Christian Koch und Markus König (Hg.): Building Information Modeling. Technologische Grundlagen und industrielle Praxis. 2., aktualisierte Auflage. Wiesbaden, Heidelberg: Springer Vieweg (VDI-Buch), S. 611–644.

Aghion, Philippe; Jones, Benjamin; Jones, Charles (2017): Artificial Intelligence and Economic Growth. Cambridge, MA. Online verfügbar unter https://www.nber.org/papers/w23928, zuletzt geprüft am 30.05.2025.

Alfen, Hans Wilhelm; Bauer, Thomas; Bodenmüller, Elvira; Brezinski, Horst; Brömer, Katrin; Grove, Nico et al. (2013): Ökonomie des Baumarktes. Grundlagen und Handlungsoptionen: zwischen Leistungsversprecher und Produktanbieter. Wiesbaden: Springer Vieweg.

Arntz, Melanie; Gregory, Terry; Zierahn, Ulrich (2018): Digitalisierung und die Zukunft der Arbeit: Makroökonomische Auswirkungen auf die Beschäftigung, Arbeitslosigkeit und Löhne von morgen. Hg. v. Zentrum für Europäische Wirtschaftsforschung GmbH (ZEW). Mannheim. Online verfügbar unter https://ftp.zew.de/pub/zew-docs/gutachten/DigitalisierungundZukunftderArbeit2018.pdf, zuletzt geprüft am 29.08.2024.

Ausschuss der Verbände und Kammern der Ingenieure und Architekten für die Honorarordnung e. V. (AHO); Bundesingenieurkammer; Institut für Freie Berufe (IFB); Verbands Beratender Ingenieure (VBI) (Hg.) (2024): Umfrage zur wirtschaftlichen Lage der Ingenieure und Architekten 2023. Online verfügbar unter https://www.aho.de/wp-content/uploads/2024/12/Index23_VOe-Bericht_f.pdf, zuletzt geprüft am 21.04.2025.

R. A. Mézes, *Der Einfluss Künstlicher Intelligenz auf die deutsche Bauwirtschaft*, Baubetriebswirtschaftslehre und Infrastrukturmanagement, https://doi.org/10.1007/978-3-658-51221-7

Autor, D. H.; Levy, F.; Murnane, R. J. (2003): The Skill Content of Recent Technological Change: An Empirical Exploration. In: *The Quarterly Journal of Economics* 118 (4), S. 1279–1333. https://doi.org/10.1162/003355303322552801.

Aziz, Angelina; Eisert, Peter; Gard, Niklas; Hilsmann, Anna; König, Markus (2024): Verwendung von Deep Learning Methoden zur Erkennung und Verfolgung von Objekten bei Inspektions- und Montageaufgaben. In: Shervin Haghsheno, Gerhard Satzger, Svenja Lauble und Michael Vössing (Hg.): Künstliche Intelligenz im Bauwesen. Wiesbaden: Springer Fachmedien Wiesbaden, S. 189–204.

Bach, Andreas; Al-Wesabi, Tariq; Staka, Inri (2024): Datenzentrierte KI als Basis für ein zukündtiges Informationsmanagement. In: Shervin Haghsheno, Gerhard Satzger, Svenja Lauble und Michael Vössing (Hg.): Künstliche Intelligenz im Bauwesen. Wiesbaden: Springer Fachmedien Wiesbaden, S. 25–39.

Barabas, Gyuri; Graf, Elisabeth; Janßen-Timmen, Ronald; Kambeck, Rainer; Rappen, Hermann; Rein, Stefan (2011): Multiplikator- und Beschäftigungseffekte von Bauinvestitionen. Hg. v. Bundesministerium für Verkehr, Bau und Stadtentwicklung (BMVBS) (BMVBS-Online-Publikation, Nr. 20). Online verfügbar unter https://www.bbsr.bund.de/BBSR/DE/veroeffentlichungen/ministerien/bmvbs/bmvbs-online/2011/DL_ON202011.pdf?__blob=publicationFile&v=1&, zuletzt geprüft am 01.06.2025.

Baregheh, Anahita; Rowley, Jennifer; Sambrook, Sally (2009): Towards a multidisciplinary definition of innovation. In: *Management Decision* 47, 04.09.2009 (8), S. 1323–1339. Online verfügbar unter https://www.emerald.com/insight/content/doi/10.1108/00251740910984578/full/html, zuletzt geprüft am 10.02.2025.

Bauer, Wilhelm; Schlund, Sebastian; Marrenbach, Dirk; Ganschar, Oliver (2014): Industrie 4.0 – Volkswirtschaftliches Potenzial für Deutschland. Hg. v. Bundesverband Informationswirtschaft, Telekommunikation und neue Medien e. V. (Bitkom) und Fraunhofer Institut für Arbeitswirtschaft und Organisation IAO. Online verfügbar unter https://www.ipa.fraunhofer.de/content/dam/ipa/de/documents/UeberUns/Leitthemen/Industrie40/Studie_Vokswirtschaftliches_Potenzial.pdf, zuletzt geprüft am 12.02.2025.

Becker, Horst (1977): Bautechnik Band III. Baumaschinen, Schalung, Rüstung. 29. Aufl. Berlin: Springer.

Becker, Simon; Exner, Alexander; Hagen, Jonas; Krüger, Rico (2022): dena-GEBÄUDEREPORT 2023. Zahlen, Daten, Fakten zum Klimaschutz im Gebäudebestand. Hg. v. Deutsche Energie-Agentur GmbH (dena). Berlin. Online verfügbar unter https://www.dena.de/infocenter/dena-gebaeudereport-2023-1/, zuletzt geprüft am 22.03.2025.

Becker, Simon Christian; Roman-Müller, Horst (2022): Integrierte Projektabwicklung (IPA). Wiesbaden: Springer Fachmedien Wiesbaden.

Beckermann, Theo (1961): Entwicklung und Situation des Baumarktes. Wiesbaden: VS Verlag fur Sozialwissenschaften GmbH (Forschungsberichte des Landes Nordrhein-Westfalen Ser, v.1012).

Beetz, Jakob; Borrmann, André; Koch, Christian; König, Markus (Hg.) (2021): Building Information Modeling. Technologische Grundlagen und industrielle Praxis. Springer Fachmedien Wiesbaden. 2., aktualisierte Auflage. Wiesbaden, Heidelberg: Springer Vieweg (VDI-Buch).

Belitz, Heike; Eickelpasch, Alexander; Le Mouel, Marie; Schiersch, Alexander (2017): Wissensbasiertes Kapital in Deutschland: Analyse zu Produktivitäts- und Wachstumseffekten und Erstellung eines Indikatorsystems. Studie im Auftrag Bundesministeriums für Wirtschaft und Energie. Hg. v. Deutsches Institut für Wirtschaftsforschung e. V. (DIW Berlin). Berlin. Online verfügbar unter https://www.bmwk.de/Redaktion/DE/Publikationen/Studien/wissensbasiertes-kapital-in-deutschland.pdf?__blob=publicationFile&v=1, zuletzt geprüft am 21.02.2025.

Belitz, Heike; Le Mouel, Marie; Schiersch, Alexander (2018): Produktivität der Unternehmen steigt mit mehr wissensbasiertem Kapital. Hg. v. Deutsches Institut für Wirtschaftsforschung e. V. (DIW Berlin). Berlin. Online verfügbar unter https://www.diw.de/documents/publikationen/73/diw_01.c.575785.de/18-4-1.pdf, zuletzt geprüft am 01.06.2025.

Ben Allouch, Somaya; Peters, Oscar; Verbeek, Peter-Paul; Zuidhof, Niek (2021): Defining Smart Glasses: A Rapid Review of State-of-the-Art Perspectives and Future Challenges From a Social Sciences' Perspective. Volume 6. Hg. v. Augmented Human Research (15). Online verfügbar unter https://link.springer.com/article/10.1007/s41133-021-00053-3, zuletzt geprüft am 29.05.2025.

Bendetti, Cristina; Matt, Dominik T.; Pasetti Monizza, Gabriele (2018): Parametric and Generative Design techniques in mass-production environments as effective enablers of Industry 4.0 approaches in the Building Industry. In: *Automation in Construction* 92, S. 270–285. https://doi.org/10.1016/j.autcon.2018.02.027.

Berner, Fritz; Kochendörfer, Bernd; Schach, Rainer; Jünger, Hans Christian; Otto, Jens; Sundermeier, Matthias (2022): Netzplantechnik. In: Fritz Berner, Bernd Kochendörfer, Rainer Schach, Hans Christian Jünger, Jens Otto und Matthias Sundermeier (Hg.): Grundlagen der Baubetriebslehre 2. Wiesbaden: Springer Fachmedien Wiesbaden, S. 91–118. Online verfügbar unter https://link.springer.com/chapter/10.1007/978-3-658-35547-0_6#DOI.

Bernhardt, Christoph; Vonau, Elsa (2009): Zwischen Fordismus und Sozialreform. Rationalisierungsstrategien im deutschen und französischen Wohnungsbau 1900–1933. In: *Zeithistorische Forschung* (2), S. 230–254. https://doi.org/10.14765/ZZF.DOK-1826.

Bertschek, Irene; Niebel, Thomas; Ohnemus, Jörg (2019): Beitrag der Digitalisierung zur Produktivität in der Baubranche. Hg. v. Bundesinstitut für Bau-, Stadt- und Raumforschung (BBSR). Bonn (BBSR-Online-Publikation, Nr. 19/2019). Online verfügbar unter https://www.bbsr.bund.de/BBSR/DE/veroeffentlichungen/bbsr-online/2019/bbsr-online-19-2019-dl.pdf?__blob=publicationFile&v=2, zuletzt geprüft am 27.04.2024.

Betz, Niklas; Girard, Yann; Neuhoff, Johanna; Schlepphorst, Susanne; Schlömer-Laufen, Nadine; Weicht, Rebecca; Zick, Hannah (2022): Krisenfestigkeit des Bausektors. Erste Erkenntnisse zu den Auswirkungen der COVID-19-Pandemie auf die Bauwirtschaft. Hg. v. Bundesinstitut für Bau-, Stadt- und Raumforschung (BBSR). Bonn (34). Online verfügbar unter https://www.bbsr.bund.de/BBSR/DE/veroeffentlichungen/bbsr-online/2022/bbsr-online-34-2022.html, zuletzt geprüft am 01.06.2025.

Bitkom (15.09.2025): Durchbruch bei Künstlicher Intelligenz Online verfügbar unter https://www.bitkom.org/Presse/Presseinformation/Durchbruch-Kuenstliche-Intelligenz#_, zuletzt geprüft am 29.12.2025.

Bitkom (14.09.2023): Künstliche Intelligenz – Wo steht die deutsche Wirtschaft? Online verfügbar unter https://www.bitkom.org/Presse/Presseinformation/Deutsche-Wirtschaft-drueckt-bei-Kuenstlicher-Intelligenz-aufs-Tempo#_, zuletzt geprüft am 29.12.2025.

Bitkom (21.05.2023): Fünf Jahre DS-GVO: Unternehmen sind weiterhin verunsichert. Berlin. Andreas, Streim; Stroot, Isabelle. Online verfügbar unter https://www.bitkom.org/Presse/Presseinformation/Fuenf-Jahre-DS-GVO#_, zuletzt geprüft am 07.07.2024.

Bitkom (16.06.2023): Bitkom zur Abstimmung über den AI Act. Berlin. Streim, Andreas; Hecker, Janis. Online verfügbar unter https://www.bitkom.org/Presse/Presseinformation/Bitkom-zur-Abstimmung-ueber-AI-Act, zuletzt geprüft am 07.07.2024.

Bitkom (26.06.2024): Digitalbranche wächst – aber nicht überall. Berlin. Streim, Andreas; Bayer, Florian. Online verfügbar unter https://www.bitkom.org/Presse/Presseinformation/Digitalbranche-waechst-aber-nicht-ueberall#_, zuletzt geprüft am 06.07.2024.

Bloch, Tanya; Sacks, Rafael (2018): Comparing machine learning and rule-based inferencing for semantic enrichment of BIM models. In: *Automation in Construction* 91, 2018, S. 256–272.

Borrmann, André; König, Markus; Koch, Christian; Beetz, Jakob (2021): Die BIM-Methode im Überblick. In: Jakob Beetz, André Borrmann, Christian Koch und Markus König (Hg.): Building Information Modeling. Technologische Grundlagen und industrielle Praxis. 2., aktualisierte Auflage. Wiesbaden, Heidelberg: Springer Vieweg (VDI-Buch), S. 1–31.

Braun, Martin; Kutzias, Damian; Leuteritz, Jan-Paul; Link, Maike; Zaiser, Helmut (2023): Leitfaden zu Strategie und Wandel für den KI-Einsatz. Menschenzentrierte Erschließung der Potenziale Künstlicher Intelligenz. Hg. v. Oliver Riedel, Katharina Hölzle, Wilhelm Bauer und Matthias Peissner. Fraunhofer IAO. Stuttgart. Online verfügbar unter https://www.ergebnisse.ki-ultra.iao.fraunhofer.de/wp-content/uploads/2023/11/Leitfaden-zu-Strategie-und-Wandel-fur-den-KI-Einsatz.pdf, zuletzt geprüft am 15.09.2024.

Brell-Cokcan, Sigrid; Schmitt, Robert H. (Hg.) (2024): IoC – Internet of Construction. Informationsnetzwerke zur unternehmensübergreifenden Kollaboration in den Fertigungsketten des Bauwesens. 1st ed. 2024. Wiesbaden: Springer Fachmedien Wiesbaden; Imprint Springer Vieweg.

Brell-Cokcan, Sigrid; Schmitt, Robert H.; Adams, Thomas; Hupfer, Garlef; Münker, Sören (2024): Einleitung Internet of Construction. In: Sigrid Brell-Cokcan und Robert H. Schmitt (Hg.): IoC – Internet of Construction. Informationsnetzwerke zur unternehmensübergreifenden Kollaboration in den Fertigungsketten des Bauwesens. 1st ed. 2024. Wiesbaden: Springer Fachmedien Wiesbaden; Imprint Springer Vieweg, S. 1–15.

Brell-Cokcan, Sigrid; Wildemann, Peter R. (2024): Intralogistik – Assetmanagement und -lokalisierung in der Wertschöpfungskette Bau. In: Sigrid Brell-Cokcan und Robert H. Schmitt (Hg.): IoC – Internet of Construction. Informationsnetzwerke zur unternehmensübergreifenden Kollaboration in den Fertigungsketten des Bauwesens. 1st ed. 2024. Wiesbaden: Springer Fachmedien Wiesbaden; Imprint Springer Vieweg, S. 629–684.

Bremmer, Ian; Suleyman, Mustafa (2023): Building Block for AI Governance. In: *Finance & Development* Dezember 2023, S. 10–11.

Britz, Alexander (2021): Künstliche Intelligenz im Jahr 2020. In: Peter Buxmann und Holger Schmidt (Hg.): Künstliche Intelligenz. Mit Algorithmen zum wirtschaftlichen Erfolg. 2., aktualisierte und erweiterte Auflage. Berlin, Heidelberg: Springer Gabler, S. 203–212.

Brockmann, Christian (2022): Der Baumarkt – eine angebotsseitige Betrachtung. Freiberger Dissertation, Freiberg.

Brömer, Katrin (2015): Bauwirtschaft und Konjunktur. Bedeutung und Auswirkung staatlicher Nachfragesteuerung auf die Bauwirtschaft. Wiesbaden: Springer Fachmedien Wiesbaden.

Brynjolfsson, Erik (2022): The Turing Trap: The Promise & Peril of Human-Like Artificial Intelligence. In: *Stanford Digital Economy Lab*, 12.01.2022. Online verfügbar unter https://digitaleconomy.stanford.edu/news/the-turing-trap-the-promise-peril-of-human-like-artificial-intelligence/, zuletzt geprüft am 02.05.2025.

Brynjolfsson, Erik; McAfee, Andrew (2017): The Business of Artificial Intelligence. In: *Havard Buisness Review* BG1704. Online verfügbar unter https://hbr.org/2017/07/the-business-of-artificial-intelligence?ab=seriesnav-bigidea, zuletzt geprüft am 28.04.2024.

Brynjolfsson, Erik; Rock, Daniel; Syverson, Chad (2017): Artificial Intelligence and the Modern Productivity Paradox: A Clash of Expectations and Statistics. NBER Working Paper Series, No. 24001. National Bureau of Economic Research. https://doi.org/10.3386/w24001.

Brynjolfsson, Erik; Unger, Gabriel (2023): The macroeconomics of Artificial Intelligence. In: *Finance & Development* Dezember 2023, S. 21–25.

Brynjolfsson, Erik; Rock, Daniel; Syverson, Chad (2021): The Productivity J-Curve: How Intangibles Complement General Purpose Technologies. In: American Economic Journal: Macroeconomics 13 (1), S. 333–372. https://doi.org/10.1257/mac.20180386.

Büchel, Jan; Engler, Jan; Mertens, Armin (2023): The Demand for Data Skills in German Companies: Evidence from Online Job Advertisements. In: *Excel-Forum* (Vol. 24), S. 56–61. Online verfügbar unter https://www.econpol.eu/sites/default/files/2023-03/econpol-forum-2023-2-buechel-engler-mertens-demand-data-skills.pdf, zuletzt geprüft am 23.05.2024.

Bundesanstalt für Finanzdienstleistungsaufsicht (BaFin) (Hg.) (2018): Big Data trifft auf Künstliche Intelligenz. Herausforderungen und Implikationen für Aufsicht und Regulierung von Finanzdienstleistungen. Online verfügbar unter https://www.bafin.de/SharedDocs/Downloads/DE/dl_bdai_studie.html, zuletzt geprüft am 01.07.2024.

Bundesministerium der Justiz (2016): § 3 Schätzung des Auftragswertes. VgV. Fundstelle: Gesetze im Internet. Online verfügbar unter https://www.gesetze-im-internet.de/vgv_2016/__3.html, zuletzt geprüft am 10.05.2025.

Bundesministerium der Justiz (23.10.2024): § 633 Sach- und Rechtsmangel, BGB, vom 02.01.2002. Fundstelle: Gesetze im Internet. In: Helmut Köhler (Hg.): Bürgerliches Gesetzbuch (BGB). mit Allgemeinem Gleichbehandlungsgesetz, Produkthaftungsgesetz, Wohnungseigentumsgesetz, Beurkundungsgesetz und Erbbaurechtsgesetz. München: dtv; C.H. Beck (dtv Beck-Texte, 5001). Online verfügbar unter https://www.gesetze-im-internet.de/bgb/__633.html, zuletzt geprüft am 23.03.2025.

Bundesministerium der Justiz: Handwerksordnung in der Fassung der Bekanntmachung vom 24. September 1998 (BGBl. I S. 3074; 2006 I S. 2095), die zuletzt durch Artikel 2 des Gesetzes vom 3. April 2025 (BGBl. 2025 I Nr. 106) geändert worden ist. HwO. Fundstelle: Gesetze im Internet. Online verfügbar unter https://www.gesetze-im-internet.de/hwo/HwO.pdf, zuletzt geprüft am 01.06.2025.

Bundesministerium der Justiz und für Verbraucherschutz (2025): Bürgerliches Gesetzbuch in der Fassung der Bekanntmachung vom 2. Januar 2002 (BGBl. I S. 42, 2909; 2003 I S. 738), das zuletzt durch Artikel 1 des Gesetzes vom 17. Juli 2025 (BGBl. 2025 I Nr. 163) geändert worden ist. BGB § 631 Abs. 1. Online verfügbar unter https://www.gesetze-im-internet.de/bgb/index.html#BJNR001950896BJNE064702377, zuletzt geprüft am 05.01.2026.

Bundesministerium für Forschung, Technologie und Raumfahrt (Hg.) (2025): Tab 1.5.2: Beschäftigte, Umsatz und interne FuE-Aufwendungen der Unternehmen nach der Wirtschaftsgliederung und nach Beschäftigtengrößenklassen. Zeitreihe 2007–2023. Online verfügbar unter https://www.datenportal.bmftr.bund.de/portal/de/show-all-tables.html, zuletzt geprüft am 31.12.2025.

Bundesministerium für Verkehr und digitale Infrastruktur (2015): Stufenplan Digitales Planen und Bauen. Einführung moderner, IT-gestützter Prozesse und Technologien bei Planung, Bau und Betrieb von Bauwerken.

Bundesministerium für Wirtschaft und Energie (BMWi) (Hg.) (2020): Einsatz von Künstlicher Intelligenz in der Deutschen Wirtschaft. Stand der KI-Nutzung im Jahr 2019. Online verfügbar unter https://www.bmwk.de/Redaktion/DE/Publikationen/Wirtschaft/einsatz-von-ki-deutsche-wirtschaft.pdf?__blob=publicationFile&v=8, zuletzt geprüft am 27.04.2024.

Bundesministerium für Wirtschaft und Klimaschutz (BMWK) (Hg.) (2023): Digitalisierung der Wirtschaft in Deutschland. Digitalisierungsindex 2022. Unter Mitarbeit von Jan Büchel und Barbara Engels. Online verfügbar unter https://www.de.digital/DIGITAL/Redaktion/DE/Digitalisierungsindex/Publikationen/publikation-digitalisierungsindex-2022-langfassung.pdf?__blob=publicationFile&v=3, zuletzt geprüft am 27.04.2024.

Bundesministerium für Wirtschaft und Klimaschutz (BMWK) (Hg.) (2024): Digitalisierung der Wirtschaft in Deutschland. Digitalisierungsindex 2024. Unter Mitarbeit von Jan Büchel, Marc Schufen und Barbara Engels. Online verfügbar unter https://www.iwkoeln.de/fileadmin/user_upload/Studien/Gutachten/PDF/2024/Ergebnisbericht_Digitalisierungsindex_2024_Langfassung.pdf, zuletzt geprüft am 06.01.2026.

Butzin, Anna; Rehfeld, Dieter (2008): Innovationsbiographien in der Bauwirtschaft. In: *Forschung aktuell* 10/2008. Online verfügbar unter https://www.researchgate.net/publication/242171062_Innovationsbiographien_in_der_Bauwirtschaft, zuletzt geprüft am 01.09.2024.

Buxmann, Peter; Schmidt, Holger (2021a): Grundlagen der Künstlichen Intelligenz und des Maschinellen Lernens. In: Peter Buxmann und Holger Schmidt (Hg.): Künstliche Intelligenz. Mit Algorithmen zum wirtschaftlichen Erfolg. 2., aktualisierte und erweiterte Auflage. Berlin, Heidelberg: Springer Gabler, S. 3–26.

Buxmann, Peter; Schmidt, Holger (2021b): Ökonomische Effekte der Künstlichen Intelligenz. In: Peter Buxmann und Holger Schmidt (Hg.): Künstliche Intelligenz. Mit Algorithmen zum wirtschaftlichen Erfolg. 2., aktualisierte und erweiterte Auflage. Berlin, Heidelberg: Springer Gabler, S. 27–48.

Calvino, Flavio; Reijerink, Jelmer; Samek, Lea (2025): The effects of generative AI on produktivity, innovation and entrepreneurship. OECD artificial intelligence papers. Paris.

Chan, Aman; Cho, Vincent (2015): An integrative framework of comparing SaaS adoption for core and non-core business operations: An empirical study on Hong Kong industries. In: *Information Systems Frontiers* 17 (3), S. 629–644. https://doi.org/10.1007/s10796-013-9450-9.

ChatGPT – OpenAI (2024): Selbstdefinition von ChatGBT, 02.07.2024. persönliche Kommunikation an Ricarda Mézes.

Christensen, Clayton M. (2011): The innovator's dilemma. Warum etablierte Unternehmen den Wettbewerb um bahnbrechende Innovationen verlieren. München: Vahlen.

Christodoulou, Joanna; Davis, Katie; Gardner, Howard; Seider, Scott (2011): The Theory of Multiple Intelligences. In: *Cambridge Handbook of Intelligence*, 2011, S. 485–503. Online verfügbar unter https://papers.ssrn.com/sol3/papers.cfm?abstract_id=2982593#paper-citations-widget, zuletzt geprüft am 16.02.2025.

Cisterna, Diego; Haghsheno, Shervin (2024): Akzeptanz und Marktdurchdringung von KI in der Bauwirtschaft. In: Shervin Haghsheno, Gerhard Satzger, Svenja Lauble und Michael Vössing (Hg.): Künstliche Intelligenz im Bauwesen. Wiesbaden: Springer Fachmedien Wiesbaden, S. 63–79.

Cohen, Wesley M.; Levinthal, Daniel A. (1990): Absorptive Capacity: A New Perspective on Learning and Innovation. In: Administrative Science Quarterly 35 (1), S. 128–152. https://doi.org/10.2307/2393553.

Cohrs, Heinz-Herbert (2000): Faszination Baumaschinen – Giganten im Erd- und Tagebau. Unter Mitarbeit von Rainer Oberdrevermann. Iserhagen: Giesel-Verlag.

Coles, L. Stephen (1977): The application of artificial intelligence to medicine. In: *Futures* 9 (4), S. 315–323. https://doi.org/10.1016/0016-3287(77)90097-0.

Dangel, Daniel; Gottschalk, Wiebke; Neitzel, Michael; Raschper, Norbert; Schröder, Heike; Wiblishauser, Brigittw (2015): Bericht der Baukostensenkungskommission im Rahmen des Bündnisses für bezahlbares Wohnen und Bauen. Endbericht. Hg. v. Bundesministerium für Umwelt, Naturschutz, Bau und Reaktorsicherheit. Online verfügbar unter https://www.bmwsb.bund.de/SharedDocs/downloads/Webs/BMWSB/DE/publikationen/wohnen/buendnis-bezahlbares-wohnen-baukostensenkungskommission.pdf?__blob=publicationFile&v=2, zuletzt geprüft am 01.06.2025.

Das Amt der Beauftragten der Bundesregierung für Kultur und Medien (BKM) (2023): Grundzüge der Vergabe (2021): Bundesverwaltungsamt.

Dauss, Markus (2020): Modellfall Gehry. In: *Kunstgeschichte. Open Peer Reviewed Journal*, S. 1–15. Online verfügbar unter https://www.kunstgeschichte-ejournal.net/570/3/Dauss-Modellfall%20Gehry_19.10.2020.pdf, zuletzt geprüft am 06.02.2025.

Deloitte (Hg.) (2020): State of AI in the Enterprise – 3rd Edition. (Link bis zur Abgabe der Arbeit abgelaufen, PDF im Online-Exemplar hinterlegt). Online verfügbar unter https://www2.deloitte.com/content/dam/Deloitte/de/Documents/technology-media-tel ecommunications/DELO-6418_State%20of%20AI%202020_KS4.pdf, zuletzt geprüft am 07.07.2024.

Deloitte (Hg.) (2025): Now decides next: Generating a new future. Deloitte's State of Generative AI in the Enterprise Quarter four report – German Cut. Online verfügbar unter https://www.deloitte.com/content/dam/assets-zone2/de/no-index/2025/issues/ai/Deloitte_State%20of%20AI%20Studie%20_M%C3%A4rz25_German-Cut.pdf, zuletzt geprüft am 29.12.2025.

Demir, Selim-Tuğra; Theis, Patrick (2018): Lean Construction Management (LCM). In: Martin Fiedler (Hg.): Lean Construction – Das Managementhandbuch. Berlin, Heidelberg: Springer Berlin Heidelberg, S. 137–162.

Deschermeier, Philipp; Henger, Ralph; Voigtländer, Michael (2024): Mehr Wohnungsmangel durch steigende Bedarfe und sinkende Bautätigkeit. Aktuelle Ergebnisse des IW-Wohnungsbedarfsmodells. Hg. v. Institut der deutschen Wirtschaft (IW). Köln. Online verfügbar unter https://www.iwkoeln.de/studien/philipp-deschermeier-ralph-henger-michael-voigtlaender-mehr-wohnungsmangel-durch-steigende-bedarfe-und-sinkende-bautaetigkeit.html, zuletzt geprüft am 01.06.2025.

Deutsche Akademie der Technikwissenschaften e. V. (Hg.) (2024): Begriffsdefinitionen. Lernende Systeme – die Plattform für Künstliche Intelligenz: Glossar zu KI und Data Science. Online verfügbar unter https://www.ki-konkret.de/glossar.html, zuletzt geprüft am 30.03.2024.

Deutsche Gesetzliche Unfallversicherung e. V. (DGUV) (Hg.) (2024): Statistik – Arbeitsunfallgeschehen 2023. Online verfügbar unter https://publikationen.dguv.de/widgets/pdf/download/article/4990, zuletzt geprüft am 18.12.2024.

Deutsche Industrie- und Handelskammer (DIHK) (Hg.) (2025): Steiniger Weg aus der Krise. DIHK-Konjunkturumfrage Herbst 2025. Online verfügbar unter https://www.dihk.de/dihk-de-legacy/themen-und-positionen/wirtschaftspolitik/konjunktur-und-wachstum/konjunkturumfrage-herbst-2025, zuletzt geprüft am 31.12.2025.

Deutscher Vergabe- und Vertragsausschuss für Bauleistungen (18.04.2016): § 13 Mängelansprüche, VOB/B, vom 2016. In: Deutsches Institut für Normung (DIN) e. V. und Deutscher Vergabe- und Vertragsausschuss für Bauleistungen (DVA) (Hg.): VOB 2019 Gesamtausgabe. Vergabe- und Vertragsordnung für Bauleistungen: Ausgabe 2019: [Teil A (DIN 1960), Teil B (DIN 1961), Teil C (ATV). Berlin: Beuth. Online verfügbar unter https://dejure.org/gesetze/VOB-B/13.html, zuletzt geprüft am 23.03.2025.

Dietl, Helmut; Fiedler, Marina; Franck, Egon; Picot, Arnold; Royer, Susanne (2020): Organisation. Theorie und Praxis aus ökonomischer Sicht. Freiburg: Schäffer-Poeschel. Online verfügbar unter https://www.wiso-net.de/document/SPEB__567fb5b9c55029bee648289913209a9c7ca87dfa, zuletzt geprüft am 10.02.2025.

Digitalagentur Sachsen (Hg.) (2025a): KI-gestützte Geschäftsmodellinnovationen. Chancen und Handlungsansätze für sächsische Unternehmen. 1. Aufl. Dresden. Online verfügbar unter https://publikationen.sachsen.de/bdb/artikel/48434, zuletzt geprüft am 29.12.2025.

Digitalagentur Sachsen (Hg.) (2025b): Anwendung künstlicher Intelligenz in sächsischen KMU. Voraussetzungen, Herausforderungen und Bewältigungsstrategien. 1. Aufl. Dresden. Online verfügbar unter https://publikationen.sachsen.de/bdb/artikel/48433, zuletzt geprüft am 27.12.2025.

Do Thi, Huong; Lübke, Maria (2018): Die Zukunft des Bankings. Hg. v. 2b AHEAD ThinkTank GmbH (10/2018). Online verfügbar unter https://www.5-sterne-redner.de/fileadmin/media/download/pdf/Trendanalysen/trendstudie-janszky-die-zukunft-des-bankings.pdf, zuletzt geprüft am 30.06.2024.

Doherr, Thorsten; Ehrlich, Alexander; Eibelshäuser, Svenja; Krieger, Bastian; Niggemann, Hiltrud; Peters, Bettina et al. (2025): Innovationsausgaben in Deutschland erreichen Rekordhöhe. Indikatorbericht zur Innovationserhebung 2024. Hg. v. Leibniz-Zentrum für Europäische Wirtschaftsforschung (ZEW). Mannheim. Online verfügbar unter https://ftp.zew.de/pub/zew-docs/mip/24/mip_2024.pdf?_gl=1*1pfwddh*_ga*NTcwMjc3MDk3LjE3MzkzNzgwNzc.*_ga_KFD4G5CY27*MTczOTM3ODA3Ni4xLjAuMTczOTM3ODA3Ni4wLjAuMA., zuletzt geprüft am 12.02.2025.

Drees & Sommer (05.08.2022): Auf den Hund gekommen: Roboterhund Spot digitalisiert Baustellen. Stuttgart. Müller; Hanna. Online verfügbar unter https://www.dreso.com/de/aktuelles/details/auf-den-hund-gekommen-roboterhund-spot-digitalisiert-baustellen?, zuletzt geprüft am 15.02.2025.

Dubois, Anna; Gadde, Lars-Erik (2002): The construction industry as a loosely coupled system: implications for productivity and innovation. In: *Construction Management and Economics* 20 (7), S. 621–631. https://doi.org/10.1080/01446190210163543.

Dukino, Claudia; Friedrich, Michaela; Ganz, Walter; Hämmerle, Moritz; Kötter, Falko; Meiren, Thomas et al. (2019): Künstliche Intelligenz in der Unternehmespraxis. Studie zu Auswirkungen auf Dienstleistung und Produktion. Unter Mitarbeit von Moritz Bauer, Walter Ganz, Moritz Hämmerle und Thomas Renner. Hg. v. Fraunhofer Verlag. Fraunhofer-Institut für Arbeitswirtschaft und Organisation IAO. Stuttgart. Online verfügbar unter https://publica-rest.fraunhofer.de/server/api/core/bitstreams/0dd40c4f-9c68-4fbe-ba56-e4743834805d/content, zuletzt geprüft am 29.03.24.

Dukino, Claudia; Kutzias, Damian; Leuteritz, Jan-Paul (2023): Leitfaden zur Durchführung von KI-Projekten. Menschenzentrierung von der Idee bis zur Anwendung. Hg. v. Oliver Riedel, Katharina Hölzle, Wilhelm Bauer und Matthias Peissner. Fraunhofer IAO. Stuttgart. Online verfügbar unter https://publica-rest.fraunhofer.de/server/api/core/bitstreams/6393a36f-4b26-4639-85cd-bda9233a7466/content, zuletzt geprüft am 15.09.2024.

Emig, Julius; Siegele, Dietmar; Terzer, Michael (2024): Digitalisierung und KI in der Baurobotik: Eine Analyse der aktuellen Entwicklungen und zukünftigen Potenziale. In: Shervin Haghsheno, Gerhard Satzger, Svenja Lauble und Michael Vössing (Hg.): Künstliche Intelligenz im Bauwesen. Wiesbaden: Springer Fachmedien Wiesbaden, S. 413–429.

empower GmbH; Nielsen Company (Hg.) (2020): Die große Office Software Studie. Wie Unternehmen mit Office arbeiten. Köln. Online verfügbar unter https://www.empowersuite.com/hubfs/Marketing/Downloads/Office%20Studie%202020/Die%20gro%C3%9Fe%20Office%20Software%20Studie_empower%20GmbH.pdf, zuletzt geprüft am 08.03.2025.

Emunds, Christoph; Lorenz, Clara-Larissa; Frisch, Jérôme; van Treeck, Christoph (2024): Entwurfsfindung und Performanceoptimierung mit Machine Learning Methoden. In: Shervin Haghsheno, Gerhard Satzger, Svenja Lauble und Michael Vössing (Hg.): Künstliche Intelligenz im Bauwesen. Wiesbaden: Springer Fachmedien Wiesbaden, S. 101–120.

Etscheid, Jan; von Lucke, Jörn; Braun, Steffen; Stroh, Felix (2020): Künstliche Intelligenz in der öffentlichen Verwaltung. Anwendungsfelder und Szenarien. Hg. v. Wilhelm Bauer, Oliver Riedel und Steffen Braun. Fraunhofer-Institut für Arbeitswirtschaft und Organisation IAO. Online verfügbar unter https://publica-rest.fraunhofer.de/server/api/core/bitstreams/d3d9f520-1fd4-4516-98d6-a3370c134155/content, zuletzt geprüft am 16.12.2024.

EU-Kommission (20.05.2003): Amtsblatt der Europäischen Union. L 124/51, vom 46. Jahrgang. Fundstelle: EUR-Lex.

Europäische Union (EU) (2021a): Art. 1 DSGVO Gegenstand und Ziele. 2016/679, vom 04.03.2021. Fundstelle: Amtsblatt der Europäischen Union. Online verfügbar unter https://dsgvo-gesetz.de/art-1-dsgvo/, zuletzt geprüft am 07.07.2024.

Europäische Union (EU) (2021b): Art. 22 DSGVO Automatisierte Entscheidungen im Einzelfall einschließlich Profiling. 2016/679, vom 04.03.2021. Fundstelle: Amtsblatt der Europäischen Union. Online verfügbar unter https://dsgvo-gesetz.de/art-22-dsgvo/, zuletzt geprüft am 01.07.2024.

European Commission (Hg.) (2019): A Definition of AI: Main Capabilities and Disciplines. Definition developed for the purpose of the AI HLEG's deliverables. Online verfügbar unter https://digital-strategy.ec.europa.eu/en/library/definition-artificial-intelligence-main-capabilities-and-scientific-disciplines, zuletzt geprüft am 08.06.2024.

Fiedler, Martin (2018a): Das Toyota-Production-System TPS. In: Martin Fiedler (Hg.): Lean Construction – Das Managementhandbuch. Berlin, Heidelberg: Springer Berlin Heidelberg, S. 39–63.

Fiedler, Martin (Hg.) (2018b): Lean Construction – Das Managementhandbuch. Berlin, Heidelberg: Springer Berlin Heidelberg.

Fitzenberger, Bernd; Kagerl, Christian (2025): Arbeitsmarkt im Wandel: Deutschland muss die Transformation annehmen, um seine Produktivität und Wettbewerbsfähigkeit zu stärken. Hg. v. Institut für Arbeitsmarkt- und Berufsforschung (IAB). Nürnberg (IAB-FORSCHUNGSBERICHT, 12/2025). Online verfügbar unter https://doku.iab.de/forschungsbericht/2025/fb1225.pdf?, zuletzt geprüft am 29.05.2025.

Fitzgerald, Brian (2006): The Transformation of Open Source Software. In: *MIS Quarterly* 30 (3), S. 587–598. https://doi.org/10.2307/25148740.

Flegler, Philip; Krämer, Hagen (2021): Das Produktivitätsparadoxon der unternehmensbezogenen Dienstleistungen. In: *ifo Schnelldienst* 74 (03/2021), S. 38–45. Online verfügbar unter https://www.ifo.de/DocDL/sd-2021-03-flegler-kraemer-produktivitaetsparadoxon-dienstleister.pdf, zuletzt geprüft am 06.09.2024.

Fleischer, Nicole; Singer, Kirstin (2024): Berichte: Blickpunkt Arbeitsmarkt – Arbeitsmarktsituation in der Bauwirtschaft. Zahlen, Daten und Fakten zum Arbeits- und Ausbildungsmarkt. Bundesagentur für Arbeit Statistik/Arbeitsmarktberichterstattung. Nürnberg. Online verfügbar unter https://statistik.arbeitsagentur.de/DE/Statischer-Content/Statistiken/Themen-im-Fokus/Wirtschaftszweige/generische-Publikationen/Arbeitsmarktsituation-Bauwirtschaft.pdf?__blob=publicationFile, zuletzt geprüft am 30.12.2025.

Forrester Consulting (Hg.) (2020): The Total Economic Impact of IBM Watson Assistant. Cost Savings and Business Benefits Enabled By Watson Assistant. Unter Mitarbeit von Veronica Iles. Online verfügbar unter https://www.ibm.com/watson/assets/duo/pdf/watson_assistant/The_Total_Economic_Impact_of_IBM_Watson_Assistant-March_2020_v3.pdf, zuletzt geprüft am 30.06.2024.

Franken, Rolf; Franken, Swetlana (2023): Wissen, Lernen und Innovation im digitalen Unternehmen. 3. Aufl. Wiesbaden: Springer Fachmedien Wiesbaden. Online verfügbar unter https://link.springer.com/book/10.1007/978-3-658-40822-0#overview, zuletzt geprüft am 10.02.2025.

Fuchs, Stefan (30.04.2018): Große Chancen und gewaltige Risiken – Der Cambridge-Analytica-Skandal zeigt die Gefahren der Künstlichen Intelligenz. Interview mit Reinhard Heil. Tonspur.

Geissbauer, Reinhard; Schrauf, Stefan; Koch, Volkmar; Kuge, Simon (2014): Industrie 4.0 – Chancen und Herausforderungen der vierten industriellen Revolution. Hg. v. PricewaterhouseCoopers International (PwC). Online verfügbar unter https://www.pwc.ch/de/publications/2016/pwc_studie_industrie_d.pdf, zuletzt geprüft am 06.06.2025.

Giannakidis, Alexandros; Stolze, Dennis; Weber-Lewerenz, Bianca (2021): KI in der Bauwirtschaft. Einsatzmöglichkeiten für Planung, Realisierung und Betrieb von Bauwerken. Unter Mitarbeit von Wilhelm Bauer, Oliver Riedel, Thomas Renner und Matthias Peissner. Hg. v. Fraunhofer IAO. Online verfügbar unter http://publica.fraunhofer.de/dokumente/N-630669.html, zuletzt geprüft am 27.04.2024.

Gilbreth, Frank B. (1909): Bricklaying system. New York: M.C. Clark Pub. Co.

Gniechwitz, Timo; Halstenberg, Michael; Walberg, Dietmar (2015): Kostentreiber für den Wohnungsbau. Untersuchung und Betrachtung der wichtigsten Einflussfaktoren auf die Gestehungskosten und auf die aktuelle Kostenentwicklung von Wohnraum in Deutschland. Hg. v. Arbeitsgemeinschaft für zeitgemäßes Bauen e. V. Kiel. Online verfügbar unter https://www.impulse-fuer-den-wohnungsbau.de/fileadmin/images/Studien/kostentreiber/kostentreiber-fuer-den-wohnungsbau_studie.pdf, zuletzt geprüft am 08.02.2025.

Gopinath, Gita (2023): Harnessing AI for Global Good. In: *Finance & Development* Dezember 2023, S. 70–72.

Göppert, Amon; Münker, Sören; Schäper, Lukas; Schmitt, Robert H.; Strehl, Jan (2024): Robotergestütztes Schrauben – Endeffektor-basierte Sensorsysteme für mobile Roboter. In: Sigrid Brell-Cokcan und Robert H. Schmitt (Hg.): IoC – Internet of Construction. Informationsnetzwerke zur unternehmensübergreifenden Kollaboration in den Fertigungsketten des Bauwesens. 1st ed. 2024. Wiesbaden: Springer Fachmedien Wiesbaden; Imprint Springer Vieweg, S. 567–588.

Gorecky, Dominic; Schmitt, Mathias; Loskyll, Matthias (2014): Mensch-Maschine-Interaktion im Industrie 4.0-Zeitalter. In: Thomas Bauernhansl, Michael ten Hompel und Birgit Vogel-Heuser (Hg.): Industrie 4.0 in Produktion, Automatisierung und Logistik. Wiesbaden: Springer Fachmedien Wiesbaden, S. 525–542.

Graven, Mellony; Lerman, Stephen (2003): Wenger, E. (1998). Communities of practice: Learning, meaning and identity (6). Online verfügbar unter https://www.researchgate.net/publication/225256730_Wenger_E_1998_Communities_of_practice_Learning_meaning_and_identity, zuletzt geprüft am 28.12.2025.

Grienberger, Katharina; Matthes, Britta; Paulus, Wiebke (2024): Folgen des technologischen Wandels für den Arbeitsmarkt. Vor allem Hochqualifizierte bekommen die Digitalisierung verstärkt zu spüren. Hg. v. Institut für Arbeitsmarkt- und Berufsforschung (IAB). Nürnberg (Nr. 5). Online verfügbar unter https://doku.iab.de/kurzber/2024/kb2024-05.pdf, zuletzt geprüft am 29.03.2024.

Grömling, Michael (2001): Die deutsche Bauwirtschaft im sektoralen Strukturwandel. Köln: Deutscher-Instituts-Verlag (div) (266).

Grömling, Michael; Henger, Ralph; Obst, Thomas; Puls, Thomas; Tiedemann, Jurek; Voigtländer, Michael; Werner, Dirk (2024): Volkswirtschaftliche Bedeutung der Bauwirtschaft. Hg. v. Institut der deutschen Wirtschaft (IW). Köln. Online verfügbar unter https://www.iwkoeln.de/studien/michael-voigtlaender-volkswirtschaftliche-bedeutung-der-bauwirtschaft.html, zuletzt geprüft am 01.09.2024.

Haghsheno, Shervin; Satzger, Gerhard; Lauble, Svenja; Vössing, Michael (Hg.) (2024): Künstliche Intelligenz im Bauwesen. Wiesbaden: Springer Fachmedien Wiesbaden.

Hagsheno, Shervin; John, (Paul) Christian; Maier, Eliane; Niederprüm, Katharina (2025): Lean Construction in Deutschland. Studie zum Status quo von Verbreitung und Anwendung. Hg. v. Karlsruher Institut für Technologie (KIT) und German Lean Construction Institute – GLCI e. V. https://doi.org/10.5445/IR/1000186403. Online verfügbar unter publikationen.bibliothek.kit.edu/1000186403, zuletzt geprüft am 16.01.2026.

Hahn, Hans-Werner (2011): Die Industrielle Revolution in Deutschland: Oldenbourg Wissenschaftsverlag.

Halopé, Hubert; Larsen, Benjamin; Li, Cathy; Velasco, Lucia (2023): The Presidio Recommendations on Responsible Generative AI. Hg. v. World Economic Forum. Online verfügbar unter https://www3.weforum.org/docs/WEF_Presidio_Recommendations_on_Responsible_Generative_AI_2023.pdf, zuletzt geprüft am 17.04.2025.

Hauptverband der Deutschen Bauindustrie e. V. (Hg.) (2022): Das Image der Bauwirtschaft in Deutschland. Eine Repräsentativbefragung der deutschen Bevölkerung ab 16 Jahren. Institut für Demoskopie Allensbach. Online verfügbar unter https://www.bauindustrie.de/fileadmin/bauindustrie.de/Media/Pressemitteilungen/Allensbach_Imagestudie_Zusammenfassung.pdf, zuletzt geprüft am 22.03.2025.

Hauptverband der Deutschen Bauindustrie e. V. (Hg.) (2025): Brancheninfo Bau. Produktivität im Baugewerbe – ein statistischer Befund. Online verfügbar unter https://www.bauindustrie.de/fileadmin/bauindustrie.de/Zahlen_Fakten/BrancheninfoBau/BIB_-_Produktivitaet_im_Bauhauptgewerbe.pdf.

Henning, Friedrich-Wilhelm (1995): Die Industrialisierung in Deutschland 1800 bis 1914. 9. Aufl. Paderborn: Schöningh (UTB für Wissenschaft Uni-Taschenbücher Wirtschafts- und Sozialgeschichte, 145).

Hildesheim, Wolfgang; Michelsen, Dirk (2021): Künstliche Intelligenz im Jahr 2020 – Aktueller Stand von branchenübergreifenden KI-Lösungen: Was ist möglich?, Was nicht?, Beispiele und Empfehlungen. In: Peter Buxmann und Holger Schmidt (Hg.): Künstliche Intelligenz. Mit Algorithmen zum wirtschaftlichen Erfolg. 2., aktualisierte und erweiterte Auflage. Berlin, Heidelberg: Springer Gabler, S. 183–201.

Hoff, Philipp; Schober, Kai-Stefan; Sold, Konstantin (2016): Die Digitalisierung der Bauwirtschaft. Der europäische Weg zu "Construction 4.0". Hg. v. Roland Berger GmbH. Online verfügbar unter https://www.rolandberger.com/publications/publication_pdf/roland_berger_digitalisierung_bauwirtschaft_final.pdf, zuletzt geprüft am 27.04.2024.

Höh, Hartmut (2003): Baugewerbe in Deutschland. Struktur und Entwicklung seit 1995. Hg. v. Statistisches Bundesamt. Wiesbaden. Online verfügbar unter https://www.destatis.de/DE/Methoden/WISTA-Wirtschaft-und-Statistik/2003/01/baugewerbe-deutschland-012003.pdf?__blob=publicationFile, zuletzt geprüft am 07.02.2025.

Huber, Danier; Kaiser, Thomas (2017): Wie das Internet der Dinge neue Geschäftsmodelle ermöglicht. In: Stefan Reinheimer (Hg.): Industrie 4.0. Herausforderungen, Konzepte und Praxisbeispiele. Wiesbaden: Springer Fachmedien Wiesbaden, S. 17–27.

Hupfer, Garlef (2024): Baukosten – wirtschaftliche Potenziale zentralisierter Datenplattformen für den Informationsaustausch in Bauprojekten. In: Sigrid Brell-Cokcan und Robert H. Schmitt (Hg.): IoC – Internet of Construction. Informationsnetzwerke zur unternehmensübergreifenden Kollaboration in den Fertigungsketten des Bauwesens. 1st ed. 2024. Wiesbaden: Springer Fachmedien Wiesbaden; Imprint Springer Vieweg, S. 855–870.

International Federation of Robotics (24.09.2024): Industrie in Deutschland installiert so viele Roboter wie nie zuvor. Frankfurt. Heer, Carsten. Online verfügbar unter https://ifr.org/downloads/press2018/2024-SEP-24_IFR_Pressemeldung_World_Robotics_2024_-_deutscher_Markt.pdf?, zuletzt geprüft am 15.02.2025.

Jäkel, Jan-Iwo; Klemt-Albert, Katharina (2024): Barrieren und Treiber von Robotik im Bauwesen. In: Shervin Haghsheno, Gerhard Satzger, Svenja Lauble und Michael Vössing (Hg.): Künstliche Intelligenz im Bauwesen. Wiesbaden: Springer Fachmedien Wiesbaden, S. 377–394.

Jäkel, Jan-Iwo; Klemt-Albert, Katharina; Zoghian, Peyman Mohammed (2024): Anwendungsfelder und Implementierungsmodelle von Robotik im Bauwesen. In: Shervin

Haghsheno, Gerhard Satzger, Svenja Lauble und Michael Vössing (Hg.): Künstliche Intelligenz im Bauwesen. Wiesbaden: Springer Fachmedien Wiesbaden, S. 395–412.

Janorschke, Barbara; Rebel, Birgit; Pritzel, Cornelia; Luetzkendorf, Ingrid; Schalling, Kerstin; Kott, Matthias et al. (2015): Einfluss von typisierten und vorgefertigten Bauteilen oder Bauteilgruppen auf die Kosten von Neubauten und Bestandsmodernisierungen. Abschlussbericht. Hg. v. Stadt-und Raumforschung (BBSR) Bundesamt für Bauwesen und Raumordnung (BBR) Im Bundesinstituts für Bau. Online verfügbar unter https://www.irbnet.de/daten/baufo/20150156/Endbericht.pdf, zuletzt geprüft am 08.02.2025.

Kapitza, Simon (2024): Unsere forschungspolitischen Empfehlungen für Reallabore – Freiräume für die Entwicklung von Innovationen. Sichere Rahmenbedingungen für innovationsförderliche Testumgebungen von Forschung, Entwicklung und Skalierung. Hg. v. Fraunhofer-Gesellschaft zur Förderung der angewandten Forschung e. V. München. Online verfügbar unter https://www.fraunhofer.de/content/dam/zv/de/ueber-fraunhofer/wissenschaftspolitik/btw2025/Fraunhofer-Positionspapier-Reallabore.pdf, zuletzt geprüft am 17.02.2025.

Kearns, Jeff (2023): AI's Reverberations across Finance. In: *Finance & Development* Dezember 2023.

Kerkhof, Anna; Licht, Thomas; Menkhoff, Manuel; Wohlrabe, Klaus (2024): Die Nutzung von Künstlicher Intelligenz in der deutschen Wirtschaft. In: *ifo Schnelldienst* 77 (Nr. 08), S. 39–43. Online verfügbar unter https://www.ifo.de/publikationen/2024/aufsatz-zeitschrift/ki-in-der-deutschen-wirtschaft, zuletzt geprüft am 28.08.2024.

Kitzmann, Quirin; Brenk, William (2018): Entwicklung von Lean Management hin zu Lean Construction. In: Martin Fiedler (Hg.): Lean Construction – Das Managementhandbuch. Berlin, Heidelberg: Springer Berlin Heidelberg, S. 79–82.

Koppe, Timo; Schatz, Jonas; Hornung, Thomas (2021): Herausforderungen und Potenziale von KI-gestützter visueller Inspektion in der Elektronikindustrie. In: Peter Buxmann und Holger Schmidt (Hg.): Künstliche Intelligenz. Mit Algorithmen zum wirtschaftlichen Erfolg. 2., aktualisierte und erweiterte Auflage. Berlin, Heidelberg: Springer Gabler, S. 65–80.

Korinek, Anton; Suh, Donghyun (2024): Scenarios for the Transition to AGI. In: *Nation Bureau of economic research*, Artikel 32255, S. 1–45. Online verfügbar unter https://www.nber.org/system/files/working_papers/w32255/w32255.pdf, zuletzt geprüft am 04.09.2024.

Kraus, Petra (2024): Neubauten zunehmend mit großem Projektvolumen. Brancheninfo Bau. Hg. v. Hauptverband der Deutschen Bauindustrie e. V. Online verfügbar unter https://www.bauindustrie.de/fileadmin/bauindustrie.de/Zahlen_Fakten/Brancheninfo Bau/BiB_-_Neubauten_zunehmend_mit_grossem_Projektvolumen.pdf, zuletzt geprüft am 26.02.2025.

Kraus, Petra; Weitz, Heinrich (2024): Bauwirtschaft im Zahlenbild. Hg. v. Hauptverband der Deutschen Bauindustrie e. V. Berlin. Online verfügbar unter https://www.bauindustrie.de/fileadmin/bauindustrie.de/Zahlen_Fakten/Bauwirtschaft-im-Zahlenbild/Bauwirtschaft-im-Zahlenbild-2024-A5_final.pdf, zuletzt geprüft am 29.08.2024.

Kreutzer, Ralf T. (2023): Künstliche Intelligenz verstehen. Wiesbaden: Springer Fachmedien Wiesbaden.

Kreutzer, Ralf T.; Land, Karl-Heinz (2015): Dematerialisierung. Die Neuverteilung der Welt in Zeiten des digitalen Darwinismus. Köln: FUTURE VISION PRESS.

Kröger, Samy; Fiedler, Martin (2018): Praxiserfahrung aus der Implementierung von Lean Construction. In: Martin Fiedler (Hg.): Lean Construction – Das Managementhandbuch. Berlin, Heidelberg: Springer Berlin Heidelberg, S. 425–446.

Kshetri, Nir (2024): The rise of generative artificial intelligence. Impact on societies, economies and enterprises. Cheltenham, UK, Northampton, MA: Edward Elgar Publishing.

Künzler, Katrin; Robbi, Steffen; Schuster, Phlipp; Schuster, Anna (2022): Technologiereport: Digitalisierung der Bau- und Immobilienbranche. 32. Aufl. Hg. v. Bundesministerium für Klimaschutz, Umwelt, Energie, Mobilität, Innovation und Technologie (BMK) Österreich. Wien. Online verfügbar unter https://nachhaltigwirtschaften.at/resources/sdz_pdf/schriftenreihe-2022-32-dfs.pdf, zuletzt geprüft am 22.02.2025.

Landesregierung Mecklenburg-Vorpommern (Hg.) (2025): OZG-Referenzimpelemtierung: Digitale Baugenehmigung. Online verfügbar unter https://www.digitale-baugenehmigung.de/, zuletzt geprüft am 31.05.2025.

Lauble, Svenja; Chen, Hongrui; Haghsheno, Shervin (2024): Maschinelle Lernmodelle in der Terminplanung von Bauprojekten. In: Shervin Haghsheno, Gerhard Satzger, Svenja Lauble und Michael Vössing (Hg.): Künstliche Intelligenz im Bauwesen. Wiesbaden: Springer Fachmedien Wiesbaden, S. 153–167.

Leimböck, Egon; Iding, Andreas; Meinen, Heiko (2024): Bauwirtschaft. Grundlagen und Methoden. Wiesbaden: Springer Fachmedien Wiesbaden.

Matthay, Dieter (2006): Stand der arbeitswissenschaftlichen Forschung im Handwerk. Zugl.: Kassel., Univ., Diss, 2006. Kassel: Kassel Univ. Press. Online verfügbar unter https://forschungsnetzwerk.ams.at/dam/jcr:ccf94e00-3d0c-4cc6-b358-d0faa82af18f/arbeitswissenschaft_handwerk_kassel_matthay.pdf, zuletzt geprüft am 09.02.2025.

Meier, Carsten-Patrick (2023): Kapitalintensität und Arbeitsproduktivität im Baugewerbe. 45/2023. Hg. v. Bundesinstitut für Bau-, Stadt- und Raumforschung (BBSR). Online verfügbar unter https://www.bbsr.bund.de/BBSR/DE/veroeffentlichungen/bbsr-online/2023/bbsr-online-45-2023.html, zuletzt geprüft am 08.02.2025.

Meub, Lukas; Proeger, Till (2022): Künstliche Intelligenz in Handwerk und Mittelstand: Ein Forschungsüberblick. Hg. v. Volkswirtschaftliches Institut für Mittelstand & Handwerk an der Universität Göttingen. Göttingen. Online verfügbar unter https://www.econstor.eu/bitstream/10419/266611/1/ifh-Fb-1-2022.pdf, zuletzt geprüft am 08.06.2025.

Meyer-Heinrich, Hans (1949): Philipp Holzmann, Aktiengesellschaft im Wandel von hundert Jahren. 1849–1949. Leipzig, Frankfurt am Main: Deutsche Nationalbibliothek.

Mickwitz, Gunnar (1936): Die Kartellfunktionen der Zünfte und ihre Bedeutung bei der Entstehung des Zunftwesens. Helsingfors. Online verfügbar unter https://diglib.uibk.ac.at/download/pdf/4354246.pdf, zuletzt geprüft am 07.06.2025.

Nordhause-Janz, Jürgen; Rehfeld, Dieter; Welschhoff, Jessica (2011): High Tech, Low Tech, Construction Tech? Innovationsstrategien der Wertschöpfungskette Bau im europäischen Vergleich. Forschung Aktuell. No. 05/2011. Hg. v. Institut Arbeit und Technik (IAT) und Westfälische Hochschule, University of Applied Sciences. Gelsenkirchen. Online verfügbar unter https://www.econstor.eu/bitstream/10419/57220/1/690169884.pdf, zuletzt geprüft am 19.02.2025.

Norvig, Peter; Russell, Stuart (2010): Artificial Intelligence. A Modern Approach. 3. Aufl. New Jearsy: Pearson Education.

OECD (Hg.) (2020): Künstliche Intelligenz in der Gesellschaft. OECD Publishing. Paris. Online verfügbar unter https://www.oecd.org/de/publications/kunstliche-intelligenz-in-der-gesellschaft_6b89dea3-de.html, zuletzt geprüft am 07.06.2025.

OECD (Hg.) (2024): OECD-Bericht zu Künstlicher Intelligenz in Deutschland. Paris. Online verfügbar unter https://www.ki-strategie-deutschland.de/files/downloads/OECD-Bericht_K%C3%BCnstlicher_Intelligenz_in_Deutschland.pdf, zuletzt geprüft am 07.06.2025.

Oesterreich, Thuy Duong; Teuteberg, Frank (2016): Understanding the implications of digitisation and automation in the context of Industry 4.0: A triangulation approach and elements of a research agenda for the construction industry. In: *Computers in Industry* (83), S. 121–139. https://doi.org/10.1016/j.compind.2016.09.006.

Oesterreich, Thuy Duong; Teuteberg, Frank (2017): Industrie 4.0 in der Wertschöpfungskette Bau – Ferne Vision oder greifbare Realität? … In: Stefan Reinheimer (Hg.): Industrie 4.0. Herausforderungen, Konzepte und Praxisbeispiele. Wiesbaden: Springer Fachmedien Wiesbaden, S. 71–88.

Philipp, David (2019): Kosten und Nutzen einer frühzeitigen Einbindung von Expertenwissen in Allianzmodellen. In: Patrick Schwerdtner (Hg.): Kooperative Vertragsmodelle und baubetriebliche Lösungsansätze – Ist Deutschland reif für Alternativen? Beiträge zum Braunschweiger Baubetriebsseminar vom 22. Februar 2019. Braunschweig: Technische Universität Braunschweig Institut für Bauwirtschaft und Baubetrieb (Schriftenreihe des Instituts für Bauwirtschaft und Baubetrieb, Heft 63), S. 85–99.

Pierenkemper, Toni (1994): Gewerbe und Industrie im 19. und 20. Jahrhundert. München: Oldenbourg (Enzyklopädie deutscher Geschichte / hrsg. von Lothar Gall in Verbindung mit Peter Blickle, 29).

PricewaterhouseCoopers LLP (PwC) (Hg.) (2018a): Will robots really steal our jobs? An international analysis of the potential long term impact of automation. Online verfügbar unter https://www.pwc.com/hu/hu/kiadvanyok/assets/pdf/impact_of_automation_on_jobs.pdf, zuletzt geprüft am 07.06.2025.

PricewaterhouseCoopers LLP (PwC) (Hg.) (2018b): Auswirkungen der Nutzung von künstlicher Intelligenz in Deutschland. Unter Mitarbeit von Christian Kirschniak. Online verfügbar unter https://store.pwc.de/de/publications/auswirkungen-der-nutzung-von-kuenst licher-intelligenz-in-deutschland, zuletzt geprüft am 29.03.2024.

PTA GmbH (Hg.) (2025): Agentic AI in der Praxis. Potentziale, Hürden und Handlungsfelder für Unternehmen. Statista. Mannheim. Online verfügbar unter https://www.pta.de/wp-content/uploads/PTA-Whitepaper-Agentic-AI.pdf, zuletzt geprüft am 08.06.2025.

Quaas, Georg (2015): Der Preis zusätzlichen Wachstums – lang- und kurzfristige Effekte staatlicher Investitionen 95. (5), S. 350–358. Online verfügbar unter https://www.wirtsc haftsdienst.eu/inhalt/jahr/2015/heft/5/beitrag/der-preis-zusaetzlichen-wachstums-lang-und-kurzfristige-effekte-staatlicher-investitionen.html?, zuletzt geprüft am 31.05.2025.

Rahlf, Thomas (Hg.) (2022): Deutschland in Daten. Zeitreihen zur Historischen Statistik. Zweite, aktualisierte Auflage 2022. Bonn: Bundeszentrale für politische Bildung (Zeitbilder). Online verfügbar unter https://www.bpb.de/system/files/dokument_pdf/deu tschland_in_daten_online_komplett.pdf.

Ramm, Wieland (2012): Über die Anfänge des Eisenbetonbaus in Deutschland und die Pioniere der ersten Jahre. In: *Beton und Stahlbetonbau* 107 (5), S. 335–356. https://doi.org/10.1002/best.201108262.

Rifkin, Jeremy (2014): Die Null-Grenzkosten-Gesellschaft. Das Internet der Dinge, kollaboratives Gemeingut und der Rückzug des Kapitalismus. Frankfurt: Campus-Verl.

Roth, Armin (Hg.) (2016a): Einführung und Umsetzung von Industrie 4.0. Grundlagen, Vorgehensmodell und Use Cases aus der Praxis. 12016. Aufl.: Springer Gabler (SpringerLink).

Roth, Armin (2016b): Industrie 4.0 – Hype oder Revolution? In: Armin Roth (Hg.): Einführung und Umsetzung von Industrie 4.0. Grundlagen, Vorgehensmodell und Use Cases aus der Praxis. 12016. Aufl.: Springer Gabler (SpringerLink), S. 3–15.

Rüfer, Klaus (2020): Strecke 46: Die vergessene Autobahn. In: *Bayerischer Rundfunk*, 13.07.2020. Online verfügbar unter https://www.br.de/radio/bayern2/strecke-46-die-vergessene-autobahn-100.html, zuletzt geprüft am 14.01.2025.

Scheer, August-Wilhelm (2020): Unternehmung 4.0. Wiesbaden: Springer Fachmedien Wiesbaden.

Schnupp, Peter; Thuy, Nguyen Huu Chau (1989): Wissensverarbeitung und Expertensysteme. 1st ed. Berlin/München/Boston: Walter de Gruyter GmbH (Handbuch der Informatik Series, v.6.1). Online verfügbar unter https://www.degruyter.com/isbn/9783110704341.

Schumpeter, Josef (1939): Business Cycles. A Theoretical, Historical and Statistical Analysis of the Capitalist Process. New York Toronto London: McGraw-Hill Book Company. Online verfügbar unter https://www.mises.at/static/literatur/Buch/schumpeter-business-cycles-a-theoretical-historical-and-statistical-analysis-of-the-capitalist-process.pdf, zuletzt geprüft am 30.03.2025.

Sexton, Martin; Barrett, Peter (2003): Appropriate innovation in small construction firms. In: *Construction Management and Economics* 21, 2003 (6), S. 623–633.

Siepmann, David (2016): Industrie 4.0 – Grundlagen und Gesamtzusammenhang. In: Armin Roth (Hg.): Einführung und Umsetzung von Industrie 4.0. Grundlagen, Vorgehensmodell und Use Cases aus der Praxis. 12016. Aufl.: Springer Gabler (SpringerLink), S. 19–74.

Sommer, Ulf; Olk, Julian (2024): Standort-Debatte: In Deutschland gibt es so wenig ausländische Investitionsprojekte wie seit zehn Jahren nicht mehr. Hg. v. Handelsblatt Media Group GmbH & Co. KG. Online verfügbar unter https://www.handelsblatt.com/unternehmen/management/standort-debatte-in-deutschland-gibt-es-so-wenig-auslaendische-investitionsprojekte-wie-seit-zehn-jahren-nicht-mehr/100034810.html, zuletzt geprüft am 10.05.2025.

Stanford University (Hg.) (2025): Artificial Intelligence Index Report 2025. Stanford, California. Online verfügbar unter https://hai.stanford.edu/assets/files/hai_ai_index_report_2025.pdf, zuletzt geprüft am 29.12.2025.

Statista (Hg.) (2024a): Baupreisentwicklung in Deutschland. Online verfügbar unter https://de.statista.com/statistik/studie/id/163571/dokument/baupreisentwicklung-in-deutschland/, zuletzt geprüft am 08.02.2025.

Statista (Hg.) (2024b): Industrie 4.0 in Deutschland. Online verfügbar unter https://de.statista.com/statistik/studie/id/21467/dokument/industrie-40-in-deutschland/, zuletzt geprüft am 08.06.2025.

Statistisches Bundesamt (Hg.) (2021): Architecture & Engineering offices. WZ 71 – Statista Industry Report – Germany 2021. Online verfügbar unter https://www.statista.com/study/46605/architecture-and-engineering-offices-in-germany/, zuletzt geprüft am 29.08.2024.

Statistisches Bundesamt (Hg.) (2022): Bauhauptgewerbe / Ausbaugewerbe / Bauträger. Lange Reihen der jährlichen Betriebserhebungen 2021. Online verfügbar unter https://www.destatis.de/DE/Themen/Branchen-Unternehmen/Bauen/Publikationen/Downloads-Baugewerbe-Struktur/lange-reihen-betriebserhebung-bau-ausbaugewerbe-pdf-5442001.pdf?__blob=publicationFile, zuletzt geprüft am 31.08.2024.

Statistisches Bundesamt (25.11.2024): Jedes fünfte Unternehmen nutzt künstliche Intelligenz. Wiesbaden. Online verfügbar unter https://www.destatis.de/DE/Presse/Pressemitteilungen/2024/11/PD24_444_52911.html, zuletzt geprüft am 07.01.2026.

Statistisches Bundesamt (Hg.) (2025a): Kostenstrukturerhebung im Baugewerbe: EVAS-Nummer 44253. Wiesbaden. Online verfügbar unter https://www.statistischebibliothek.de/mir/receive/DESerie_mods_00008083, zuletzt geprüft am 06.01.2026.

van Ark, Bart; Hao, Janet X.; Corrado, Carol; Hulten, Charles (2009): Measuring intangible capital and its contribution to economic growth in Europe. Hg. v. European Investment Bank (EIB). Luxembourg (Vol. 14 Iss. 1). Online verfügbar unter https://www.econstor.eu/bitstream/10419/44905/1/618780114.pdf, zuletzt geprüft am 21.02.2025.

van't Spijker, Arent (2014): The new oil. Using innovative business models to turn data into profit. Basking Ridge, NJ: Technics Publications.

Wengenroth, Ulrich (1991): Deutsche Wirtschafts- und Technikgeschichte im 19. und 20. Jahrhundert. In: Michael Behnen, Jost Dülffer, Ulrich Lange, Wolfgang Michalka, Hans Schmidt, Martin Vogt et al. (Hg.): Deutsche Geschichte. Stuttgart: J.B. Metzler, S. 298–348.

Will, Frank (2022): Automatisierte Baumaschinen und Bau-Robotik. In: Christoph Jacob und Sara Kukovec (Hg.): Auf dem Weg zu einer nachhaltigen, effizienten und profitablen Wertschöpfung von Gebäuden. Wiesbaden: Springer Fachmedien Wiesbaden, S. 335–360.

Winston, Patrick Henry; Horn, Berthold K. P. (1987): LISP. 2. Aufl. Bonn: Addison-Wesley (Reihe Künstliche Intelligenz).

Wohlrabe, Klaus (2025): Mehr KI, weniger Jobs? Was Unternehmen in Deutschland erwarten. In: *ifo Schnelldienst* Digital (8/2025, 16. Juni). Hg. v. Leibniz-Institut für Wirtschaftsforschung an der Universität München e. V. (ifo-Institut). Online verfügbar unter https://www.ifo.de/DocDL/sd-digital-2025-08-wohlrabe-ki-beschaeftigungseffekte.pdf, zuletzt geprüft am 17.01.2026.

World Economic Forum (Hg.) (2018): The future of jobs report 2018. Unter Mitarbeit von Till Alexander Leopold, Vesselina Stefanova Ratcheva und Saadia Zahidi. Cologny/Geneva (Insight report). Online verfügbar unter https://www.weforum.org/reports/the-future-of-jobs-report-2018, zuletzt geprüft am 07.07.2024.

World Economic Forum (Hg.) (2023): Future of Jobs Report 2023. Cologny/Geneva (Insight report). Online verfügbar unter https://www3.weforum.org/docs/WEF_Future_of_Jobs_2023.pdf, zuletzt geprüft am 07.07.2024.

World Economic Forum (Hg.) (2025): Future of Jobs Report 2025. Cologny/Geneva (Insight report). Online verfügbar unter https://reports.weforum.org/docs/WEF_Future_of_Jobs_Report_2025.pdf, zuletzt geprüft am 29.12.2025.

Zentralverband des Deutschen Baugewerbes e. V. (Hg.) (2019): Geschäftsbericht 2018. Berlin. Online verfügbar unter https://www.zdb.de/fileadmin/publikationen/Geschaeftsbericht/ZDB_Geschaeftsbericht_2018.pdf, zuletzt geprüft am 08.06.2025.

Literaturverzeichnis (Internetquellen)

Accenture (Hg.) (2016): Artificial Intelligence Poised to Double Annual Economic Growth Rate in 12 Developed Economies and Boost Labor Productivity by up to 40 Percent by 2035, According to New Research by Accenture. Online verfügbar unter https://newsroom.accenture.com/news/2016/artificial-intelligence-poised-to-double-annual-economic-growth-rate-in-12-developed-economies-and-boost-labor-productivity-by-up-to-40-percent-by-2035-according-to-new-research-by-accenture, zuletzt geprüft am 02.07.2024.

Ackerman, Carly; Clugage, Julie; Titus, Amy (2019): Flipping the narrative towards a brighter future of work. Hg. v. Deloitte Development LCC. Online verfügbar unter https://www2.deloitte.com/content/dam/Deloitte/us/Documents/human-capital/us-human-capital-flipping-the-narrative-toward-brighter-future-of-work.pdf, zuletzt geprüft am 06.07.2024.

Alice Technologies Inc. (Hg.) (2025a): Alice – Construction schedule optimization plattform. Online verfügbar unter https://www.alicetechnologies.com/home, zuletzt geprüft am 18.02.2025.

Alice Technologies Inc. (Hg.) (2025b): ALICE Helps AF Gruppen Reduce Project Duration by 18% and Costs by 30%. Online verfügbar unter https://blog.alicetechnologies.com/case-studies/af-gruppen, zuletzt geprüft am 18.02.2025.

Bauletter (Hg.) (2025): BIM Monitor 2025. Online verfügbar unter https://www.bauletter.de/archiv/2025/2025-05-12.php, zuletzt geprüft am 05.01.2026.

Barnes, Matt (2023): World inverse reinforcement learning in Google Maps. Hg. v. Google Research. Online verfügbar unter https://research.google/blog/world-scale-inverse-reinforcement-learning-in-google-maps/, zuletzt geprüft am 01.07.2024.

Bau- und Liegenschaftsbetrieb NRW (Hg.) (2025): Integrierte Projektabwicklung mit Mehrparteienvertrag. Online verfügbar unter https://www.blb.nrw.de/service/service-fuer-auftragnehmer/integrierte-projektabwicklung-mit-mehrparteienvertrag?, zuletzt geprüft am 01.06.2025.

Bauaufsicht Frankfurt (Hg.) (2025): Digitaler Bauantrag. Online verfügbar unter https://www.bauaufsicht-frankfurt.de/service/digitaler-bauantrag, zuletzt geprüft am 31.05.2025.

Bayerische Ingenieurekammer-Bau (Hg.) (2022): BIM-Monitor 2022 erschienen. Ist Deutschland bereit für Digitalisierung im Bau? BauInfoConsult GmbH. Online verfügbar unter https://www.bayika.de/de/aktuelles/meldungen/2022-12-12_BIM-Monitor-2022-erschienen.php, zuletzt geprüft am 05.09.2024.

Bendel, Oliver (2021): Definition: Smart Home. Hg. v. Gabler Wirtschaftslexikon. Online verfügbar unter https://wirtschaftslexikon.gabler.de/definition/smart-home-54137/version-384532, zuletzt aktualisiert am 13.07.2021, zuletzt geprüft am 23.03.2025.

Berufsgenossenschaft Holz und Metall (BGHM) (2025): Exoskelette für den betrieblichen Einsatz. Online verfügbar unter https://www.bghm.de/arbeitsschuetzer/themen/ergonomie-und-arbeitsgestaltung/exoskelette-fuer-den-betrieblichen-einsatz, zuletzt geprüft am 16.01.2026.

BG Bau (Hg.) (2024): Robotik in der Bauwirtschaft. Online verfügbar unter https://bauportal.bgbau.de/bauportal-42024/zukunft-des-bauens/robotik-in-der-bauwirtschaft?, zuletzt geprüft am 15.02.2025.

Bundeszentrale für politische Bildung (Hg.) (2025a): Definition: Arbeitsproduktivität. Online verfügbar unter https://www.bpb.de/kurz-knapp/lexika/lexikon-der-wirtschaft/18683/arbeitsproduktivitaet/, zuletzt geprüft am 01.06.2025.

Bundeszentrale für politische Bildung (Hg.) (2025b): Definition: Kapitalstock. Bibliographisches Institut. Online verfügbar unter https://www.bpb.de/kurz-knapp/lexika/lexikon-der-wirtschaft/19941/kapitalstock/, zuletzt geprüft am 01.06.2025.

Bundeszentrale für politische Bildung (Hg.) (2025c): Definition: Taylorismus. Bibliographisches Institut. Online verfügbar unter https://www.bpb.de/kurz-knapp/lexika/lexikon-der-wirtschaft/20825/taylorismus/, zuletzt geprüft am 03.02.2025.

BWI Bau – Institut der Bauwirtschaft (Hg.) (2025): Volkswirtschaftliche Bedeutung der deutschen Bauwirtschaft. Online verfügbar unter https://www.bwi-bau.de/bwi-bau/aktuelles/news/2115?cHash=93bf5039b6e716d5b60f7f45a86f882f, zuletzt geprüft am 29.12.2025.

Chui, Michael; Mischke, Jan (2019): The impact and opportunities of automation in construction. Hg. v. McKinsey & Company. Online verfügbar unter https://www.mckinsey.com/capabilities/operations/our-insights/the-impact-and-opportunities-of-automation-in-construction, zuletzt geprüft am 01.06.2025.

Cottier, Ben (2023): Trend in the Dollar Training Cost of Machine Learning Systems. Hg. v. epochai.org. Online verfügbar unter https://epochai.org/blog/trends-in-the-dollar-training-cost-of-machine-learning-systems, zuletzt geprüft am 01.06.2025.

Deutsches Ingenieurblatt (Hg.) (2023): KI-Werkzeug "BauGPT". Crafthunt. Online verfügbar unter https://www.deutsches-ingenieurblatt.de/news/newsdetail/ki-werkzeug-baugpt, zuletzt geprüft am 18.02.2025.

Deutsches Institut für Wirtschaftsforschung e. V. (DIW) (Hg.) (2025): Definition: Totale Faktorproduktivität. Online verfügbar unter https://www.diw.de/de/diw_01.c.430429.de/totale_faktorproduktivitaet.html, zuletzt geprüft am 01.06.2025.

Europäisches Parlament (Hg.) (2023): Was ist künstliche Intelligenz und wie wird sie genutzt? Online verfügbar unter https://www.europarl.europa.eu/topics/de/article/20200827STO85804/was-ist-kunstliche-intelligenz-und-wie-wird-sie-genutzt, zuletzt geprüft am 02.07.2024.

f:data GmbH (Hg.) (2025): Fixkosten. Online verfügbar unter https://www.bauprofessor.de/fixkosten/, zuletzt geprüft am 27.02.2025.

Feess, Eberhard (2024): Definition: allgemein anerkannte Regeln der Technik. Hg. v. Gabler Wirtschaftslexikon. Online verfügbar unter https://wirtschaftslexikon.gabler.de/definition/allgemein-anerkannte-regeln-der-technik-30210, zuletzt geprüft am 17.02.2025.

Geitel, Oskar Maria (2019): HOAI verstößt gegen EU-Recht (EuGH, Urt. v. 04.07.2019 – Rs. C-377/17). Hg. v. Deutsches Vergabenetzwerk. Kapellmann und Partner Rechtsanwälte. Online verfügbar unter https://vergabeblog.de/2019-07-04/hoai-verstoesst-gegen-eu-recht-eugh-urt-v-04-07-2019-rs-c-377-17/, zuletzt geprüft am 27.02.2025.

Google Deep Mind (Hg.) (2016): AlphaGo – Google DeepMind. Online verfügbar unter https://deepmind.google/technologies/alphago/, zuletzt geprüft am 08.06.2024.

Hauptverband der Deutschen Bauindustrie e. V. (Hg.) (2024): Brancheninfo Bau. Produktivität im Baugewerbe – ein statistischer Befund. 06.12.2024. Online verfügbar unter https://www.bauindustrie.de/fileadmin/bauindustrie.de/Zahlen_Fakten/Brancheninfo Bau/BIB_-_Produktivitaet_im_Bauhauptgewerbe.pdf, zuletzt geprüft am 07.01.2026.

Hauptverband der Deutschen Bauindustrie e. V. (Hg.) (2025a): Bauwirtschaft im Zahlenbild. Grafik 3: Struktur der Bauinvestitionen. Statistisches Bundesamt. Online verfügbar unter https://www.bauindustrie.de/zahlen-fakten/publikationen/bauwirtschaft-im-zahlenbild/struktur-der-bauinvestitionen, zuletzt geprüft am 19.12.2025.

Hauptverband der Deutschen Bauindustrie e. V. (Hg.) (2025b): Bauwirtschaft im Zahlenbild. Grafik 5: Umsatz im Bauhauptgewerbe nach Größenklassen. Statistisches Bundesamt. Online verfügbar unter https://www.bauindustrie.de/zahlen-fakten/publikationen/bauwirtschaft-im-zahlenbild/umsaetze-im-bauhauptgewerbe-nach-betriebsgroessenklassen, zuletzt geprüft am 06.01.2026.

Hauptverband der Deutschen Bauindustrie e. V. (Hg.) (2025c): Bauwirtschaft im Zahlenbild. Grafik 13: Betriebsstruktur im Bauhauptgewerbe. Statistisches Bundesamt. Online verfügbar unter https://www.bauindustrie.de/zahlen-fakten/publikationen/bauwirtschaft-im-zahlenbild/betriebsstruktur-im-bauhauptgewerbe, zuletzt geprüft am 19.12.2025.

Hauptverband der Deutschen Bauindustrie e. V. (Hg.) (2025d): Unterstützung durch ausländische Fachkräfte. Online verfügbar unter https://www.bauindustrie.de/zahlen-fakten/publikationen/brancheninfo-bau/verdienste-in-der-bauwirtschaft, zuletzt geprüft am 19.12.2025.

Hauptverband der Deutschen Bauindustrie e. V. (Hg.) (2025e): Verdienste in der Bauwirtschaft steigen, liegen aber immer noch unter dem Niveau im Verarbeitenden Gewerbe. Online verfügbar unter https://www.bauindustrie.de/zahlen-fakten/publikationen/brancheninfo-bau/verdienste-in-der-bauwirtschaft, zuletzt geprüft am 19.12.2025.

Heinz Nixdorf MuseumsForum (Hg.) (2025): Die Unternehmensgeschichte der Nixdorf Computer AG. Online verfügbar unter https://www.hnf.de/dauerausstellung/ausstellungsbereiche/nixdorf-wegbereiter-der-dezentralen-datenverarbeitung/die-unternehmensgeschichte-der-nixdorf-computer-ag.html, zuletzt geprüft am 10.02.2025.

Heraeus (2024): KI garantiert höchste Quarzglas-Qualität. Online verfügbar unter https://www.heraeus-group.com/de/news-and-stories/glassdetection-with-artificial-intelligence/, zuletzt geprüft am 01.07.2024.

Hielscher, Henryk (2022): 20 Jahre nach der Holzmann-Pleite: Das Ende einer Bauruine. Hg. v. Wirtschaftswoche und Handelsblatt Media Group GmbH & Co. KG. Online verfügbar unter https://www.wiwo.de/unternehmen/dienstleister/20-jahre-nach-der-holzmann-pleite-das-ende-einer-bauruine/28184692.html, zuletzt geprüft am 05.02.2025.

Ifo-Institut für Wirtschaftsforschung (Hg.) (2025): Unternehmen setzen immer stärker auf Künstliche Intelligenz. Online verfügbar unter https://www.ifo.de/fakten/2025-06-16/unternehmen-setzen-immer-staerker-auf-kuenstliche-intelligenz, zuletzt geprüft am 29.12.2025.

Iriondo, Robert (2018): Amazon Scraps Secret AI Recruiting Engine that Showed Biases Against Women. Hg. v. DataDrivenInvestor. Online verfügbar unter https://medium.datadriveninvestor.com/amazon-scraps-secret-ai-recruiting-engine-that-showed-biases-against-women-995c505f5c6f, zuletzt geprüft am 04.07.2024.

Kurrer, Karl Eugen (2013): Vom Urbild des Turmdrehkrans. Hg. v. ingenieur.de. Online verfügbar unter https://www.ingenieur.de/technik/fachbereiche/bau/vom-urbild-turmdrehkrans/, zuletzt geprüft am 14.01.2025.

Lackes, Richard (2025): Definition: Internet der Dinge. Hg. v. Gabler Wirtschaftslexikon. Online verfügbar unter https://wirtschaftslexikon.gabler.de/definition/internet-der-dinge-53187, zuletzt geprüft am 04.02.2025.

Microsoft (Hg.) (2025): Was ist Cloud Computing? Online verfügbar unter https://azure.microsoft.com/de-de/resources/cloud-computing-dictionary/what-is-cloud-computing#:~:text=Cloud%20Computing%20beschreibt%20im%20Prinzip,Ressourcen%20und%20Skaleneffekte%20zu%20unterst%C3%BCtzen., zuletzt aktualisiert am 12.02.2025.

Neumair, Simon-Martin (2024): Definition: Fordismus. Hg. v. Gabler Wirtschaftslexikon. Online verfügbar unter https://wirtschaftslexikon.gabler.de/definition/fordismus-35654/version-259132, zuletzt geprüft am 03.02.2025.

Pease, James (2018): What Is Integrated Project Delivery: The Contract Hg. v. Lean IPD. Online verfügbar unter https://leanipd.com/blog/what-is-integrated-project-delivery-the-contract/, zuletzt aktualisiert am 14.02.2025.

Peri SE (Hg.) (2025): 3D-Betondruck. Online verfügbar unter https://www.peri.com/de/kompetenzen/3d-betondruck.html, zuletzt geprüft am 01.05.2025.

Precedence Research Pvt. Ltd. (Hg.) (2025): Artificial Intelligence (AI) Market Size and Growth, Report 2025–2034. Online verfügbar unter https://www.precedenceresearch.com/artificial-intelligence-market, zuletzt geprüft am 29.12.2025.

Roose, Kevin (2023): Industry leaders: AI poses 'risk of extinction'. Hg. v. New York Times. Online verfügbar unter https://www.nytimes.com/2023/05/30/technology/ai-threat-warning.html, zuletzt geprüft am 07.07.2024.

Rotar, Florin; Wilson, Zoe (2024): Generative AI in the Workplace: 5 Takeaways from Pioneers in Microsoft Copilot Adoption. Hg. v. Forbes. Online verfügbar unter https://www.forbes.com/sites/avanade/2024/02/06/generative-ai-in-the-workplace-5-takeaways-from-pioneers-in-microsoft-copilot-adoption/, zuletzt geprüft am 18.02.2025.

Siemens AG (Hg.) (2025): Antriebstechnik. Unternehmensgeschichte. Online verfügbar unter https://www.siemens.com/de/de/unternehmen/konzern/geschichte/technik/antriebs-und-automatisierungstechnik/antriebstechnik.html, zuletzt geprüft am 04.02.2025.

Solow, Robert M. (1987): We'd Better Watch Out. Online verfügbar unter https://www.standupeconomist.com/pdf/misc/solow-computer-productivity.pdf, zuletzt aktualisiert am 12.07.1987, zuletzt geprüft am 25.05.2025.

Statistisches Bundesamt (Hg.) (2023): Struktur der Konsumausgaben privater Haushalte im Zeitvergleich Deutschland. Online verfügbar unter https://www.destatis.de/DE/Themen/Gesellschaft-Umwelt/Einkommen-Konsum-Lebensbedingungen/Konsumausgaben-Lebenshaltungskosten/Tabellen/privater-konsum-d-lwr.html#:~:text=Bekleidung%20und%20Schuhe%20110%204%2C4,4%2C3, zuletzt aktualisiert am 28.11.2023, zuletzt geprüft am 23.05.2025.

Statistisches Bundesamt (Hg.) (2024a): Anzahl der Baufertigstellungen neuer Wohn- und Nichtwohngebäude im Fertigteilbau in Deutschland in den Jahren 2012 bis 2023. Online verfügbar unter https://de.statista.com/statistik/daten/studie/940466/umfrage/baufertigstellungen-von-fertigteilbauten-in-deutschland/, zuletzt geprüft am 08.02.2025.

Statistisches Bundesamt (Hg.) (2024b): Anzahl der Baufertigstellungen von Wohn- und Nichtwohngebäuden in Deutschland in den Jahren 2002 bis 2023 (in 1.000). Online verfügbar unter https://de.statista.com/statistik/daten/studie/70370/umfrage/baufertigstellungen-wohngebaeude-und-nichtwohngebaeude-seit-1998/, zuletzt geprüft am 02.09.2024.

Statistisches Bundesamt (Hg.) (2024c): Baugewerbe in Deutschland. Online verfügbar unter https://de.statista.com/statistik/studie/id/7432/dokument/baugewerbe-in-deutschland/, zuletzt geprüft am 29.08.2024.

Statistisches Bundesamt (Hg.) (2024d): Bruttowertschöpfung der deutschen Automobilindustrie von 1991 bis 2021 (in Milliarden Euro). Online verfügbar unter https://de.statista.com/statistik/daten/studie/290075/umfrage/bruttowertschoepfung-der-deutschen-automobilindustrie/, zuletzt geprüft am 07.02.2025.

Statistisches Bundesamt (Hg.) (2024e): Bruttowertschöpfung in Deutschland von 1991 bis 2023 nach Wirtschaftsbereichen (in Milliarden Euro). Statista. Online verfügbar unter https://de.statista.com/statistik/daten/studie/255682/umfrage/bruttowertschoepfung-nach-wirtschaftsbereichen/, zuletzt geprüft am 07.02.2025.

Statistisches Bundesamt (Hg.) (2024f): Definition Bruttowertschöpfung. Produzierendes Gewerbe. Statistisches Bundesamt. Online verfügbar unter https://www.destatis.de/DE/Themen/Laender-Regionen/Internationales/Glossar/BruttowertschoepfungIndustrie.html, zuletzt geprüft am 28.08.2024.

Statistisches Bundesamt (Hg.) (2024g): Energieverbrauch in Deutschland nach Sektoren (in %). Online verfügbar unter https://www.destatis.de/DE/Themen/Branchen-Unternehmen/Industrie-Verarbeitendes-Gewerbe/Tabellen/Grafik-Tabelle-1.html?, zuletzt geprüft am 22.03.2025.

Statistisches Bundesamt (Hg.) (2024h): Insolvenzen im Bauhaupt- & Ausbaugewerbe in Deutschland. Unter Mitarbeit von Kraus. Hauptverband der Deutschen Bauindustrie e. V. Online verfügbar unter https://www.bauindustrie.de/zahlen-fakten/preise-ertraege/insolvenzen-neugruendungen, zuletzt geprüft am 30.08.2024.

Statistisches Bundesamt (Hg.) (2024i): Umsatz der deutschen Baumaschinenindustrie in den Jahren 2005 bis 2023 (in Millionen Euro). Statista. Online verfügbar unter https://de.statista.com/statistik/daten/studie/235591/umfrage/umsatz-der-baumaschinenindustrie-in-deutschland/, zuletzt aktualisiert am 15.02.2025.

Statistisches Bundesamt (Hg.) (2024j): Vergleich der Entwicklung der durchschnittlichen Wohnfläche je Wohnung und je Einwohner in Deutschland von 1991 bis 2023 (in Quadratmetern). Statista. Online verfügbar unter https://de.statista.com/statistik/daten/studie/1403353/umfrage/entwicklung-der-wohnflaeche-pro-wohnung-und-pro-kopf-in-deutschland/, zuletzt geprüft am 07.02.2025.

Statistisches Bundesamt (Hg.) (2025b): Brancheninformation. Erzeugerpreisindex für Dienstleistungen. Online verfügbar unter https://www.destatis.de/DE/Themen/Wirtschaft/Preise/Erzeugerpreisindex-Dienstleistungen/Methoden/brancheninformationen.html#1356948, zuletzt geprüft am 07.01.2026.

Steinbeis Business Intelligence (Hg.) (2024): Cobb-Douglas-Produktionsfunktion. Online verfügbar unter https://www.steinbeis-bi.de/index.php/460-cobb-douglas-produktionsfunktion?, zuletzt geprüft am 31.05.2025.

Stifterverband für die Deutsche Wissenschaft (Hg.) (2023): Anzahl der Beschäftigten in Forschung und Entwicklung im Baugewerbe in Deutschland in den Jahren 2010 bis 2021. Online verfügbar unter https://de.statista.com/statistik/daten/studie/242317/umfrage/funde-personal-im-baugewerbe-in-deutschland/.

STRABAG SE (Hg.) (2025): Company profile. Online verfügbar unter https://www.strabag.com/en/group/company-profile?, zuletzt geprüft am 26.02.2025.

Streck, Stefanie (2010): Leitbild Bau – Zur Zukunft des Planes in Deutschland. Hg. v. Bauingenieur (Band 85). Online verfügbar unter https://www.fh-muenster.de/bau/downloads/personen/streck/X302Streck.pdf, zuletzt geprüft am 29.04.2024.

Teich, Irene (2020): Meilensteine der Entwicklung Künstlicher Intelligenz. Hg. v. Springer: Informatik Spektrum (4). Online verfügbar unter https://link.springer.com/article/10.1007/s00287-020-01280-5, zuletzt geprüft am 02.06.2024.

Wirtz, Markus Antonius (Hg.) (2023): Definition: organisationales Humankapital. Dorsch Lexikon der Psychologie. Online verfügbar unter https://dorsch.hogrefe.com/stichwort/humankapital-organisationales, zuletzt geprüft am 25.02.2025.

Wormuth; Schneider (Hg.) (2022): Definition: Generalunternehmer. id Verlags GmbH. Online verfügbar unter https://www.ibr-online.de/Baulexikon/index.php?zg=7&BaulexikonNR=1&Buchstabe=G&pnav=2, zuletzt geprüft am 06.02.2025.

Kolibri 360 GmbH
Ferdinand-Jühlke-Straße 7
99095 Erfurt, Deutschland
produktsicherheit@kolibri360.de